건강 상담 심리

건강 상담 심리

이광자 · 박승하 · 박경옥 지음

이화여자대학교출판부

| 개정판을 내면서 |

모든 것을 다 가져도 건강을 잃으면 아무 소용이 없다는 말은 오늘날 거의 진리에 가깝다. 그럼에도 불구하고 사람들은 건강을 유지하는 데 반드시 필요한 생활 습관을 제대로 지키지 못하는 경우가 많다. 정보 사회의 출현으로 건강에 관한 정보가 인터넷을 비롯하여 각종 매스컴에서 연일 홍수처럼 쏟아지고 있는데도 왜 사람들은 건강 행동을 이행하지 못하는 것일까?

때로는 아주 해로운 건강 습관을 여러 개 갖고 있는 것 같은데도 별 탈 없이 장수하는 사람들도 있고, 반대로 건강에 신경을 많이 쓰며 건강한 생활 습관을 유지하는데도 일찍 사망하는 경우도 있다. 왜 그럴까? 세 살 버릇이 여든까지 간다는 말이 있듯이 어릴 적부터 건강과 관련된 습관이 형성되도록 해야 한다. 습관화된 생활 방식은 장기간에 걸쳐 고착화되므로 대부분의 만성 질환과 밀접한 관련이 있다.

하나의 건강 행동이라도 개개인이 가진 주관적인 특성을 고려하면서 다각적인 측면에서 이해되어야 한다. 일반인의 시각에서 비춰지는 건강 행동의 단편적인 모습은 한 개인에게 장기간에 걸쳐 반복적으로 일어나는 건강 행동의 다각적인 측면과 많이 다른 경우가 적지 않다. 이러한 측면에서 개인의 건강 행동을 바람직한 방향으로 유도하는 데 개별적인 맞춤형 교육과 지원이 필수적인 전략이 되며, 이러한 전략의 구체적인 모습이 상담이다.

이 책은 간호, 보건교육, 체육, 영양 등 건강 상담 서비스를 제공하는 건강 관련 학과 학생들에게 필요한 기본 지식과 기술, 태도를 학습시키는 데 중점을 두고 있다. 1부에서는 건강 상담 심리를 이해하는 데 필요한 기본 지식으로 건강 상담의 필요성, 유형, 과정, 대화 기법 그리고 건강 행동 변화 이론들을 개괄한다. 2부에서는 건강을 증진하는 데 기초가 되는 스트레스와 체중 관리, 운동에 관한 내용을 다루고, 3부에서는 구체적으로 흡연과 음주, 약물 남용, 그리고 성과 관련된 건강 상담을 다루고 있다.

이번 개정판에서는 실제로 건강 상담하는 데 활용할 수 있는 워크숍 내용을 추가했으며, 각종 통계 자료들을 최근 것으로 업데이트하면서 관련 내용도 일부 수정했다.

바라기는 현재 여러 현장에서 건강에 관한 상담을 하는 사람들, 예컨대 간호사, 운동처방사, 보건교육사, 보건교사, 영양사, 나아가 보건의료인 모두에게 이 책이 건강 상담 서비스 제공의 유용한 길잡이가 되기를 기대한다. 끝으로 출판을 위해 애써주신 이화여자대학교출판부 김훈순 부장님을 비롯한 출판부 여러분의 노고에 감사의 말씀을 드린다.

2012년 8월

저자 일동

| 차 례 |

제3부 건강 상담의 실제 _ 241

제 1 부

건강 상담 심리의 이해

제1장 건강과 상담 심리
제2장 건강 상담의 과정
제3장 건강 상담 대화 기법
제4장 건강 상담과 건강 행동 변화 이론

제1장

건강과 상담 심리

건강한 삶을 영위할 수 있도록 또는 신체적 변화에 적응하도록 도움을 필요로 하는 사람들이 점점 많아지고 있다. 그들은 건강한 편이기는 하지만 좀더 건강한 삶을 살기 원하는 사람일 수도 있고, 고혈압과 콜레스테롤이 높은 것으로 진단받았지만 약을 먹기를 원하지는 않는 사람일 수도 있다. 또는 만성 질환에 대처해나가려고 노력하는 사람일 수도 있고, 운동 처방을 받고 금연할 필요가 있는 사람일 수도 있다. 이유가 무엇이든 간에 그런 사람들은 건강 상담을 원하고 필요로 한다.

1. 건강 상담의 필요성

건강 상담 분야는 지난 10년간 극적으로 성장·발달해왔다. 이러한 현상에는 몇 가지 이유가 있는데, 건강에 대한 인식과 건강 관리 전달 체계가 변화되었으며, 사랑과 인간관계가 건강에 미치는 영향의 중요성을 인식하게 되었다는 점을 주된 이유로 꼽을 수 있다.

건강에 대한 대중의 인식 변화

우리나라는 가속화되는 경제 성장에 부응하여 국민들의 전반적 생활수준도 크게 향상되었으며 전국민건강보험의 실시로 국민의 의료 이용에 대한 접근성이 좋아졌다. 이처럼 건강을 위한 기본적 요건인 경제적 · 사회적 · 문화적 생활수준이 향상되고, 보건의료 여건이 개선됨에 따라 통계청의 「2006년 생명표」 작성 결과에 따르면 2005년도에 출생한 남자아이의 기대수명(특정 연령의 생존자가 앞으로 생존할 것으로 기대되는 평균 생존 연수)은 75.74세, 여자아이는 82.36세로 1년 전보다 각각 0.6세, 0.5세 늘어났다. 10년 전에 비해서는 남자는 5.66년, 여자는 4.59년 수명이 길어졌다.

오늘날 사람들은 99세까지 힘찬 삶을 살기를 원한다. 이러한 기대는 노화방지 보조제, 약물 처방과 의료 절차, 특히 대체 약물과 건강을 촉진하는 다양한 방법으로 인해 기대수명이 증가하면서 더욱 커졌다. 또한 전염병으로 인한 사망자는 감소하고 만성 질환으로 인한 사망자가 증가하는 현실은 이런 경향에 크게 영향을 미쳤다.

그러나 질병을 앓고 있는 유병 인구 비율은 증가하고 있고, 연장된 평균수명에 비해 질병 없이 사는 기간인 건강수명은 단축되는 추세에 있다. 한국보건사회연구원의 「제3차 국민건강영양조사」 심층분석보고서에 따르면 2006년 기준으로 한국인의 평균수명은 79세이지만 건강수명은 68.6세(남성 67.4세, 여성 69.6세)로 추정되어, 실제 10년은 질병 속에서 살고 있다. 이는 현대 산업 사회로의 발전 과정이 인간 생활이나 건강에 긍정적 효과만을 가져온 것이 아니라 환경오염의 증대와 함께 생활 방식의 변화, 인구의 고령화 현상을 초래함으로써 과거와는 다른 건강 문제를 야기하고 있기 때문이다. 산업화와 도시화에 따른 환경 공해, 산업 재해 및 각종 사고 발생 등 건강 위험 요인이 증가했고, 인구의 고령화와 생활 방식의 변화로 만성 퇴행성 질환을 중심으로 한 성인병이 증가했으며, 운동 부족과 스트레스 증가로 인한 위장 장애, 심장 장애, 정신 장애 등의 질환과 약물 중독도 증가하여, 이로 인한 사망 원인이 수위를 차지하

표 1-1 한국인의 10대 사망 원인 추이, 2002-2012

순위	2002년	2011년	2012년
1	암	암	암
2	뇌혈관 질환	뇌혈관 질환	심장 질환
3	심장 질환	심장 질환	뇌혈관 질환
4	당뇨병	자살	자살
5	만성하기도 질환*	당뇨병	당뇨병
6	간 질환	폐렴	폐렴
7	운수 사고	만성하기도 질환*	만성하기도 질환*
8	자살	간 질환	간 질환
9	고혈압성 질환	운수 사고	운수 사고
10	호흡기 결핵	고혈압성 질환	고혈압성 질환

* 만성하기도 질환 : 기관지염, 천식, 폐기종 등

출처 : 「2012년 사망 및 사망 원인 통계 결과」, 통계청.

고 있다(표 1-1 참조).

따라서 사람들은 죽음의 원인이 되는 많은 것들이 생활 방식과 관련되어 있다는 것을 인식하기 시작하여 생활 방식을 변화시키려고 꾸준히 노력하고 있다. 이 때문에 많은 사람들이 건강 상담자의 도움을 필요로 하게 되었다.

오늘날의 사회에서 보건 교육과 건강 상담은 많은 사람들이 충만한 삶을 살아가도록 하는 데 매우 중요하다. 이들은 과거의 부모 세대와 같이 10년 이상을 질병으로 고생하고 삶의 질이 제한되는 것을 완강히 거부한다. 그들의 희망은 죽기 전까지 활기찬 삶을 사는 것이다. 단지 오래 살기 위해서만이 아니라 더 잘 살기 위해서 변화하게 된다. 따라서 생활 방식의 변화가 가치 있다는 것을 이해하고 전심전력을 다해 건강 증진과 노화 방지에 도전하고 있는 이들이 바로 건강 상담을 받게 될 가장 중요한 후보자이며 소비자이다.

건강 관리 전달 체계의 변화

1980년대 이후 국민 소득의 증대와 전국민건강보험 실시에 따른 의료 비용의 급증, 난치성 만성 질환의 증가, 의료 기술의 발달과 함께 의료 서비스의 다양화 및 고가화로 인한 국민 의료비의 지출 증대 등의 문제가 발생했다.

이러한 건강 문제들은 선진국에서도 산업화 과정에서 경험한 공통적 현상으로 이에 대한 적절한 대응책 없이는 전 국민의 건강 문제나 삶의 질 추구가 더욱 어려워질 것이며 일시적인 개선 조치만으로는 효과적으로 해결될 수도 없을 것이다.

이러한 측면에서 국가가 법령으로 제정하여 국민의 기본권을 보장하고 건강을 증진할 수 있도록 1995년 1월 건강증진법이 제정 · 공포되었고, 동년 9월에는 시행령이 공포되었다. 이는 건강한 생활 영위를 개인의 책임으로 두지 않고 국가적 차원에서 관심을 가지고 복지 사회 구현을 실현화하는 데 중요한 디딤돌을 마련한 것이라고 할 수 있다(한국방송통신대학교 평생교육원, 2005).

건강 관리 전달 체계는 경제적인 압력, 건강 관리 전달 체계의 재개념화, 소비자 중심, 과학적 지식의 발전 등으로 인해 패러다임 자체가 새롭게 변화하고 있다(그림 1-1 참조).

건강 관리 비용의 극적인 증가는 결과적으로 그 비용이 얼마나 낭비되고 있는가를 깊이 생각하도록 하는 하나의 압력으로 작용한다. 질병 관리보다 건강 관리에 중점을 두고 입원 치료보다 지역 사회에 기반을 둔 치료 방법은 건강 관리에 소요되는 비용을 절약하고 입원 기간을 줄이게 한다. 이전에는 입원 서비스를 원하던 많은 대상자들이 이제는 지역 사회 기반의 환경에서 서비스를 받고 있다.

증상 중심적인 관리보다 지속적인 관리가 중요시되면서 예방과 안녕, 주민 중심의 관리, 지속적인 관리, 지역 사회 중심의 1차 건강 관리와 같은 새로운 용어들이 대두되고 있다. 이는 증상 중심적인 관리를 지지하는 전통적인 관점에서 변화해야 할 방향을 제시하는 것이며, 또한 입원 기관에 중점을 두던 전문적 건강 관리 기술 체계의 변화를 촉구하는 것이다.

1차 건강 관리란 개인적인 건강 관리 욕구의 주요 부분을 담당하여 대상자와 함께 지속적인 동반자 관계를 개발하고 가족과 지역 사회의 맥락 내에서 책

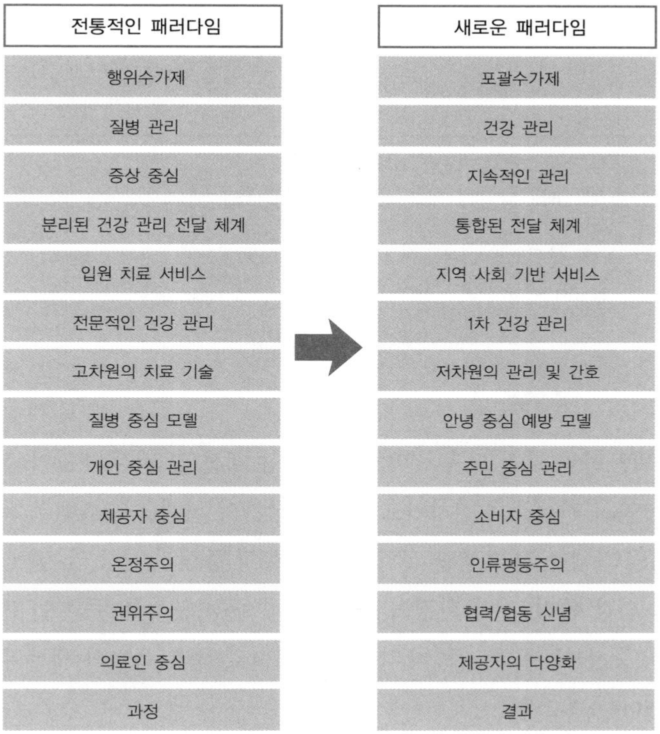

그림 1-1 건강 관리 전달 체계의 변화

임지고 실무에 임하는 실무자가 제공하는 통합적이고 이용 가능한 건강 관리 서비스라고 할 수 있다. 1차 건강 관리는 일반인이 가지고 있는 건강 문제의 주요 부분을 포함하며 만성 질환의 관리와 편안하고 고통 없는 죽음을 제공하는 것뿐만 아니라 건강 증진과 질병 예방을 더 강조하여 이를 성취하도록 하는 것을 기본으로 한다.

이와 같이 제공자 중심의 건강 전달 체계에서 소비자 중심의 건강 전달 체계로 이동하고 있어 소비자 단체에서는 만성 질환을 가진 대상자, 가족, 교육자들, 입법가들, 정책입안가들을 교육하고 홍보하기 위한 대중 교육 캠페인을 개발하고 있다.

우리나라에서는 2005년 보건복지부가 「국민건강증진종합계획 Health Plan

표 1-2 4개 분야별 2010 건강 증진 중점과제

건강 생활 실천 확산	예방 중심의 건강 관리	인구집단별 건강 관리	건강 환경 조성
금연 절주 운동 영양	암 관리, 고혈압, 당뇨병, 과체중과 비만, 심 · 뇌혈관 질환, 관절염, 예방 접종 대상 전염병 관리, 에이즈 성병 및 혈액 매개 전염병 관리, 매개체 전염병 관리, 식품 매개 전염병 관리, 신종 전염병 관리, 결핵 · 호흡기 질환 및 약제 내성 관리, 정신 보건, 구강 보건	모성 보건 영유아 보건 노인 보건 근로자 건강 증진 학교 보건	건강형평성 확보

출처 : 「국민건강증진종합계획」, 보건복지부, 2005

2010」을 발표하여 보건 교육, 질병 예방, 영양 개선 및 건강 생활의 실천 등을 통하여 국민의 건강을 증진시키고자 하는 국가의 시책을 수립했다. 국민건강증진사업의 과제는 건강 생활 실천의 확산, 예방 중심의 건강 및 질병 관리, 인구집단별 건강 관리, 건강 환경의 조성의 4개 중점 분야를 두고 이 분류 하에 총 24개의 중점과제를 선정하여 각 중점과제별로 목적, 목표와 세부 추진 계획을 마련했다(표 1-2 참조).

새 국민건강증진종합계획의 도달 목표는 건강수명의 연장과 건강형평성 확보에 있다. 즉 건강수명을 68.6세(2006년 기준)에서 2010년에 72세까지 연장하는 것을 목표로 하며 각 중점과제에서 건강형평성 확보를 위한 목표를 제시하고 있다.

이러한 목표는 전략 및 행동 계획을 개발하고 건강 증진과 질병 예방에 대한 노력을 촉진하게 하는데, 목표의 대부분이 의학적이라기보다 생활 방식과 관련되어 있어 건강 상담의 중요성이 특히 강조되고 있다(Donnelly, 2003).

따라서 건강 상담자는 적당한 영양과 운동, 스트레스 관리, 금연, 그리고 음주량의 조절 등의 목표와 관련된 지식과 기술을 갖고 있어야 한다. 또한 건강 상담자는 인간이 일생 동안 겪게 될 성적 문제에 대해 폭넓은 지식을 가지고 있어야 하며, 중립적인 자세를 취할 수 있어야 한다.

인간관계의 중요성 인식

오늘날 의학은 약과 수술, 유전자와 병균, 미생물과 분자 등 육체적이고 기계적인 측면에 우선 초점을 두는 경향이 있다. 의학적으로 우리 삶의 질이나 발병, 온갖 원인에 의한 조기 사망에 영향을 주는 것은 식이 요법, 흡연, 운동, 스트레스, 유전적 요인, 약, 수술 등으로 알려져 있다. 가령 콜레스테롤은 병의 발생과 심장병이나 심장 발작으로 인한 조기 사망과 분명 관련이 있다. 따라서 콜레스테롤을 낮추는 것이 심장병이나 심장 발작의 위험을 감소시키는 것은 분명하다. 그러나 콜레스테롤 수치는 임신과 출산에 따른 합병증이나 감염 질병, 관절염, 궤양 등으로 인한 발병이나 조기 사망과는 관련이 없다. 반면에 고독과 고립은 이 모든 병의 위험을 현저히 증가시킬 수 있다. 발병과 죽음에는 다른 무엇인가가 작용하고 있는 것이다.

흡연, 식습관, 운동은 갖가지 병에 영향을 주지만 금연이나 운동, 식습관의 변화가 전이성 유방암에 걸린 여자들의 수명을 배가시킬 수 있다는 것은 아무도 증명하지 못했다. 그러나 매주 지원 모임에 참석하여 많은 사랑과 친밀감을 주고받으면 바로 그런 효과를 얻을 수 있다는 것이 입증되었다(Spiegel, 1993). 대부분의 질병에 유전자가 중요한 역할을 하지만 유전자가 1차적인 원인이 되는 질병의 숫자는 비교적 적다. 유전적 요인에다 콜레스테롤 수치 및 알려진 모든 위험 요인이 복합적으로 있을 때에도 그것이 심장병의 원인이 되는 경우는 50%밖에 안 된다(오니시, 2004).

사랑과 친밀감은 우리를 병들게도 하고 건강하게도 하고, 슬프게도 기쁘게도 하며, 고통을 주기도 하고 치유를 선사하기도 하는 근원이다. 만일 그와 같은 효과가 있는 어떤 새로운 약이 발명된다면 모든 의사들은 환자에게 그 약을 권할 것이다.

식이 요법이 왜 중요한지, 운동이 왜 중요한지, 담배를 끊는 것이 왜 중요한지는 이제 가장 회의적인 의사들까지도 분명히 의식하고 있다. 그러나 사랑과 친밀감, 마음을 여는 것에 대해서는 어떠한가? 그리고 정서적 · 정신적 변화에 대해서는 어떠한가?

생활 방식을 바꾼다든가 사람들과 이야기하며 시간을 보내도록 돕는 등의 심리적 · 사회적 치료의 중요성에 대한 많은 과학적 증거가 있는데도 문제는 대부분의 치료진이 그렇게 치료할 시간도 훈련도 받지 않았다는 사실이다.

식이 요법이나 생활 방식의 변화는 비용도 적게 들고 부작용도 없다. 약물에는 알려진 부작용 외에도 알려지지 않은 부작용이 많다. 심장병 치료를 위한 식습관 변화는 전립선암, 유방암, 결장암, 임파종, 골다공증, 당뇨병, 고혈압, 관절염, 비만도 예방할 수 있다.

콜레스테롤 저하제는 우리의 기분이 더 나아지게 만들지 못한다. 식습관과 생활 방식의 포괄적인 변화는 대부분 아주 빨리 기분을 훨씬 더 좋게 만들어 위험 요인의 변이나 몇 달 더 살아 뭐하나 하는 자포자기의 느낌이나 죽음의 공포를 충만한 기쁨의 상태로 바꾸어 놓는다.

더 중대한 문제는 건강과 치유의 심리적 · 정서적 · 정신적 차원에 대한 배려 없이 콜레스테롤 저하제를 복용할 경우, 삶의 방식을 더 기쁘고 의미 있게 변화시킬 기회를 놓치게 된다는 것이다.

고독과 고립은 여러 가지 방식으로 우리의 건강에 영향을 미친다. 우선 고독과 고립은 건강에 악영향을 미치는 흡연이나 과식 같은 습관에 빠져들 가능성을 증가시키고, 자기 파괴적인 생활 방식을 버리고 삶의 가치를 증진시키는 생활 방식을 선택할 가능성을 감소시킨다. 뿐만 아니라 그 작용 과정이 완전히 해명되지는 않았지만, 개인의 생활 습관이 어떻든 관계없이 고독과 고립은 질병과 온갖 원인에 의한 조기 사망의 가능성을 200%에서 500%, 또는 그 이상으로 증가시킨다. 또한 고독과 고립은 일상생활의 기쁨을 온전히 경험하지 못하게 한다.

한마디로 고립감을 조장하는 모든 것은 흔히 질병과 고통을 유발하고, 사랑과 친밀감, 관계와 공동체 의식을 증가시키는 모든 것은 건강과 질병에 강력한 영향을 준다. 건강에 해로운 생활 방식을 가졌음에도 친밀한 인간적 유대를 가진 사람은 건강한 생활 습관을 갖고도 인간적인 유대가 없는 사람들보다 실제로 더 오래 살았다. 물론 건강한 습관과 친밀한 인간적 유대를 가진 사람이 가장 오래 살았다(Berkman & Breslow, 1983).

사랑받고, 보호받고, 관심 어린 보살핌을 받고, 격려받고, 친밀하다고 느낄 때 사람은 훨씬 더 행복하고 더 건강할 수 있다. 그런 상태에서는 병에 걸릴 위험이 훨씬 적어지고 이미 병에 걸렸더라도 나을 가능성이 훨씬 더 많아진다.

건강 상담을 통해 사람들이 마음을 열고 자신의 감정을 표현할 수 있게 되면 병이 치유되고 건강이 회복되는 일이 흔히 일어난다(Billings, Scherwitz, Sullivan, & Ornish, 1996). 많은 연구에서 자기 고백—자신의 감정을 다른 사람들에게 말하거나 쓰는 것—은 육체의 건강을 증진시키며, 면역 기능을 강화하고, 심장혈관 반응을 줄이고, 결근율도 감소시키며, 심지어 생명도 연장할 수 있다는 사실이 밝혀졌다. 건강 상담의 강력한 이점은 사람들에게 그들의 생각과 감정에 대해 이야기할 수 있는 배출구를 마련해준다는 데 있다.

2. 건강 상담 관련 용어

건강과 건강 상담

건강을 의미하는 영어의 'health'는 신체 조건이 양호하다는 뜻의 고어 'hal'에서 유래되어 "신체 상태가 완전하고 양호하며 굳세다"라는 어원적 의미를 가지고 있다. 이는 주로 신체의 건강을 중요하게 생각한 것이다. 정신 건강의 개념은 제2차 세계대전 동안 전쟁이라는 고도의 스트레스 상황에서 기인한 정신적 손상으로 건강의 변화가 개인의 정신 상태를 고려하는 개념으로 확장되었다. 정신 건강은 개인이 환경에서 받는 스트레스를 견디는 능력으로 표현되었다.

건강하다는 것을 '아프지 않고 질병의 증상이 없는 것'이라고 생각할 수도 있는데, 이는 다소 제한된 의미를 갖는다. 왜냐하면 어떤 사람은 암에 걸렸어도 아프지도 않고 병에 대한 증상이 전혀 없을 수 있기 때문이다.

세계보건기구에서는 '총체성wholeness과 건강의 긍정적인 질'을 강조하여 "건강은 단순히 질병이나 불구가 없는 상태뿐 아니라 완전한 신체적 · 정신적 · 사회적 안녕 상태well-being"라고 정의했다(WHO, 1986). 이는 질병이 없고 신체적으로 튼튼할 뿐 아니라 정신적으로 안정되고 사회적으로 평안한 상태를 이상적인 건강 상태로 보는 포괄적인 견해이다. 이러한 건강의 정의는 개인을 부분의 합으로 보기보다는 전체로서의 인간이라는 관점을 반영했고, 환경이라는 맥락 속에서 건강을 보았으며, 건강을 생산적이고 창조적인 삶과 연결시켰다는 점에서 혁신적이지만 소수의 개인과 소수 국가의 생각을 반영할 뿐이다. 여기에 영적 차원까지 추가한다면 '증상의 부재'에서 '완전한 최적의 안녕'이라는 개념까지 포함하여 건강을 보다 광범위하게 정의할 수 있을 것이다.

안녕wellness에 대한 정의도 역시 건강과 관련되어 다양하게 소개되고 있다. 일반적으로 안녕은 단순히 증상이 없는 상태가 아니라 정신적 · 신체적 · 영적으로 통합된 상호 작용을 하는 데 어려움이 없는 긍정적인 상태이며 건강하고 적응이 잘된 상태의 삶의 질을 의미한다.

건강이라는 글자의 한자 뜻을 보면 '건健'은 굳셀 '건'자로 몸이 건강함을 의미하며, '강康'은 편안할 '강', 즐거울 '강', 강화할 '강'의 뜻으로 마음이 편안한 것을 의미한다. 즉 건강이란 몸과 마음이 함께 건강해야 한다는 뜻을 포함하고 있다. 이렇게 몸과 마음이 함께 건강한 사람을 동양적 건강 개념에서는 음양의 조화를 이루고 있는 '음양화평지인陰陽和平至人'이라고 표현한다. 지인은 모두 이상적으로 완성된 사람을 말하며 천지의 기운을 자유자재로 하고 자연과 이치를 통달하며 자기 건강 관리를 잘하는 사람이다. 기氣란 생명의 호흡 또는 우주를 생동시키는 에너지를 의미하며 언제나 순환하는 흐름의 원천이 된다. 이러한 기의 흐름이 사람의 생명을 유지한다고 보며 일정한 기의 통로를 경맥이라 한다. 기가 원활히 잘 통하는 것을 건강이라고 보며, 평형을 상실하고 기가 적절히 순환하지 못하는 것을 병이라 보았다.

또한 인체의 각 구성 부분이 모두 상호 관련성이 있고 상호 의존적인 생명체라고 보고, 넓은 의미로는 인간은 물리적 · 사회적 환경인 자연이나 우주의 계속적인 상호 작용을 하는 부분이라고 보았다. 그러므로 인간은 자연의 지배를 받는 소우주로서 자연을 정복하려는 것이 아니고 자연의 이치에 맞게 살아야 한다고 생각했다. 질병은 바로 대우주인 자연과 소우주인 인간 간의 균형 상태가 깨진 것이라고 본다. 즉 동양적 건강관은 천지인합일天地人合一 사상을 근간으로 인간과 자연이 하나가 되는 균형 상태로서, 음양이 조화를 이루고 우주를 생동시키는 기의 흐름이 언제나 잘 순환하는 상태를 말한다. 동양적 건강 관리는 개인이 스스로 자신의 신체와 마음을 잘 다스리고 음양 체계에 맞는 약초를 이용하고 오행설에 따라 이에 대응하는 내장 기관을 다스리는 양생법養生法을 중시한다(이광자 외, 2002).

그러나 건강은 여전히 정의하기 어려워 질병이라는 개념 하에 조작적으로 정의된다. 이러한 어려움은 다원주의 사회에서 건강을 개념화하는 사회 가치나 규범이 다양하기 때문이다. 많은 전문가들이 한때 공통으로 받아들였던 건강의 정의는 일단 '진단할 수 있는 질병이 없는 상태'이다. 그러나 건강 증진 개념이 출현함에 따라 건강에 대한 전통적인 의학 용어적 정의(인간 내부의 생물학적 과정)를 뛰어넘는 새로운 정의에 대한 요구가 증가되고 있어 최근에는 생리적 · 정신적 · 사회적 · 영적 · 환경적 · 문화적 차원을 포괄하는 광범위하고도 흥미로운 현상으로 관찰 · 조사되고 있다.

인간 성장 발달의 과정 동안 시간이 흐를수록 건강의 정의가 광범위하게 내려진다. 어린이가 자라서 청소년이 되면서 건강의 정의는 더욱 포괄적이고 추상적으로 된다. 나이가 들어감에 따라 질병이 없는 것이 건강이라는 개념의 강조는 감소한다. 즉 건강의 측정이 실제로는 질병의 측정이 되는 셈이다. 많은 사람들이 '병리적 상태'보다는 '생활의 상태'를 건강으로 받아들이는 이때에 건강을 단순히 사망률이나 이환율로 정의하는 것은 21세기에 맞지 않는다. 이미 질병 상태가 뚜렷해지기 전에 생활 상태는 긍정적이든 부정적이든 건강에 영향을 준다.

이와 같이 건강의 개념은 복합적인 요인들로 구성되어 있으며 건강의 악화를 예방하려는 측면과 현재 상태보다 더 향상시키려는 긍정적인 측면이 모두 포함되어 있다. 특히 최근에 이르러 건강을 더 나은 상태로 유지하려는 의식의 발달로 건강 증진의 개념이 강조되고 있다.

Dunn(1980)은 인간의 건강 상태는 건강과 질병으로 나누어지는 것이 아니라 건강-불건강의 연속선health-illness continuum상에서 계속 변화하는 것이라고 보았다. 즉 인간의 건강 상태는 최고의 안녕 상태high level wellness에서부터 최악의 불건강 상태까지 갈 수 있는 가능성을 항상 지니고 있으며 일상생활에서 효율적으로 대처하고 기능하면 건강한 상태라고 할 수 있고, 적절히 대처하지 못하거나 기능이 통합되지 못하면 불건강 상태라고 할 수 있다(그림 1-2 참조).

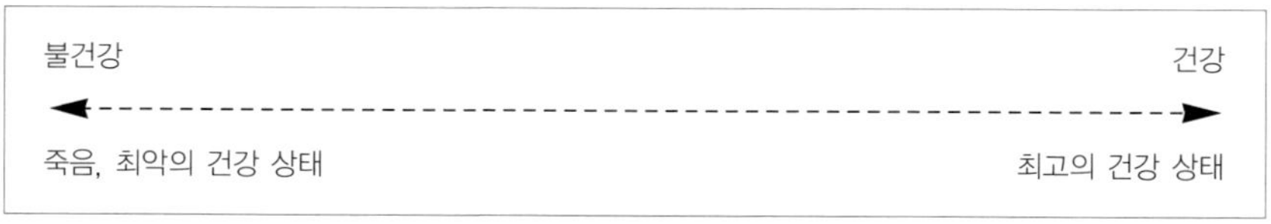

그림 1-2 던의 건강-불건강 연속선

건강과 질병을 대칭 개념으로 보는 협의의 건강 개념에서는 건강을 질병이 없는 상태로 보기 때문에 건강한 사람을 더욱 건강하게 하기 위해 균형 잡힌 식사, 운동, 절주, 금연, 스트레스 관리, 수면, 휴식 등 일상생활의 건강 관련 습관을 개선하는 것을 중요시한다. 이에 비해 건강과 질병을 완전히 대칭된 것이라고 보기보다 연속선상에 있는 것으로 보는 광의의 개념에서는 누구나 언제든 건강에서 불건강으로 또는 불건강에서 건강으로 이동할 수 있기 때문에 건강한 방향으로 이동시키기 위해 건강 증진을 중요시한다.

그렇다면 건강 상담이란 무엇인가? Sperry et al.(2005)은 건강 상담을 "개인이 건강 상태와 기능을 향상시키도록 돕는 것뿐만 아니라 질병 과정의 진행을 예방하거나 감소시키도록 돕는 다양한 접근 및 방법을 기술하는 광범위하고 포괄적인 용어"라고 정의하고 있다. 즉 건강 상담은 새롭고 독립적인 건강 관련 전문 영역이라기보다는 건강과 안녕을 더욱 지향하는 관점이라고 볼 수 있다.

건강 상담의 목표는 증상을 줄이고 건강 상태를 향상시키며, 긍정적인 건강 행동과 생활 방식을 유도하고, 건강과 관련된 처방을 계속 준수하도록 하는 것이다. 이를 위해서는 내담자의 동기가 충분해야 하므로 건강 상담자는 내담자의 동기 유발에 초점을 둔 인지적 재구성과 같은 여러 가지 심리 치료적 중재뿐 아니라 다른 체계적 상담 전략들을 구사해야 한다. 건강 상담은 개인으로 하여금 자기 관리를 함으로써 개인의 능력을 증진시키도록 돕는 것이므로, 다양한 건강 지향 기술, 인생의 도전을 다룰 수 있는 자기 자신의 능력에 대한 믿음, 그리고 긍정적인 발전을 격려하는 환경 등이 필요하다.

요약하면 건강 상담은 개인, 가족, 지역 사회가 좀더 향상된 건강 수준을 영위해나갈 수 있도록 스스로 건강 결정 요인을 통제하고, 건강 능력을 개발하고 향상시키는 모든 활동과 교육적 · 환경적 지원을 도모하는 중요한 수단이자 도구이다. 따라서 건강 상담 활동에는 질병의 치료 및 예방 관리 활동뿐만 아니라 건강과 관련된 모든 행위를 긍정적으로 변화시키기 위한 보건 교육 및 조직적 · 정책적 · 환경적 지원이 포함된다.

건강 증진과 보건 교육

1986년 세계보건기구 주최로 열린 제1차 국제건강증진회의 결과 채택된 오타와 헌장은 건강 증진을 "모든 사람들이 건강 능력을 최대한 개발하는 것", "생활 방식을 최적의 건강 상태로 변화시키도록 돕는 것"으로 정의하며 건강 증진의 목적은 사람들이 자신의 건강 결정 요인을 통제하는 능력을 함양시킴으로써 건강 행위, 특히 생활 방식의 바람직한 변화를 유도하는 것이라고 밝히고 있다.

따라서 건강 증진의 내용은 첫째, 건강한 생활 방식을 유지하고 지원하는 조치, 둘째, 건강 향상에 도움이 되는 행위의 변화를 촉진하는 조치, 셋째, 환경 및 사회적 질병 원인을 제거하기 위한 환경 변화를 확보하는 조치 등을 포함한다.

이를 위한 수단으로 보건 교육, 의사소통, 법규 제정, 재정, 조직 변화, 지역 사회 개발 그리고 건강에 유해한 것들을 통제하기 위한 지역적 활동 등을 병행해야 한다. Donnelly(2005)는 건강 증진을 "사람들로 하여금 그들의 생활 방식을 최적의 건강 상태로 변화시키도록 돕는 과학이자 기술"로 정의하고, 최적의 건강이란 "육체적 · 정서적 · 사회적 · 영적 · 지적 건강의 균형"이라고 정의하고 있다. 신체적 건강은 영양, 의료적 자기 관리, 물질 남용 통제를 의미하고, 정서적 건강은 정서적 위기와 스트레스를 관리할 수 있음을 의미한다. 사회적 건강은 지역 사회와 가족, 친구와의 관계를 의미하는 데 비해 지적 건강은 교육적 성취와 직업적 발달을 의미한다. 마지막으로 영적 건강은 자기 초월적인 것으로 사랑과 희망, 가치 등을 의미한다.

건강 증진은 좁은 의미로 사용되기도 하고 포괄적인 의미로 사용되기도 하는데 협의의 건강 증진이라 함은 건강 증진을 1차 예방 수단으로 국한하는 좁은 의미로 쓰이는 것으로 질병과 건강의 연속선상에서 볼 때 중심점에서 적극적 건강의 향상을 위한 방향, 즉 신체적 · 정신적 · 사회적 안녕으로 향하는 1차적 예방 수단을 통한 건강 상태에 주 관심을 갖는 것이다. 이에 비해 광의의 건강 증진 개념은 협의의 건강 증진을 비롯하여 질병 위험 요인의 조기 발견과 관리를 위한 2차적 예방 수단을 포함한다. 즉 건강과 질병을 하나의 연속선상으로 볼 때 불건강으로 인한 아픔이나 질병 이환 등 원하지 않는 건강 상태의 예방을 포함한 건강 향상을 지향하는 것이다.

질병 관리는 실제 질병 과정의 증상과 증후에 초점을 둔다. 그러나 건강 증진은 질병을 유발할 수 있는 개인의 생활 습관 및 행위에 관한 내용에 초점을 둔다. 미국 보건성의 보고에 의하면 미국 내의 조기 사망 중 약 절반 정도가 생활 방식과 관련된 문제에 의한 사망이었다. 규칙적인 운동과 영양가 있는 음식 섭취, 과도한 음주와 흡연 안 하기, 스트레스 관리법, 분명한 가치관, 그리고 인생의 충만감, 성취 등과 같은 생활 방식의 변화를 통해 많은 죽음을 예방할 수 있고 삶의 질을 향상시킬 수 있다. 건강 상담은 이런 목표를 이루기 위한 중요한 수단이자 도구이다.

생활 방식의 변화는 자각을 향상시키고, 행동을 변화시키기 위한 노력, 그리고 좋은 건강 행위를 할 수 있는 환경을 조성하기 위한 노력을 모두 통합함으로써 이루어질 수 있다. 이 세 가지 중에서 지지적인 환경은 변화를 지속시키는 데 있어서 중요한 요인이다. 건강 상담이 효과적이기 위해서는 이 세 가지가 모두 포함되어야 한다.

Sperry, Lewis, Carlson, & Englar-Carlson(2005)은 보건 교육을 "개인이 자신의 건강 상태를 증가시키기 위해 정보에 근거한 의사 결정을 하도록 돕는 학습 경험"으로 정의하고 있다. 즉 보건 교육은 건강에 관한 새로운 지식을 얻든가 아니면 알고 있는 지식을 새롭게 이해하며, 이를 통하여 새로운 태도를 개발하거나 기존의 태도를 강화 또는 수정하고, 이를 기초로 새로운 건강 행위를 형성·실천하게 하는 것을 의미한다. 일반적으로는 건강 증진의 중심에 보건 교육을 두기도 하고, 건강 증진과 보건 교육을 같은 것으로 보기도 한다.

우리나라 국민건강증진법에서는 국민 건강 증진을 보건 교육, 질병 예방, 영양 개선, 건강 생활 실천 등을 통하여 국민 건강을 증진시키는 사업이라고 정의하고 있어, 보건 교육은 건강 증진 사업을 전개함에 있어서 매우 주요한 요소임과 동시에 수단이 되고 있다(한국방송통신대학교 평생교육원, 2005).

건강 상담 심리

건강한 육체에 건강한 정신이 깃든다는 격언이 있다. 이와 같이 신체와 정신과의 관계는 역사적으로 불가분의 관계로 논의되어왔다. 그리하여 정신-신체 상호관계론은 의학은 물론 심리학에서도 중시되어온 문제이다. 특히 정신 질환의 경우 생리적·기질적·신체적 장애보다는 심리적 장애에서 많이 발생하는 것으로 나타난다. 이와 같은 심신관계론은 사업에 실패하여 스트레스를 많이 받은 사람이 '화병'이나 위궤양에 걸린다든지 성질 급한 사람이 심장마비에 잘 걸린다든지 하는 상식적인 이야기에서도 잘 드러나고 있다. 이와 같은 정신-신체 연관성은 정신의학과 임상심리학 등에서 주로 다루어온 정신신체 증후에서 취급하고 있다. 정신신체의학은 제2차 세계대전 후 급속히 성장, 발달했다. 특히 정신분석학적 입장을 취하는 심리학자들은 개인의 성격 특성, 유아기의 부모와의 관계, 그리고 무의식적 동기와 갈등에 따라 신체적 · 정신적 건강 수준이 달라진다고 주장한다. 이러한 건강과 심리학의 관계는 최근 많은 문헌에서 활발하게 논의되고 있다.

역사적으로 보아 건강의학에서 심리학이 중요한 역할을 해온 것은 정신 치료, 정신분열병, 그리고 정신지체 연구의 세 분야였다. 그러나 이 세 분야 외에 다른 건강과 의료 영역에서도 심리학의 역할이 중요하다는 것이 인식되고 있다. 그리하여 암, 심장 질환 등의 연구, 치료, 그리고 예방을 위한 심리학적 · 행동과학적 접근의 새로운 물결이 일어나게 되고, 이에 발맞추어 1978년에는 미국 심리학회 내에 건강심리학 분과가 생겨나게 되었으며, 이들은 『건강심리학 Health Psychology』이라는 전문 잡지까지 발간하게 되었다. 또한 1980년대 초에 행동의학 연구 학술 단체들이 생겨났고, 최근에는 『행동의학 저널 Journal of Behavioral Medicine』이 발간되기에 이르렀다.

행동의학은 심리학, 의료사회학, 보건 교육 등과 같은 행동과학의 제 영역을 포괄하여 건강 관리, 치료, 그리고 질병 예방에 필요한 지식을 총체적으로 다루는 것이다. 처음 행동의학이란 용어를 사용했을 때도 주로 학습 이론 등에 기초를 두고 행동에 대한 실험적 분석에 중점을 두었었다. 그리하여 행동 치료나 행동 수정 등에 실험적 분석 방법을 이용하여 신체적 질병이나 생리적 기능 부전을 평가, 진단, 치료, 그리고 예방하려고 했다. 뿐만 아니라 신체적 · 정신적 질병이나 건강 관리와 관련된 여러 가지 행동의 이해와 기능적 분석을 시도하는 과학적 연구 또한 행동의학의 커다란 영역으로 인정받았다.

그러나 행동의학, 행동건강, 그리고 건강심리학은 그 정의를 약간씩 달리하게 된다. 행동의학이란 건강, 질병, 그리고 기타 생리적 부전과 관련된 연구 · 교육 · 진단 · 치료의 영역을 모두 포괄하는 다학제적 학문이다. 한편, 행동건강은 건강 관리, 질병 예방, 질병의 치료에 대한 학문으로 교육 프로그램, 적절한 식이 요법(섭생)과 신체적 운동 프로그램 등이 이에 포함된다. 건강심리학은 행동의학과 건강 관리의 문제 양자를 포함하는 심리학의 하나의 독립된 영역으로 규정될 수 있다. 그러므로 건강심리학은 건강의 유지와 증진, 질병의 예방과 치료, 건강, 질병 그리고 이와 관련된 기능적 부전에 대한 병원학적이고 진단적인 상관 요인을 찾아내는 연구 분야를 말한다(Matarazzo, 1994).

따라서 건강 상담 심리란 건강심리학의 개념을 건강 상담에 도입하여 건강 증진을 도모하는 학문이라 할 수 있다.

3. 건강 상담의 유형

일반적으로 상담은 "도움이 필요한 사람이 전문적인 훈련을 받은 사람과의 관계에서 자기의 생활 과정상의 문제를 해결하고, 생각 · 감정 · 행동 측면의 '인간적 성장'을 위해 노력하는 학습 과정"(이장호, 2003)이라고 정의하고 있다. 이 정의에서 말하는 '학습'은 상담에서 변화가 이루어져야 한다는 것을 강조한 것이다. 즉 상담의 결과로 과거와 다른 변화가 이루어진다면 '학습이 됐다'고 해석할 수 있기 때문이다. 또한 이러한 정의로는 '조언 중심'의 일반적 상담뿐 아니라 습관 및 성격상의 변화까지를 다루는 '심리 치료적 상담' 또는 '행동수정적' 접근 방법도 여기에 다 포함시킬 수 있다.

상담에는 다섯 가지의 범위가 있다.

- 단순 정보 제공
- 기술적 정보 제공
- 태도상의 문제 상담
- 심리적 갈등의 문제 상담
- 정신 질환 치료

한쪽 극단은 간단한 정보의 제공을 요구하는 경우이고 다른 쪽 극단은 정신 치료를 요하는 문제의 상담인데, 이 중에서 첫 번째와 두 번째의 도움을 주는 것을 조언advice 또는 지도guidance라 하고, 다섯 번째의 문제를 다루는 것을 정신 치료psychotherapy라고 할 수 있다. 따라서 좁은 의미의 상담counseling은 세 번째와 네 번째의 태도상의 문제와 심리적 갈등의 문제에 대하여 새로운 학습을 하도록 도움을 주는 과정이라고 할 수 있다.

환자에게 생활 방식을 변화시키는 방법에 관한 건강 관련 정보만 제공하는 문제라면 건강 상담 업무는 비교적 간단하다. 그러나 불행하게도 지식과 행동 변화 사이에는 아무런 관계가 없다는 것이 연구 결과 밝혀졌다(Janis, 1983). 적당한 영양과 운동, 스트레스 관리, 금연, 음주량의 조절 등에 목표를 둔 건강 상담에서 이러한 정보나 지식은 필요한 것이기는 하지만 행동의 변화를 가져오기에는 충분하지 않다(Jordan-Marsh, Gilbert, Ford, & Kleeman, 1984). 그래서 건강 상담이 효과적이기 위해서는 변화에 대한 장애물이 무엇인지 이해할 필요가 있으며, 그러한 변화를 가져오게 하는 상담과 심리 치료의 전략과 기술이 필요한 것이다.

건강 상담에는 다섯 가지의 접근 방법이 있다. 첫 번째와 두 번째에 속하는 유형인 의료 상담과 환자 상담은 임상에서 의사와 기타 임상 전문가들에 의해 이루어진다. 세 번째 유형인 건강 증진 상담은 개인 또는 협동으로 개업하여 혹은 지역 사회 기관에서 상담을 하는 전문가에 의해 이루어지며, 건강 중심 상담은 행동건강 전문가에게 의뢰하여 이루어지며, 건강 중심 심리 치료는 건강 중심 상담과는 다른 방법이다(Sperry, Lewis, Carlson, & Englar-Carlson, 2005).

의료 상담

의료 현장에서 의사는 보통 건강 문제에 관해 아주 짧은 시간에 몇 가지 질문을 하고 필요한 정보를 주고 행동 변화(예: 체중 감량, 금연, 운동 등)를 위해 처방을 내린다. 이러한 의료 상담medical care counseling의 목표는 지시한 처방을 이행하게 하여 건강 상태를 증진하게 하는 것이다. 이것은 환자가 전문가의 전문성과 권위를 믿고 신뢰하기 때문에 처방을 따를 것이라는 가정에서 이루어진다. 이런 유형의 상담에서는 변화를 위해서 필요한 몇 가지 권고 사항과 지침을 따라야 한다. 여기에는 최소한의 교육이 있으나 추후 관찰은 잘 하지 못하거나 하더라도 매우 드물다. 그래서 어떤 이유로든 환자가 처방을 이행하지 않는다면 '환자 교육', 즉 환자 상담을 의뢰하게 된다.

환자 상담

환자 상담patient care counseling은 의료 상담과 관련된 것으로 임상에서 상담자나 기타 임상 전문가들에 의해 이루어진다. 임상 전문가가 제공하는 환자 상담은 기간이 좀더 길고 내용에 초점을 두며 좀더 구체적인 경향이 있다. 이것은 사정을 토대로 이루어지기도 하지만 보통 의사가 문제가 있다고 생각하는 특수 건강 문제에 초점을 맞춘다.

환자 상담은 환자의 특수한 학습 욕구와 관심, 그리고 능력을 고려하여 그의 행동에 긍정적인 영향을 끼치는 정보를 의도적으로 교환하고 공유하면서 적극적으로 이루어지는 교육 과정이다. 환자 상담은 건강 증진 행위에 영향을 주는 상담자-내담자의 만남을 통해 이루어지는 커뮤니케이션 활동으로 가장 잘 설명할 수 있다. 여기에는 환자의 행동 변화를 도모하기 위해 계획된 다양한 전략들뿐 아니라 그들을 도울 수 있는 사회적 지지 체계를 확인하고, 변화된 행동이 오랫동안 유지될 수 있도록 돕는 기법들이 포함된다. 인쇄된 유인물이나 시청각 자료가 환자 상담 시 많이 이용되지만 중요한 것은 상담자와 내담자 간의 인간관계 상호 작용이다.

환자 상담의 목적은 환자 이해를 증진하고 처방을 이행하는 기술을 습득하게 하는 데 있다. 환자에게 자신의 건강을 위협하거나 촉진시키는 요소를 이해할 수 있도록 적절한 정보를 주어서 스스로 선택할 수 있도록 돕는다. 환자 상담은 스스로 선택한 것을 잘 수행할 수 있도록 기술적인 도움뿐 아니라 정서적 지지까지 제공한다. 환자가 처방을 충분히 이해하고 적절하게 실행하고 숙달하게 되면 변화가 실제 일어날 것이라고 예상할 수 있다. 이를 위해서는 환자가 치료의 필요성과 처방에 대해 잘 이해하는지 사정해야 하며 필요한 기술의 숙달 정도가 처방 이행에 필수적이다. 개인 또는 집단 교육 방법을 포함하여 다양한 중재 전략이 사용될 수 있다. 상담이 성공적으로 이루어지기 위해서는 이행 여부를 모니터하는 것이 필수적이다. 의료 상담과 비교해볼 때 환자 상담은 상담하는 동안 교육과 사정, 모니터가 상당히 많다.

건강 증진 상담

의사나 다른 임상 전문가와 달라 건강 증진 전문가는 일반적으로 건강-위험 평가 도구를 사용하여 선별 평가를 시작한다. 평가를 받는 사람은 자신을 환자나 질병을 갖고 있는 사람으로 보지 않게 된다. 개인의 욕구나 기대에 맞추어 상담을 하며 생활 방식을 고수하려는 정도와 변화하고자 하는 동기 수준도 확인한다.

이러한 건강 증진 상담health-promotion counseling의 목적은 생활 방식과 건강 행동을 향상시키는 것이다. 잘 계획된 건강 증진 중재를 수립, 실행, 모니터하는 과정에서 내담자와 함께 협동하기 때문에 변화가 일어날 것이라고 예상할 수 있다. 일반적으로 중재는 내담자의 욕구와 기대에 맞게 맞춤 형식으로 이루어진다. 성공적인 건강 증진 상담에서는 재발 방지가 가장 핵심적인 요인이다.

자신이 어떤 건강 문제를 가지고 있는지 아는 것도 중요하지만 더 중요한 것은 자신의 행동을 어떻게 변화시켜야 하는지 그 방법 역시 본인이 알고 있음을 믿는 것이다. 개인적 기술이 매우 중요하기 때문에 건강 증진 상담에서는 기술 획득을 목표로 하는 교육적 방법을 사용한다.

건강 행동의 변화에 관한 문헌들을 보면 개인의 통제감이 최적의 건강에 도달하는 데 있어서 절대적으로 필요하다고 제언하고 있다. 이러한 통제감이 건강 향상에 기본이기 때문에 건강 증진 상담은 자기 효능감과 통제에 대한 내담자의 지각을 증대시키기 위한 중재 전략을 사용한다.

건강 중심 상담

상담과 심리 치료에 대한 공식적인 훈련을 받은 사회복지사, 전문 상담자, 심리학자, 정신보건 전문요원, 정신과 의사와 같은 건강 전문가들은 일반 건강 증진 전문가나 의사, 환자 교육 담당자와는 다른 방법으로 건강 상담에 접근하려는 경향이 있다. 이런 상담 유형에 의뢰되는 내담자는 앞의 의료 상담이나 환자 상담, 건강 증진 상담으로 효과를 보지 못한 사람이다. 이들은 내적 · 외적 장애물로 인해 변화 프로그램 이전의 문제를 가지고 있는 사람들이다.

건강 중심 상담health-focused counseling의 목표는 증상을 감소하고 건강 상태를 증진시키며, 생활 방식과 긍정적인 건강 행동을 증진하고 처방을 잘 이행하도록 하는 것이다. 내담자가 중재 과정에 충분히 참여하고 협동하기 때문에, 그리고 변화에 대한 장애물(예: 인간관계 내, 대인간, 사회적 · 문화적 장애 등)이 인식되고 다루어지기 때문에 변화가 일어난다고 예상한다. 건강 중심 상담이 효과적이기 위해서는 변화 노력을 하기 전에 변화하고자 하는 내담자의 준비성이 충분할 필요가 있다. 따라서 상담자는 동기를 증진하기 위한 상담 기법을 능숙하게 활용할 수 있어야 한다. 상담을 시작하기 전에 앞의 두 방법보다 훨씬 광범위하게 성격 유형, 변화의 동기와 준비성, 심리적 · 관계적 · 상황적 · 문화적 강점과 약점에 대한 평가가 이루어져야 한다. 이 상담의 초점은 맞춤 중재와 재발 방지에 있다. 행동 변화에 대한 장애물을 제거하기 위해서는 재구성reframing과 인지적 재구조화와 같은 심리 치료 중재법을 활용하기도 한다. 건강 중심 상담은 행동 치료 전문가들이 사용하는 방법으로 알려져 있다.

건강은 사회적 환경에 의해 영향을 받으므로 건강 중심 상담은 개인을 넘어서 사회적 체계를 포함하도록 상담의 범위가 넓다. 그래서 중재 기법은 가능한 한 환경적 스트레스 요인을 줄이고 사회적 지지를 형성할 수 있도록 내담자를 돕도록 계획된다. 건강 중심 상담의 목적은 개인의 자기관리력을 형성하는 것이다. 그래서 다양한 건강 지향 기술을 필요로 하며 긍정적인 발달을 고무하는 환경과 도전적인 상황을 받아들이는 자신의 능력에 대한 믿음을 필요로 한다.

건강 중심 심리 치료

건강 중심 심리 치료health-focused psychotherapy(이하 심리 치료라 칭함)는 특별히 심리 치료의 훈련을 받은 전문가에 의해 이루어지는데, 이를 필요로 하는 사람은 생명을 위협하는 심각한 질병과 관련된 통증이나 무능력에 대처하는 데 어려움이 있거나 자신의 건강 상태를 받아들이는 데 어려움을 가지고 있는 사람들이다. 심리 치료에서는 건강 증진이나 질병 예방보다 정신 역동이나 성격에 더 초점을 둔다. 평가 과정도 일반 건강 상담보다 전통적인 심리 치료의 평가 과정과 더 유사하다. 그러나 건강 문제에 관한 교육은 양쪽 모두에서 중요한 부분을 차지하고 있다.

건강 중심 상담과 심리 치료 사이에는 차이점과 유사점이 많다. 간단히 말하자면 심리 치료는 미리 시간 약속을 하여 치료자의 상담실에서 보통 50분을 한 회기로 하여 이루어지는 공식적인 상담이다. 반면에 건강 상담은 다양하고 폭넓은 상담으로 이루어진다. 진료실에서 약속하고 만나기도 하고, 환자의 침상 옆에서 상담이 이루어지기도 하고, 시간 약속을 하지 않고 만나기도 한다. 심리 치료나 건강 상담에서 사용하는 기술과 전략은 매우 비슷하지만 그 목표와 지향점은 다르다. 처방 준수adherence, 심리 교육psychoeducation, 재발 방지relapse prevention, 시스템 영향systems influence과 같은 개념들은 건강 상담과 심리 치료 분야에서 일반적으로 적용되어왔지만 심리 치료 문헌에서는 거의 논의되지 않고 있다.

심리 치료에서는 정서나 행동 문제 또는 기능 장애를 가지고 있는 내담자와 숙련된 치료자 간에 강한 신뢰와 유대 관계가 생긴다. 치료자는 내담자가 자신의 내·외적 스트레스 요인과 타인과의 관계에 잘 대처할 수 있는 능력을 향상시키고 증상을 완화시킬 수 있도록 언어적·비언어적 방법을 모두 동원한다. 치료 방법은 본질적으로 지지적이고, 진단적·분석적·재구성적이다. 이야기 치료talking therapy가 주로 사용되지만 꿈 분석이나 바이오피드백, 최면술, 심리 검사와 같은 것들이 활용된다. 정신과 의사는 약물이나 기타 신체적 치료 방법을 사용하기도 한다. 전통적인 심리 치료는 한 명의 치료자와 규칙적으로 수개월 내지 수년 동안 만나면서 이루어진다. 그러나 최근의 단기 치료는 8~20회기 정도의 짧은 기간에 이루어지기도 한다.

건강 중심 상담은 심리 치료에 비해 보다 행동 중심적이다. 그리고 건강 위험 요인을 줄이기 원하거나, 생활 방식을 변화시키기 원하는 내담자와 그들의 건강 변화를 수립하고 유지하게 도와주는 숙련된 상담자 사이의 참여적 관계에서 이루어진다. 치료 기간은 보통 단기간이고 의료 상담이나 심리 치료보다 예방에 중점을 둔다. 치료 방법은 정보 제공과 생활 방식의 변화를 위한 처방과 함께 건강 상담만의 독특한 중재 기법은 물론 전통적인 심리 치료 기법들을 모두 동원한다.

이상의 다섯 가지 건강 상담의 유형들은 각기 서로 다른 기술과 훈련, 경험을 필요로 하지만 모두 건강과 안녕 증진에 초점을 두고 있다는 공통 요소가 있다. 이 책에서는 건강 중심 상담에 초점을 두고 있다. 왜냐하면 이 유형이 전문 상담자와 심리 치료사가 가장 많이 사용하는 것이기 때문이다.

제2장

건강 상담의 과정

좋은 상담은 좋은 목적을 토대로 이루어지며, 목적 없는 상담은 방향 잃은 배처럼 동요하기 때문에 효과를 얻지 못한다. 일반적인 상담의 목적은 내담자의 자기 이해, 자기 수용, 자기 개방을 통한 자기 성장에 있다. 건강 상담의 목적은 상담을 통하여 자신의 건강 상태를 이해하고 수용하며 자기 개방을 통해 더욱더 건강해질 수 있도록 돕는 것이다. 즉 건강 상담을 통하여 증상을 줄이고 건강을 증진하며, 긍정적인 건강 행동과 생활 방식을 향상시키고, 건강과 관련된 처방을 계속 준수하도록 하는 것이다

보통 상담의 궁극적인 목적을 '문제 해결'이라고 생각하기 쉬운데, 문제를 해결하는 것이 상담이라고 생각하거나 문제 해결을 상담의 궁극적인 목적이라고 생각하는 경우 다음과 같은 문제가 발생한다.

첫째, 문제 해결을 상담의 목적으로 볼 때 인간보다 문제 행동이 상담의 주 대상이 되고 만다. 그렇게 되면 내담자를 존엄성을 가진 인간으로 취급하기보다 문젯거리나 골칫거리로 보기 쉽다.

둘째, 문제 해결을 상담의 주 목적으로 볼 때 역설적으로 문제 해결이 더 어려워진다. 통상 우리가 쓰는 '문제'라는 말은 부정적인 면의 가치 판단과 연관

되어 있다. 따라서 문제를 가진 내담자는 자신의 문제를 가능한 한 숨기거나 부정하려고 하기 쉽고 설령 자인한다 하더라도 타인이나 주위 환경에 그 책임을 전가시키려고 할 것이다. 또한 문제를 갖게 된 내담자는 자신을 부정적으로 보아 열등감을 갖게 되고 스스로에 대한 자신감이 극도로 저하될 것이다.

셋째, 문제 해결을 상담의 궁극 목적으로 간주할 때 내담자의 비행이나 문제 행동이 상담의 주 내용으로 취급되어 내담자의 장점이나 강점과 같은 밝은 면을 다룰 수 없게 된다.

그러므로 상담의 궁극 목적을 문제 해결에서 내담자의 인간적 성장으로 변화시켜야 한다. 내담자의 성장을 상담의 목적으로 할 때 상담자는 내담자를 긍정적으로 볼 수 있게 된다. 뿐만 아니라 이 경우 내담자도 자신의 어두운 면에서 시선을 돌려 성장의 가능성을 보게 된다. 그렇게 되면 내담자는 자신을 수용하게 될 뿐 아니라 자기 개방의 용기도 갖게 된다. 아무리 위기 상황에 처했거나 절망의 구렁텅이에 빠진 사람이라도 성장의 그루터기는 남아 있게 마련이다. 만약 상담자가 그러한 성장의 여지에 초점을 맞춤으로써 내담자가 그와 같은 가능성을 깨닫고 인정하게 돕는다면 그는 비로소 문제를 헤쳐나갈 용기와 희망을 갖게 될 것이다. 때문에 좋은 상담의 목적은 내담자의 자기 성장에 있다. 이를 위해 상담자는 내담자가 자신의 문제가 무엇인지를 규명하고 이해하도록 돕고, 가능하면 스스로 책임 있는 자신의 행동을 취할 수 있도록 도와주는 역할을 한다.

1. 건강 상담의 치료적 요소

건강 상담이 치료적으로 되는 데에는 내담자 요인(40%)과 치료적 관계 요인(30%), 중재 전략적 요인(15%), 그리고 기대(15%)의 네 가지 요인이 관여한다(Lambert, 1992).

내담자 요인

내담자가 상담하러 올 때는 백지 상태에서 오는 것이 아니라 여러 가지 증상과 함께 걱정과 갈등을 가지고 온다. 내담자들은 각자 독특한 성장 배경과 문화를 가지고 온다. 또한 치료에 지대한 공헌을 할 수 있는 개인적이고 환경적인 어떤 자원을 가지고 온다. 이런 현상과 관련된 결과에 대한 내담자 측의 공헌을 '자발적 경감spontaneous remission'이라고 부른다. 암세포가 자생적으로 줄어들고, 다발성 신경염 증상이 약화되는 것과 유사하게 심리 치료를 받는 내담자는 우울이나 불안 증상이 경감되는 것을 경험한다. 어떤 사람은 단순히 첫 번째 치료 약속일을 정하고 난 다음에 바로 경감되기도 한다. 반대로 어떤 사람은 수개월 또는 수년간 치료를 해도 아무 변화가 없기도 하다. 이런 차이는 어디서 생기는 것일까? 이것이 내담자 측의 어떤 요인이 있느냐 없느냐에 달린 문제이다.

그런 요인의 존재는 어떤 치료를 하든 간에 약 40%의 증진 효과가 있는 것으로 추정된다(Lambert, 1992). 치료 시 내담자가 지니고 있는 내 · 외적 요인들은 치료 과정에의 참여에 상관없이 회복을 돕는다. 내부 요인으로는 변화에 대한 준비성, 대처, 그리고 개인적 · 사회적 기술, 동기, 자아 강도, 지능, 성취, 심리적 기질, 용기, 변화 노력에 관한 성공 경험 등이 있고, 외부 요인으로는 사회적 지지 체계를 포함하여 내담자에게 영향을 주는 특수 환경 요인, 재정적 자원, 예기치 않은 사건 등이 있다. 건강 상담에 가장 큰 영향을 미칠 수 있는 네 가지 내담자 요인으로는 생물학적인 개인차, 자기 효능감, 그리고 변화에 대한 준비성을 들 수 있다.

생물학적인 개인차

사람마다 정서적 기질과 정체감에서 개인차가 있듯이 생물학적이고 생화학적인 요구와 과정에도 개인차가 있다는 것이 점차 인식되고 있다. 의학에서는 독특한 성격의 차이가 있다는 것은 오래전부터 인정해왔지만 생물학적인 개인차를 인식하고 인정한 것은 그리 오래되지 않았다. 연구 결과(Williams, 1956)를 보면, 연령과 성, 신체 크기가 같은 사람 가운데에도 구조적 · 생화학적 차이가 매우 많다는 것이 밝혀지고 있다.

이와 같은 생물학적인 개인차가 건강 상담에 어떤 의미를 주는가? 이는 모든 사람에게 똑같은 효과가 있는 처방(예: 식이 요법, 운동 계획, 스트레스 관리 프로그램 등)은 있을 수 없다는 것을 의미한다. 즉 모든 건강 처방은 개개인의 기대와 마찬가지로 생물학적인 욕구에 맞추어서 이루어져야 한다.

자기 효능감

'자신감'이 좀더 일반적인 상황에서 자신의 성공에 대한 믿음이라면, '자기 효능감'은 개인이 특정 상황에서 특정 행동을 수행할 때 느끼는 자신감으로 그 행위를 수행하는 데 따르는 장애 요소의 극복을 포함하고 있다. 운동으로 체중을 줄이거나 금연을 하는 데에는 자기 효능감이 행동 변화를 위한 중요 선결 조건이다.

지각된 자기 효능은 행위 성취에 있어 그 행위를 조직하고 집행하는 과정에서의 자기 능력에 대한 개인적 판단으로 자기 조절 행동에 중요한 역할을 하는 내적 요소 중의 하나이다. 자기 효능의 지각은 자신이 무엇을 할 수 있느냐에 대한 자기의 인상을 말하는데, 자신과 타인의 성공과 실패에 대한 직접 경험이나 대리 경험이 가장 큰 영향을 준다. 자기 효능을 높게 지각한 사람은 자기 효능을 낮게 지각하는 사람보다 더 성취하려는 노력을 하고 실천해야 하는 과제를 지속적으로 수행한다. 자기 효능감이 높아지면 행동 실천으로 이어지며, 행동은 다시 자기 효능감을 강화시킨다. 자기 효능감이 높아지면 대체로 긍정적인 생각을 갖게 되고 자부심과 같은 긍정적인 느낌을 갖는다.

자기 효능이 행위에 중요한 요소가 되는 이유는 지식이나 관련 기술만으로 수행하는 것이 불충분하기 때문이다. 즉 개인이 자신의 능력을 어떻게 판단하고 효능을 어떻게 지각하는지가 그들의 동기화와 행위에 중요하게 작용한다.

기술 발달과 조절, 자기 효능감은 상호 보완적이다. 기술이 성공하게 되면 자기 효능감이 강화되고 이것은 다시 새로운 기술을 발달시키려고 하게 된다. 물질 남용자를 생각해보자. 과거에 알코올이나 약물과 관련된 상황에서 어떻게 대처해야 하는지를 배운 내담자는 자신의 자기 효능감을 보다 잘 인식하게 되어 다른 상황에서도 잘 대처하고 조절할 수 있다는 낙관적인 생각을 하게 된다. 동시에 책임 있고 긍정적인 결정을 내릴 수 있는 사람으로 대접받은 사람은 어려운 일을 수행해야 할 때에도 새로운 행동을 시도하려는 동기가 일어나기 쉽다. 이러한 자기 효능감은 낙관적 견해를 갖게 할 수 있다.

변화에 대한 준비도

앞에서도 언급했듯이 건강 상담이 효과적이기 위해서는 협동이 있어야 한다. 이는 상담자와 내담자가 건강 상담에 완전히 몰입하고자 하는 의지와 준비가 있어야 함을 의미한다. 상담자의 경험과 숙련도에 상관없이 내담자가 진정으로 상담 과정에 들어오지 않으면 기대하는 결과는 일어나기 어렵다. 상담에 들어오려는 의지와 준비성(예: 변화하려는 의지)은 당연한 것이 아니다. 변화에 대한 준비가 없으면 대부분의 상담은 실패하게 된다. 행동의 변화는 마음먹은 순간에 실천되는 것이 아니라 여러 단계를 거치면서 점진적으로 이루어진다.

변화에 대한 준비도와 변화 단계 이론은 Prochaska, Norcross, & DiClemente (1994)가 개발했다. 행동 변화의 단계는 고려전 단계(무관심), 고려 단계(관심), 준비 단계, 실천 단계, 유지 단계, 재발(재순환) 단계의 6단계로 나눈다. 건강 상담을 하는 사람들은 변화의 준비도와 이 단계에 대한 지식을 갖고 낮은 단계에서 높은 단계로 이행하도록 도와야 한다.

가장 낮은 단계인 무관심 단계는 변화에 대한 필요성을 인식하지 못하거나 부인하는 단계이다. 두 번째 단계인 관심 단계는 문제가 있다는 것을 인식하고는 있으나 그에 대해 무슨 일인가를 해야 할 필요성을 인지하지 못하는 단계이다. 첫 번째 단계와 마찬가지로 이 단계에서 상담자에게 의뢰되기도 하는데 이때는 아직 미성숙한 단계이므로 별 도움이 안 되고 오히려 역효과가 나기도 한다.

세 번째 준비 단계는 문제를 인지할 뿐 아니라 무슨 일인가 해야 한다는 필요성을 인지하고 있으며 변화하기로 결정하고 변화를 계획하기 시작하는 단계이다. 앞의 두 단계보다는 변화에 대한 준비가 많이 되어 있는 상태이기는 하나 실제 상담 과정에 적극적으로 임할지는 알 수 없다. 네 번째 단계인 실천 단계에서 실제로 변화 과정에 들어오게 된다. 이 단계가 변화에 대한 준비가 적절히 되어 있는 단계이다. 다섯 번째 단계인 유지 단계에서는 변화 계획이 여전히 진행 중에 있으나 아직 기대되는 결과는 달성되지 않았거나 또는 변화를 '자연스러운' 것으로 느끼지 못한다. 여섯 번째 단계는 재순환 또는 재발 relapse 단계이다. 윗선에서의 지지 결여로 상담 결과가 확인되지 않았거나, 너무 일찍 종결되었거나, 재발되었거나, 낮은 단계(보통 준비 단계)로 후퇴한 상태이다.

이와 같은 변화에 대한 준비도는 금연, 약물 이행, 물질 남용 치료와 심리 치료 등 많은 영역에서 광범위하게 이용되고 있다.

치료적 관계

치료적 관계는 치료 과정이 일어나는 맥락 그 자체이다. 모든 상담 관계에서 치료적 관계 형성은 상담 결과에 상당한 영향을 미치고 있음이 연구 결과 밝혀졌다. Lambert(1992)의 연구에 의하면, 심리 치료 결과에 영향을 미치는 요인에서 30%가 관계 요인이고, 40%는 내담자 요인인 것으로 나타났다. 치료적 관계에 내담자가 참여하는 질적인 면이 상담 결과에서 아주 중요한 결정 요인임도 밝혀졌다. 즉 내담자가 잘 동기화되어 있고 상담 과정에 잘 참여하게 되면 그 경험 자체에서 많은 이득을 얻게 된다.

일반적으로 치료적 관계의 목적은 내담자의 성장에 있으며, 여기에는 다음과 같은 것이 포함된다.

- 자기 인식, 자기 수용, 자기 개방, 자기 성장
- 분명한 자기 정체성과 개인적 통합

표 2-1 치료적 관계에 영향을 미치는 요인

상담자의 특성	상담 촉진 요인	장애 요인
자기 인식	공감적 이해	저항
가치관의 명료화	일관적 성실	
느낌 탐색		전이
역할 모델	수용적 존중	
이타심	전문적 능력	역전이
윤리의식과 책임감		

- 사랑을 주고받을 수 있는 능력과 친밀하고도 상호 의존적인 대인 관계를 형성할 수 있는 능력
- 실제적인 개인의 목표를 성취하고 욕구를 만족시킬 수 있는 능력

이러한 목표를 달성하기 위하여 내담자가 자신의 지각과 생각, 감정 등을 자유롭게 표현하도록 하며, 관찰하거나 보고한 행동과 내담자의 표현을 연관 지음으로써 내담자의 갈등과 불안을 명백하게 한다.

치료적 관계에서 중요한 도구는 무엇보다 상담자 자신이다. 상담자가 제대로 준비되어 있을 때 좀더 쉽게 내담자에게 공감을 하고, 내담자의 자기 표현을 격려하며 효과적인 치료에 이를 수 있다.

표 2-1에서 보듯이, 치료적 관계에 영향을 미치는 요인은 크게 세 부류로 나누어볼 수 있다. 우선 상담자가 치료적이기 위해서 잘 알고 시행할 수 있어야 하는 상담자의 특성들이 있고, 다음으로 상담자가 가져야 할 중요한 태도인 공감적 이해, 일관적 성실 등의 상담 촉진 요인들이 있으며, 또한 내담자와 상담자의 관계를 차단시킬 수 있는 저항, 전이 같은 장애 요인들이 있다. 이러한 요인들을 차례대로 살펴보자.

자기 인식

타인을 돕는 역할을 하는 사람들은 '나는 누구인가?'라는 질문에 스스로 답

해볼 필요가 있다. 자신을 명확히 이해하고 수용함으로써 상대방에게 자신을 있는 그대로 개방할 수 있게 된다. 한 인간으로서 어느 누구도 자신을 완전히 알 수는 없다. 조하리Johari의 마음의 창문(Luft, 1969)은 이러한 생각을 그림으로 보여주고 있다(그림 2-1 참조).

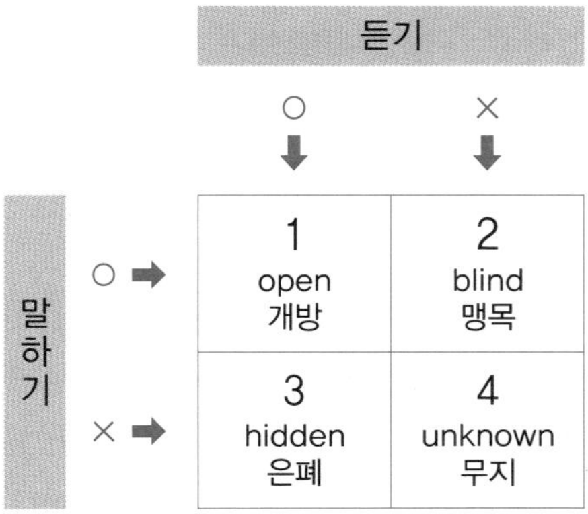

1. 나와 남이 아는 나(자기에게 알려지고 남에게도 알려짐): 개방
2. 남이 아는 나(자기에게 알려지지 않고 남에게 알려짐): 맹목
3. 나만 아는 나(자기에게 알려지고 남에게 알려지지 않음): 은폐
4. 나와 남이 모르는 나(자기에게 알려지지 않고 남에게도 알려지지 않음): 무지

그림 2-1 조하리 창문

이 모형에서 보면, 대부분의 사람에게는 느낌, 생각, 행동 등이 자신과 타인에게 잘 알려져 있는 개방된 영역(1)이 있는가 하면, 타인의 눈에는 알려져 있어도 자기 자신은 자각하지 못하는 숨겨진 영역(2)이 있고, 자신은 알고 있지만 타인에게는 은폐된 영역(3)이 있다. 그리고 마지막으로 타인은 물론 자기 자신에게도 전혀 알려져 있지 않은 영역(4)이 있다. 이 네 가지의 '나'가 합쳐져서 자기 자신의 총체total self를 나타낸다.

이 모형에 따르면 자기 개방적인 인간이 된다는 것은 2, 3, 4의 영역을 줄이고 1의 영역을 넓히는 것을 의미한다. 1 영역이 넓은 사람은 남의 이야기를 듣기도 잘하고 자신의 이야기를 말하기도 잘한다. 즉 자신에 대한 정보를 상대방에게 적절히 제공하는 것이다. 바람직한 자기 개방은 자신과 타인이 불편하지 않을 정도로 적절한 경계선을 유지하면서 자신의 감정이나 생각, 기대, 열망 등을 표현한다. 자기 개방을 하게 되면 자신에 대한 이해가 더욱 명확해지며 친밀한 인간관계가 형성된다. 자신의 부족한 점이나 과거의 실수를 적절한 경계선 내에서 개방할 때 더 이상 자신을 숨기기 위해 에너지를 소모할 필요가 없게 된다. 이와 같은 자기 개방은 지나친 자기중심적 사고에서 벗어나 자신과 상황을 좀더 객관적으로 바라볼 수 있게 한다.

2 영역이 넓은 사람은 남의 이야기를 듣기보다 자신의 이야기를 많이 하는 편이다. 그래서 타인이 보기에 개선해야 할 점들이 많으나, 자기 자신은 그와 같은 것을 깨닫지 못하고 스스로 잘난 체하거나 자기도취적인 경향이 있다. 이러한 사람은 타인과의 생산적인 관계를 발전시키지 못하며, 자기 이해가 부족하다고 볼 수 있다.

3 영역이 넓은 사람은 남의 이야기를 듣기는 잘하는데 자신의 이야기를 잘 하지 못한다. 일반적으로 자기표현을 잘 안 하거나, 못하기 때문에 그 속에 어떤 느낌이나 생각을 가지고 있는지 알 수 없어서 쉽게 접근하기 힘든 사람이다. 그런 사람은 민감해서 자기 자신을 비교적 정확하게 이해하는 편이다. 그러나 스스로 이해하는 자기 자신을 수용하지 못하므로, 남에게 있는 그대로 내놓기를 싫어하고 주저하기 때문에 자기 은폐를 하는 경향이 있다. 그 때문에 타인과 생산적인 관계를 맺는 데 지장을 받을 뿐만 아니라, 일반적으로 불안해하고 긴장하며 자기 은폐에 지나친 신경을 쓰기 때문에 자신의 능력을 충분히 발휘하여 생산적인 삶을 사는 데 방해받기 쉽다. 이와 같은 사람들에게는 특별히 자기 개방의 용기와 훈련이 필요하다.

4의 영역이 넓은 사람은 남의 이야기를 잘 듣지도 않고 자신의 이야기를 하

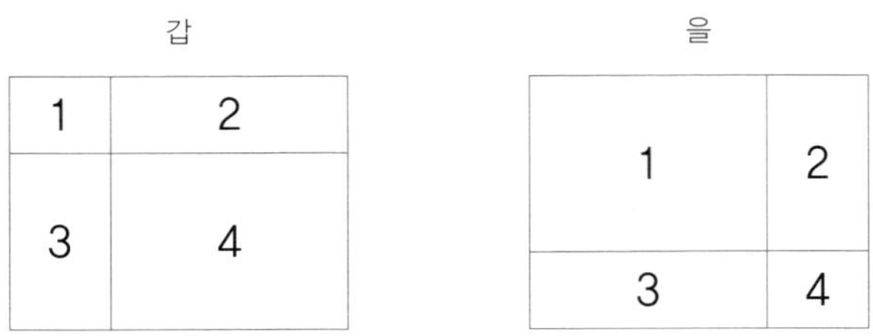

자기 이해가 부족한 사람 자기 인식과 자기 개방이 많은 사람

그림 2-2 사분면의 변화를 나타내는 조하리 창문

지도 못할 뿐더러 자신에 대해 잘 모르는 사람으로, 무의식 영역이 넓다.

이 사분면 모두가 총체적인 자기 자신을 나타내는데, 어느 한 사분면의 변화는 나머지 사분면에 영향을 미친다. 즉 1면이 작을수록 의사소통이 줄어들며, 1면이 넓어지면 나머지 사분면 중 하나 혹은 그 이상이 작아진다. 그러므로 자신에 대한 인식을 증가시키는 과정은 1면을 넓히고 나머지 사분면의 크기를 줄이는 것이다. 물론 무조건 자기 개방을 하는 것이 능사는 아니다. 적절한 때와 장소를 가려 적절한 상대에게 정도에 맞게 자기 개방을 하는 방법을 배울 필요가 있다. 그러나 궁극적으로는 상호 간에 좀더 신뢰하고 개방할 수 있을 때, 자기 성장은 효과적으로 이루어질 수 있을 것이다(이광자, 2011).

가치관의 명료화

자기 자신이 누구인지를 아는 것뿐만 아니라 '나에게 중요한 것은 무엇인가?'를 아는 것도 중요하다. 이러한 자기 인식은 자기 자신에게 보다 솔직할 수 있으며, 자신의 욕구를 만족시키기 위해 내담자를 부당하게 혹은 비윤리적으로 이용하는 것을 예방한다. 자신의 개인적인 만족을 위해서 내담자를 이용하고자 하는 유혹에서 벗어나기 위해 상담자는 전문직 생활을 제외한 일상생활에서 충분한 만족과 안정을 가져올 수 있는 자원을 가지고 있어야 한다. 만일 상담자가 자기 만족을 위한 일을 충분히 하지 못한다면 자신이 그렇다는 것을 인식해야 하며 또 자신의 불만족의 근원이 무엇인지를 명확히 알아야 한다.

가치관은 가족이나 친구, 문화, 교육 등을 통해 가지게 된 것으로 삶의 경험에서 형성된 개념이다. '가치'라는 말은 소중한 것 혹은 의미 있는 것 등을 뜻하기 때문에 긍정적인 것을 내포한다. 가치 체계는 일상생활을 하면서 내려야 하는 결정과 행하게 되는 행동에 대한 하나의 기준을 제공한다. 자신의 가치 체계를 인식함으로써 상담자는 가치들 간의 갈등 상황을 규명할 수 있게 된다. 자신의 가치관에 대한 확인은 어떤 가치를 다른 사람에게 투사하는 것을 막아준다. 가치관의 확인은 의사 결정을 하는 과정에 있어서 어떤 것에 가치를 두며 어떤 것을 우선적으로 하는지 조사하고 탐구하고 결정함으로써 가능하다.

느낌 탐색

다른 사람을 돕기 위해서는 객관적이어야 하며 자신의 느낌에는 초연해야 한다. 그러나 이러한 사람은 자칫 차갑고 쉽게 접근할 수 없는 비인격적인 사람으로 받아들여지기도 한다. 이러한 특성은 치료적 관계를 형성하는 것을 방해한다. 바람직하기로는 상담자가 자신의 느낌을 표현하고 이를 인식하며, 상담할 때 자기 느낌을 이용할 수 있도록 자신의 느낌을 조절할 수 있어야 한다. 상담자가 느끼는 감정은 자기 자신이나 타인과의 관계에 대한 피드백의 지표가 된다. 자신의 감정에 개방적인 상담자는 자신이 내담자에게 어떻게 반응하며, 어떻게 보이는지를 알 수 있다. 상담자가 느끼는 감정은 내담자의 문제에 접근하는 데 있어서 중요한 실마리가 되어준다.

역할 모델

일반적으로 타인에게 도움을 주는 사람은 상대방에게 많은 영향을 준다. 따라서 상담자는 자신이 원하건 원하지 않건 간에 내담자에게 하나의 모델로서 기능하게 된다. 많은 연구 결과, 사회적으로 적응적인 행동이나 비적응적인 행동에 있어서 역할 모델이 되어주는 사람이 영향을 미치는 것으로 보고되고 있다. 그러므로 상담자는 적응적이고 성장을 가져오는 행동의 모델이 될 의무가 있다. 만일 상담자의 사생활이 문란하다면 바로 그 생활이 내담자와의 관계에 영향을 주게 되어 상담의 효율성을 저하시킬 수 있다.

그러나 이러한 견해에 이의를 제기하는 사람도 있다. 그들은 사생활과 전문적인 직업인의 삶을 분리시킬 수 있다고 주장하지만, 건강 상담은 자기 자신을 치료적으로 이용하는 것이라는 관점에서 볼 때 이는 불가능하다고 여겨진다. 그러나 상담자가 그 사회의 규준에 맞춘 삶을 살아야 한다거나 순리적인 삶을 살아야 한다는 것을 뜻하는 것은 아니다. 이는 상담자의 삶이 갈등이나 고통이 있더라도 감정의 지배를 받지 않으면서 성숙하고 건강한 개인 생활을 유지할 수 있어야 한다는 의미이다.

이타심

상담자는 '나는 왜 다른 사람을 도와주기를 원하는가?' 라는 생각을 하는 것이 매우 중요하다. 효율적인 상담자는 사람들, 특히 고통받고 있는 사람들에게 관심을 가지고 있으며 깊은 사랑에 의해 남을 도우려고 한다. 사람들은 대부분 자신이 하는 일에서 어느 정도 개인적인 만족이나 충족을 얻으려 하는 것도 사실이다. 중요한 것은 이 두 가지 욕구 사이의 균형을 유지하는 것이다. 개인적인 욕구의 충족만을 강조하게 될 때 도움을 주고자 하는 동기가 파괴적인 결과를 초래할 수도 있다. 이타심은 자기 자신보다 타인의 안녕에 더 많은 관심을 가지는 것이다. 그러나 이타적 사람이 충분한 보상이나 인정을 기대해서는 안 된다거나 희생을 해야 한다는 것을 뜻하는 것은 아니다. 사실 다른 사람을 도우면 자신도 돕게 되므로 이타심은 주는 사람이나 받는 사람 모두에게 치유력이 있다.

윤리 의식과 책임감

사람과 사회에 대해서 가지고 있는 개인의 믿음은 행동을 하는 데 있어서 하나의 의식적인 지침이 된다. 상담자 윤리 강령은 상담자-내담자 관계와 책임감에 관한 공통적인 가치를 반영하고 있으며 내담자의 안녕과 사회적 책임감에 대해 판단을 하는 데 참고가 되는 기틀이 되어준다. 상담자가 윤리 의식과 관련되어 자신의 행동에 대해 책임을 진다는 말은 자신의 한계 및 강점을 알고, 이에 대한 책임을 지는 것을 말한다.

치료적 관계 형성에 있어서 상담자가 보이는 태도도 매우 중요하다. 상담을 촉진시키는 요인으로는 공감적 이해, 일관적 성실, 수용적 존중, 전문적 능력 등이 있다.

공감적 이해

공감적 이해란 자신이 직접 경험하지 않고도 다른 사람의 감정을 거의 같은 내용과 수준으로 이해하는 것이다. '공감적'이라는 것은 내담자가 말하는 것(관찰될 수 있는 것)으로부터 그의 감정, 태도 및 신념 등(잘 관찰될 수 없는 것)에 대하여 정확하게 의미를 포착하는 것이라고 풀이할 수 있다(이장호, 2003).

내담자를 공감적으로 이해하기 위해서는 내담자의 의사 결정 문제, 불안, 좌절, 환경적 압력 등에 관하여 내담자의 위치에서 느끼도록 노력해야 한다. 그러나 동시에 상담자 자신은 내담자가 아니고 그러한 압력이나 문제가 자신의 것이 아닌 내담자의 것이라는 것을 명심해야 한다.

상담자가 내담자의 감정, 신념, 가치관의 내용 등을 안다는 것만으로는 충분하지 않다. 상담자가 관찰하고 추론하고 느낀 바를 내담자에게 전달하는 것이 중요하다.

상담자의 공감적 이해 능력에는 두 가지 기초적인 요소가 있다. 첫째는 상담자가 내담자의 말 속에 깔려 있는 중요한 감정, 태도, 신념, 가치 기준을 포착하는 것이다. 이것은 감수성의 차원이다. 둘째는 상담자가 내담자의 외적인 측면뿐만 아니라 내적인 측면까지 이해하고 알게 되었다는 것을 내담자에게 알려주는 것이다. 이것은 전달과 소통, 즉 커뮤니케이션의 차원이다.

일관적 성실

상담자의 언행이 그의 성격, 언동, 표정, 태도, 생각과 일치해야 하며 자신의 감정을 지각하고 받아들이며 진실하고 솔직해야 한다. 그러나 상담자가 내담자에게 항상 성실하고 정직하게 대하는 것은 쉽지 않다. 그러기 위해서는 상담자 자신이 솔직해야 할 것이다. 그리고 자신의 가치관과 신념이 무엇이며 자기의 태도와 가치관이 내담자에게 어떤 영향을 주고 있는지 항상 인식하고 있어야 한다. 솔직성은 표현한 것이 진실되고 일관성이 있기를 요구하고, 진실성은 꾸미지 않으며 이랬다저랬다 하지 않는 것을 말한다. 일관적 성실성에는 내담자와의 관계에서 상담자의 역할을 하기보다는 한 인간으로서 내담자를 만난다는 의미가 포함되어 있다.

수용적 존중

상담자는 내담자에게 따뜻하고 수용적이어야 한다. 이러한 자세를 말로, 음성의 억양과 비언어적 단서, 특히 얼굴 표정으로 전달해야 한다. '당신을 이해하고 당신을 희망이 있는 사람으로 보고 있다. 내가 어떤 면에서는 당신과 의견이 다르지만, 그래도 당신을 인격적으로 존중한다'는 뜻을 말로나 행동으로 내담자에게 전달하는 것이 중요하다. 즉 내담자의 감정, 경험 및 잠재력에 대해 기본적으로 긍정적인 존중과 관심을 전달하는 것으로 상대방의 인간적인 잠재력에 대해 깊은 관심을 쏟으며 무비판적이고 무조건적인 존중을 보이는 것이 필요하다.

상담자가 내담자의 의견에 동의하지 않는 것과 내담자를 거부하는 것은 구별되어야 한다. 즉 내담자의 의견에는 동의하지 않을 수 있지만 내담자를 하나의 인격체로서 존중해야 하는 것이다. 거부나 이의는 수용적 행동이 아니라는 생각에서 내담자의 말을 무조건 받아들여서는 안 될 것이다. 다만 반대 의견을 전달할 경우에는 부드러운 음성이나 기타 비언어적 단서로써 인격적 수용을 전달할 수 있어야 한다.

전문적 능력

내담자는 상담자에게 도움을 구하러 온다. 내담자로서는 상담자가 자기를 도와줄 수 있는 전문적 훈련을 받은 사람이라는 것을 인식하는 것이 중요하다. 상담의 효과는 상담자가 자기를 도와줄 수 있는 사람이라는 믿음을 내담자가 가지느냐의 여부에 따라 많이 달라진다. 효과적인 상담이 되기 위해서는 상담자는 내담자가 과거에 경험하지 못한 공감적 이해를 전달해주어야 한다. 즉 상담자는 내담자가 일상생활에서 만나는 사람들과는 다른 신념을 보여주고, 객관적이고도 전문적 이해를 전달해주어야 한다. 그러기 위해서는 상담 과정에서 문제 상황과 관련된 내담자 자신의 감정, 경험, 행동을 구체적이고 명료하게 표현하도록 이끌어가고 내담자의 긍정적 변화를 위해 깊은 수준의 탐색을 적극적으로 촉진한다.

치료적 관계를 진행하는 가운데 저항이나 전이, 역전이 현상이 일어나면 상담자와 내담자 관계에 차단을 가져올 수 있으며 불안, 좌절, 분노의 감정 등을 야기할 수 있으므로 특히 주의해야 한다.

저항

저항은 내담자가 불안을 일으키는 사항을 인식하지 않은 채 머물려고 하는 노력을 말한다. 저항이라는 용어는 프로이트에 의해 처음 소개된 것으로 무의식이나 전의식에 있는 사항을 탐색하거나 인식하는 것에 대한 무의식적인 대항을 뜻한다. 1차적인 저항은 변화에 대한 필요성은 인식되었지만 내담자가 변화하지 않으려고 하는 것에서 기인한다.

일반적으로 중재 단계에서 저항 행위를 보이는데, 그 이유는 이 단계가 문제해결 과정의 주요 부분을 차지하기 때문이다. 또한 상담자가 내담자의 감정에 대해서 지나치게 서둘러서 다루려고 한다든지 지나치게 깊숙이 탐색할 때 나타나기도 한다.

2차적 이득이 저항의 또 다른 원인이 되기도 한다. 질병으로 인해 오히려 내담자에게 유리한 환경이나 대인 관계, 상황적인 변화가 일어날 수 있다. 이러한 경우 특히 내담자에게 2차적 이득이 있게 되는데, 이러한 것에는 불쾌한 상황의 회피, 주의 집중의 증가, 책임감으로부터 도피, 타인을 조종하고자 하는 시도, 사회적인 압박감의 감소 등이 있다.

전이

내담자가 자신의 과거의 삶에서 중요한 인물에게 보였던 감정과 태도를 현재의 상담자에게서 경험하게 되는 무의식적인 반응을 말한다. 전이에는 긍정적인 전이와 부정적인 전이가 있으며 건강 상담의 결과에 많은 영향을 미친다.

내담자가 전이 현상으로 인해 상담자에 대하여 발생한 분노나 적대감이 내재화되면 우울이나 의기소침으로 나타나 상태가 호전되지 않은 상태에서 관계를 종료하게 되기도 한다. 적대감이 외재화되면 반항과 흥분 상태로 나타나기도 한다. 비협조나 거절증과 같은 극단적인 형태가 지속적인 침묵으로 나타날 수도 있다. 관계의 초기 단계에서 상담자를 힘들게 하는 것은 내담자가 계속 침묵으로 일관하는 것이다. 그러나 상담자의 임무는 침묵의 의미를 이해하는 것이고 그 침묵이 이상하고 유용성이 없는 것처럼 보이더라도 어떻게 다룰 것인지 결정해야 한다.

전이는 의존적인 현상으로 나타나기도 한다. 즉 상담자와의 관계를 마술적인 것으로 생각하면서 지나치게 가치를 두는 것이다. 이런 반응을 보이면 상담자는 내담자의 기대에 맞추어 반응하려고 하지만 내담자의 기대가 비현실적인 것이기 때문에 가능하지 않다.

상담자는 내담자의 저항과 전이 현상으로 인해 내담자로부터 받게 되는 강렬한 긍정, 부정적인 감정에 노출될 준비가 되어 있어야 하며, 또한 내담자의 이러한 감정을 다루어줄 준비가 되어 있어야 내담자와의 관계가 치료적으로 발전할 수 있다.

내담자의 동기가 어떻든 간에 저항이나 전이의 분석은 내담자가 자신의 동기에 대한 인식을 증가시키며 자신의 모든 행동에 대한 책임을 증진시키는 것을 학습하게 된다. 이때 상담자가 해야 하는 첫 번째 반응은 경청하는 것이다. 내담자의 반응을 경청하면서 명료화와 반영 기법을 이용하여 현재 어떤 일이 발생하고 있는지에 초점을 두고 내담자가 자신의 마음속에서 무엇이 진행되고 있는지 인식하는 것을 도와줄 수 있다.

역전이

역전이는 내담자의 특성으로 인해 상담자에게 일어난 정서적 반응으로서, 치료적인 관계의 장애 요인이다. 역전이는 상담자에게 적용된 전이 반응으로, 어떤 내담자에게는 유난히 관심이 많이 가고 끌리는 반면, 어떤 내담자에 대해서는 공연히 화가 나고 무관심해지는 것으로 나타난다. 역전이 반응은 보통 강한 사랑이나 돌봄 반응, 강한 혐오감이나 적대감 반응, 내담자가 보이는 저항에 대한 강한 불안 반응이라는 세 가지 유형으로 나타난다.

이러한 내담자에 대한 역전이 현상은 상담자 자신이 인식하지 못하더라도 그 감정은 내담자와의 관계에 중요한 영향을 끼치게 되어 치료 과정에도 지장을 초래하게 된다. 역전이 감정이 긍정적인 것이든 부정적인 것이든 그 감정은 내담자가 이야기하고자 하는 중요한 정보에 대해 눈을 감게 만든다. 가령 상담자가 환자의 행동(통증 관리를 위해 마약을 찾는 행동)에 대해 실망하거나 화가 나게 되면 반사적으로 물러나거나 공감을 하지 못하거나 또는 협박하는 투의 말을 하게 될 수도 있다.

이러한 역전이 반응이 나타나는 경우 상담자는 자신의 내적인 상태를 탐색해볼 필요가 있다. 나는 내담자를 만나는 것을 고대하고 있는가? 또는 두려워하고 있는가? 내담자는 나에게 누구를 떠오르게 하는가?

중재 전략적 요인

상담 기법과 전략 가운데는 임상적 해석, 자유연상법, 직면, 인지적 재구성, 명상, 빈 의자 기법, 바이오피드백, 체계적 둔감화, 재구성reframing, 가족 조각, 기적 질문, 기타 해결 중심 기법 등이 있다. 상담 방법의 내용과 과정은 상담자의 이론적 관점에 따라 표면상으로는 다르다.

그러나 각 중재 전략과 기법의 특수성에도 불구하고 중재가 치료 결과에 미치는 영향은 지극히 미미하다. Lambert(1992)의 연구에 의하면, 상담자의 치료 방법이 결과에 미치는 영향은 단 15%에 지나지 않는다. 그러므로 상담자는 치료를 올바르게 하고 있는지 신경을 쓰거나 기법 개발을 위해 시간을 보내기보다 그들이 할 수 있는 최선, 즉 신뢰 관계를 형성하고 이해하고 경청하고 내담자 스스로 방법을 찾을 수 있도록 격려하는 데 시간을 더 많이 보내는 것이 효과적이다.

기대

Lambert(1992)는 정신 치료의 15%는 플라세보 효과placebo effect라고 불리는 현상에 있음을 지적했다. 상담자나 치료 제공자에 대한 내담자의 믿음이 치료에 영향을 미치는 비율은 특수 치료의 효율성에 관한 희망과 마찬가지로 내담자의 삶에 차이를 만든다. 많은 사람들이 플라세보 효과와 강력한 치료의 효과를 감소시키거나 중립화시키는 노세보 효과nocebo effect(플라세보의 부정적인 효과)의 다이내믹에 대해 서술해왔다. Benson(1996)과 Matthews & Clark (1998)는 플라세보 효과를 '믿음 요인'이라고 서술했다. 이것은 치료자가 확실히 치료해줄 것이라고 믿는 내담자의 굳건한 신념이라고 할 수 있다. 이 신념에 의해 언제, 어떻게, 왜, 변화가 일어날 것인지 특수한 기대가 생긴다.

연구 결과, 단순히 치료를 기대하는 것이 희망을 불러일으키고 회복을 촉진시키는 것으로 나타났다(Frank & Frank, 1993). 그러한 희망은 치료 시작 시 상담자의 태도에 의해 큰 영향을 받는다. 내담자의 상태가 심각하여 그 결과가 의심스러울 때는 내담자의 좌절감이 쉽게 역전되기가 어렵다. 그러나 상담자가 여전히 치료될 것이라는 신념과 희망을 갖고 있고 이것이 말로나 비언어적으로 표현될 때 치료가 호전되는 경향이 있다. 그러므로 변화할 수 있다는 긍정적인 기대는 치료가 성공하는 데 있어서 필수불가결한 것이라 할 수 있다.

2. 건강 상담 단계

건강 상담은 유형이나 프로그램에 따라 다르기는 하지만 보통 주 단위로 약 50분씩 6회 정도 이루어진다. 마지막 상담 후에 6개월, 12개월, 18개월 간격으로 추후 상담을 하면서 진행 과정을 평가하고 순응과 재발 방지의 문제를 다루고 변화된 생활 방식이 계속 지속되도록 격려한다.

상담과 심리 치료의 네 단계는 건강 상담 과정에도 그대로 적용할 수 있다

(Dinkmeyer & Sperry, 2000). 이 네 단계에는 내담자와 관계를 형성하고, 사정하고, 중재 방법을 선택하고, 생활 방식 변화 과정을 유지 또는 강화하는 단계가 포함된다.

1단계 : 참여와 관계 형성

상담자와 내담자 간의 관계는 개인 심리 치료와 비슷하나 시간과 의도성에 중요한 차이가 있다. 즉 심리 치료에서는 관계 형성이 첫 3~4회기에 걸쳐서 일어날 수 있는데, 건강 상담은 단기간에 집중적으로 진행되므로 관계의 첫 번째 회기에서 치료 동의를 협의하고 협상하는 것이 주요 목표이다. 보통 60분에서 90분 정도 계획하는데 첫 회기가 전체 회기에서 가장 중요하다고 할 수 있다.

첫 번째 단계에서는 상담자와 내담자 사이에 협조 관계를 수립하고 서로 받아들일 수 있는 변화 프로그램에 대해 협상함으로써 변화 과정에 내담자를 참여하게 하는 것이 목적이다. 그러므로 참여 단계에서는 치료가 이루어질 수 있는 관계를 발달시키고 내담자의 동기를 최대화시키는 것이 목표가 된다. 효과적인 치료 결과를 위해서는 내담자가 치료 과정에 충분히 적극적으로 참여하고 개입해야 한다. 이때 건강 상담자는 내담자가 특별히 생활 방식을 변화시키려는 이유가 무엇이며 동기 수준이 어떠한지를 이해해야 한다. 만일 변화의 이유가 배우자나 상사 또는 가정의를 달래기 위함이라면 이 욕구는 시작부터 다루어져야 한다. 만일 내적 동기가 거의 없는 상태라면 저항과 지시사항의 준수 거부 혹은 치료를 통한 변화가 일어나지 않을 것이라고 예측할 수 있으므로 이에 대해 먼저 논의해야 한다. 치료를 계속할 것인지 그만둘 것인지도 이때 하는 것이 제일 좋다. 그 다음에 다음과 같은 세 가지 중요한 질문을 해야 한다.

첫 번째 질문은 기능적 사정과 관련된다. "당신의 행동(비만, 흡연, 통증 등)이 일상생활에 어떤 어려움을 초래합니까?" 그러고 나서 일, 사랑, 친구 관계에 대해 각각 만족하는지, 그리고 기능 수준을 질문한다. 괴로움과 손상 정도는 변화에 대한 수용성과 종종 관련된다. 괴로움이 클수록 괴로움과 손상을 완화하기 위한 치료 프로그램을 더 쉽게 받아들일 수 있을 것이다. 상담자는 역기능이 변화하려는 노력을 방해할 수 있는 이득이나 보복과 어떤 관련이 있는지 경계해야 한다.

두 번째 질문은 내담자가 자신의 증상이나 상태에 대해 설명하는 것이다. 즉 "당신의 행동(비만, 스트레스 등)의 이유가 무엇이라고 생각하십니까?" 이에 대한 답을 들은 후에 이어서 상태와 진행 정도에 대한 사실적인 정확성과 함께 건강 신념을 암시하는 질문을 한다. 이것은 상담자가 나중에 제공할 필요가 있을 수 있는 교육과 정보의 정도에 대한 중요한 지침이 될 것이다.

세 번째 질문은 상담자에 대한 것뿐 아니라 치료에 대한 기대, 즉 참여 시간과 노력 정도, 기대하는 결과 그리고 만족에 대한 것이다. "당신은 어떤 특수한 변화를 기대하십니까? 그 변화가 일어나기 위해 어떻게 참여하시겠습니까? 상담자인 나에 대해서는 어떤 것을 기대하십니까?" 덧붙여서 생활 방식을 변화시키기 위해 과거에 어떤 노력을 했었는지도 평가해보는 것이 좋다. 노력의 횟수, 기간, 성공 정도, 외부 도움에 대한 접근성에 관한 정보와 중단하게 된 이유에 대해 질문하는 것도 현재의 성공이나 실패에 대한 기대를 예측하는 중요한 요인이 된다.

상담자가 내담자의 배경—특히 치료와 결과에 대한 내담자의 기대—에 대해 이해한 것을 기초로 상담자는 광범위한 시간표, 참여 수준, 기대되는 결과를 서술한 실제적인 변화 프로그램을 계획할 수 있다. 상담자는 협상 과정에서 내담자의 기재와 관련해서 논의를 해야 한다. 협상의 목적은 상호 동의한 변화계약서를 만드는 것이다. 이 동의서는 행동적인 언어로 진술되어야 한다.

2단계 : 사정

여기에서 '사정assessment'이라는 용어는 내담자의 건강과 성격 패턴에 대한 평가의 의미로 사용된다. '패턴pattern'이라는 용어는 내담자의 유일무이한 생물학적 개별성뿐 아니라 내담자의 예측 가능하고 일관성 있는 믿음과 행동을 지칭한다. 사정에서는 내담자가 스트레스를 받는 환경이나 그렇지 않은 환경에서 자기 자신에 대해 어떻게 생각하고 느끼고 행동하고 대처하고 방어하는지 그 방법을 사정하기도 한다. 또한 건강 행동이나 그 외 개인적 변화를 만들어내는 개인의 동기와 강점, 그리고 이전의 성공에 대해서도 사정이 이루어진다. 마지막으로 건강에 대한 처방을 준수하는 데 있어서 장애가 되는 요인이나 성공 또는 촉진하게 하는 요인을 사정한다. 장애물에는 내담자가 진행해나가는 것을 방해하는 개인 내와 개인 간, 사회적 · 문화적 요인이 포함된다. 즉 사정 단계의 초점은 내담자의 건강과 성격 패턴, 변화에 대한 준비성, 강점, 장애물, 그리고 촉진 요인을 확인하는 것이다.

건강 상담에서의 사정은 심리 치료 시 사정보다 짧고 집중적으로 이루어진다. 상담자는 내담자의 개인적인 요인과 상황적 요인에 따라서 현재 건강 행동을 이해하려고 한다. 그런 면에서 완벽한 사회력과 발달력을 수집하는 것이나 성격과 인지 요인을 사정하는 것이 꼭 필요한 것은 아닐 수 있다.

성격 유형, 건강 신념, 현재의 건강 상태나 증상에 대한 과거와 최근의 이득 또는 의미에 대한 간략한 사정이 필요하다. 또한 내담자가 자신의 상태에 대해 어느 정도로 정확하게 알고 있는지도 사정하는 것이 좋다. 최근의 건강과 질병에 대한 경험은 건강 신념과 건강과 질병에 대한 태도를 사정하는 데 유용하다. 이것은 내담자나 내담자의 가족이 아팠던 특정 경험들을 회상하게 하는 것으로 질문할 수 있다. 이 반응들은 신체상 그리고 자기와 남에 대한 인지나 신념에 관한 성격에 대한 가치 있는 통찰을 줄 수 있다.

건강과 질병 행동에 관련된 가치에 초점을 둔 내담자의 가족 사정을 간단히 하여 내담자에게 사회적 모델로 작용할 수 있는 다른 가족원이나 친척의 건강과 질병 행동에 대해 아는 것도 도움이 될 것이다. 내담자의 문화적 건강 상태를 사정하는 것도 필요하다. 어떤 지역에서는 암묵적인 가족의 태도와 규준이 어떤 건강 행동을 강화시키기도 한다. 사람들은 운동, 흡연, 스트레스, 체중 조절, 영양, 알코올 남용, 안전, 그리고 정신 건강에 대한 그 사회의 문화적 규범에 영향을 받는다.

3단계 : 중재

중재 단계의 목표는 내담자가 부적응 건강 패턴을 적응 패턴으로 전환하거나 수정하도록 돕는 것이다. 중재 기법으로는 집중적인 패턴-중지 전략focused pattern-interruption strategies, 인지 재구성cognitive restructuring, 해석interpretation과 재구성 기법reframing 등이 있다. 그런데 내·외적인 '내담자의 자원client resources'을 끌어내고 지지하는 것과 같은 중요하고도 분명한 중재 방법을 간과하는 경향이 있다.

임상에서 부적응 패턴은 괴로운 증상과 기능 손상으로 나타나므로 증상 완화와 기능 증진이 중재의 목표가 된다. 괴로운 증상으로 인해 심리 치료를 받는 개인이나 부부는 자신의 노력으로는 완화시킬 수 없는 증상을 줄이기 위해 치료를 받으러 오는 것이므로 중재의 중요한 목표는 증상을 경감하거나 제거하는 것이다. 이 목표는 약물 치료나 행동 중재 방법으로 달성된다.

중재에는 개인 수준과 체계 또는 가족 수준의 두 가지 수준이 있다. 개인 수준에서는 격려encouragement가 기본이고, 특수한 중재 기법으로는 정보 제공, 인지 재구성, 그리고 행동 목표를 설정하고 모니터링, 패턴 확인, 자극 통제·강화 등의 방법을 사용하는 행동 수정과 재발 방지 훈련 등이 있다.

체계 수준에서의 중재는 내담자의 치료 이행을 증가시키고 재발을 최소화하는 목적으로 수행된다. 건강 상담을 받지 못한 사람이 생활 방식 변화 프로그램에서 탈락되는 비율은 80%에 달한다. 가족이나 동료 친구와 같은 사회적 지지 체계의 도움을 찾는 것은 상담자와 내담자 모두에게 중요한 임무이다. 가족이나 배우자가 함께 참여하지 않을수록 변화 프로그램을 수행하는 데 문제가 많이 일어난다는 것을 상담자는 예상해야 한다. 가령 Brownell(1984)은 비만한 내담자의 배우자가 회기에 참석하여 식이 습관을 변화시키는 것을 격려할 때 체중 감소와 유지가 보다 잘 성공할 수 있는 것으로 보고했다. 또한 운동 프로그램에서도 변화 프로그램에 대한 배우자의 태도는 내담자에게 중요한 영향을 미치는 것으로 나타났다. 가족원이 치료에 직접 참여할 수 있도록 격려하고 이것이 어려우면 간접적으로라도 가족의 지지를 구해야 한다.

Doherty & Baird(1983)는 가족의 지지를 구하는 한 방법으로 '가족 순응 상담family compliance counseling'에 대해 다음과 같이 기술했다.

- 변화 프로그램이 협의된 후에 다음 회기에는 가족과 함께 오도록 내담자에게 요청한다.
- 모든 가족원들에게 내담자의 건강 상태에 대한 정보를 제공하는 것으로 회기를 시작하고 가족의 질문에 대해 무엇이든지 답을 한다. 이것은 가족이 변화 프로그램을 함께 수행해나가도록 마음을 준비하게 한다.
- 그러고 나서 내담자의 건강 문제와 제안한 변화 프로그램에 대한 반응을 질문한다.
- 내담자가 가족에게서 도움받기를 좋아하는지 질문하면서 가족이 이 프로그램을 이행하는 데 대한 계약을 하도록 돕는다.
- 반응이 좋으면 내담자가 어떤 도움을 받고 싶은지 묻는다. 가족원의 참여를 증가시키고 분명하게 하기 위해 특수한 건강 증진 관련 문헌을 제공할 수 있다.
- 마지막으로 내담자의 진행 정도와 가족의 지지를 평가할 목적으로 추후 회기를 계획한다.

4단계 : 유지와 재발 방지

건강 상담의 마지막 단계는 유지와 재발 방지이다. 이 단계의 목표는 새로 습득한 적응 패턴을 유지하고 재발을 막으며 내담자가 치료 관계에 의존하는 것을 줄이는 것이다. 재발은 원래의 행동으로 되돌아가거나 같은 문제가 새로운 형태로 나타나는 것을 의미한다. 재발을 예방하기 위해서 치료자는 내담자의 위험 요인과 재발 가능성을 사정하여 재발 방지 전략을 치료 과정에 통합해야 한다.

재발 방지relapse prevention는 피하기 어려운 기능 저하나 재발에 대처하기 위해서 사전에 내담자를 준비시키는 인지적 전략이다. 즉 특별한 기술로 구성된 일종의 중재라고 할 수 있다. 재발 교육과 예방의 중요성을 간과하면 건강 상담의 효과가 저하된다. 앞으로 체중 관리(6장)와 금연(8장), 운동(7장)에 대한 재발 방지 교육과 예방 전략을 다룰 것이다. 여기에서는 네 가지(회복 훈련, 인지-행동, Marlatt의 재발 방지, 정신 교육) 재발 방지 교육과 예방 훈련 모델을 살펴보고자 한다.

회복 훈련 모델

회복 훈련 모델recovery training model은 약물 의존으로 입원한 내담자와 외래 내담자에 대한 치료와 회복 프로그램에서 발전했다. 이 모델에서는 중독을 질병이라기보다 생활의 한 면으로 간주한다. 따라서 회복이라는 말은 물질 남용을 중지하는 것뿐 아니라 새로운 삶의 길을 찾아야 함을 의미하므로 이에 반응할 수 있는 새로운 기술과 프로그램을 발달시켜야 한다.

재발을 피하기 위해 내담자는 물질 갈망을 견뎌내고, 새로운 사회적 지지망을 형성하고, 물질을 사용하지 않는 활동에 적응하고 만족하고, 물질에 의존하지 않고 신체적 통증이나 스트레스에 대처하고, 친밀 욕구를 채우기 위해 대인관계를 시작하고 유지하고, 물질 제공자를 거절하고, 완전히 재발되려는 유혹에 빠지지 않고, 우연히 넘어지기 쉬운 상황에 어떻게 반응해야 하는지 방법을 배워야 한다. 이를 위한 후속 프로그램aftercare program으로 회복-훈련 모임recovery-training session, 동아리 모임fellowship meeting, 물질 없는 지역 사회 활동substance-free social and community activity, 전 중독자 모임 등이 있다.

회복-훈련 모임은 12단계로 진행되며 치료 대체 방법이기보다 교육적인 프로그램이다. 모임에서는 중독자가 자신의 경험을 검토하고 건강한 생활 방식과 회복에 대한 사실과 아이디어를 배우도록 도울 필요가 있다. 보통 그룹은 6~30명으로 이루어지며 약 1시간 반 정도 모임을 갖는다. 모든 회원이 적극 참여하도록 유인물과 집단 활동을 한다. 이 회합의 주요 목적은 회원들에게 예측할 만한 어려움에 대비하고 피할 수 없는 재발에 적절한 반응을 하도록 가르치는 것이다.

다른 재발 방지 모델과 마찬가지로 중독자 모임에서도 문제가 발생하기 전에 미리 토의함으로써 재발의 현실을 강조한다. 발달 모형은 실제적인 물질 사용 에피소드를 정직하게 보고할 것을 권장한다. 재발은 세밀하게 사정하고, 회원들이 물질 사용의 기선을 제압하기 위해 미리 전략을 발달시킬 수 있도록 논의한다.

인지-행동 모델

토론토 대학의 중독연구재단에서 Dr. Helen Annis와 그의 동료들(1986)이 개발한 재발 방지 모델은 Bandura의 자기 효능성 이론self-efficacy theory을 기반으로 이루어졌다. 이 인지-행동 모델의 두 가지 중요한 요소는 효능 기대와 결과 기대이다. 효능 기대efficacy expectation란 특정 행동 패턴을 수행할 수 있는 능력을 갖고 있다는 믿음이다. 자신이 물질 관련 상황에 대처할 수 있다고 믿는 내담자는 그렇지 않은 사람보다 더 잘 대처하기 쉽다. 결과 기대outcome expectation는 행동 변화의 결과에 대한 판단에 속한다. 예를 들어, 알코올 의존자가 배우자에 의해 받아들여질 것이라는 믿음을 갖고 있을 때 술을 마시려는 욕구를 통제할 수 있다.

자기 효능성 이론에 의하면 변화를 시작하도록 돕는 절차들은 행동 변화를 일반화하거나 치료 효과를 장기간 유지하는 데 가장 효과적인 것이 아닐 수도 있다. 자기 효능성 이론은 자기 효능성에 대한 내담자의 기대가 증가되어야만 치료 중재가 효과를 나타낸다고 가정한다. 강한 효능 기대—가령 알코올 관련 상황에 성공적으로 대처할 수 있다는 자신감—가 가져오는 결과는 앞으로의 상황까지 일반화시키는 치료 효과를 가져올 수 있다. 반대로 효능 기대가 낮으면 대처 행동에 어려움이 있음을 의미한다.

행동 모델 치료는 두 가지 단계에 집중한다. 즉 행동 변화를 시작하고, 긍정적인 변화를 유지, 확장하는 것이다. 내담자는 두 번째 단계에서 자기 중심적 경험으로 이끌게 될 행동을 수행하는 데 보다 적극적인 역할을 취하게 된다. 치료가 진행될수록 내담자는 변화에 대한 자신의 책임감을 더 많이 느끼게 된다.

이러한 재발 방지 프로그램은 6시간의 사정을 포함하여 3개월 이상 8회기 진행되며, 4~7명의 내담자가 1시간 반 동안 참여한다. 이전에 내준 숙제를 복습하고 새 행동 업무가 계획되는 동안에 각 내담자는 10~15분가량 개인 상담이 이루어진다.

Marlatt의 재발 방지 모델

워싱턴 대학의 중독행동연구센터에서 Marlatt와 그의 동료들(1985)이 포괄적인 이론적 · 임상적 재발 방지 모델을 개발했다. 이 모델은 성적 강박 행위와 같은 충동 조절 문제, 화학적 의존과 체중 조절 문제는 물론 아동 학대와 강간과 같은 충동적 공격 행동에 적용된다.

Marlatt & Gordon(1985)은 중독 행동은 학습된 습관 패턴으로 새로운 절차를 학습하여 변화시킬 수 있다고 믿는다. 근본적으로 그들은 재발 방지를 자기관리 프로그램으로 간주한다. 이는 중독 행동뿐 아니라 물질에서도 변화할 수 있도록 돕는다. 재발 방지 접근은 내담자에게 변화에 대한 1차 책임을 주는 것으로 회복 과정에 참여하게 한다. 즉 중독 행동에서 회복되는 것은 새로운 기술을 습득하는 학습 업무이다.

이 모델은 인간의 행동 변화에 대한 세 가지 주요 가설을 갖고 있다. 첫 번째 가설은 중독 습관의 원인과 행동 변화의 과정은 다른 원리에 의해 이루어진다는 것이고, 두 번째 가설은 중독 습관 변화에는 세 가지 뚜렷한 단계가 있다는 것이다. 1단계는 변화하려는 의지를 수립하고, 2단계는 변화를 수행하고, 3단계는 변화를 장기간 유지하는 것이다. 세 번째 가설은 장기간 치료 결과에 가장 큰 비율을 차지하는 변수는 유지라는 것이다. 즉 내담자는 장기간 맑은 정신으로 있는 것보다 맑은 정신을 갖는 것이 더 쉽다는 것이다.

Marlatt와 그의 동료들은 재발 결정 요인으로 두 가지 일반적 범주로 개인 내적 요인과 대인간 요인을 확인했다. 개인 내적 요인의 예로는 부정적인 정서 상태와 충동, 유혹을 들 수 있고, 대인간 요인으로는 관계 갈등과 물질 사용에 대한 사회적 압력 등을 들 수 있다. 대부분의 재발은 스트레스 상황에 대한 반응으로 개인 내적으로는 부정적인 정서 상태에서 발생하며 어떤 대인적 갈등이나 사회적 압력이 뒤따르게 된다.

재발 방지의 첫 단계는 내담자가 고위험 상황을 예상하고 어떻게 대처해나갈 수 있을지를 예측하도록 돕는 것이다. 개인의 위험 수준은 과거 상황을 조사하고 문제 행동(예: 물질 또는 중독 행동)을 논의하고 재발 상황을 상상하도록 함으로써 확인할 수 있다.

회복 전략들은 내담자의 특유한 고위험 요인에 중점을 두어야 한다. 상담자는 먼저 앞으로 재발 위험이 발생할 수 있는 상황을 내담자가 확인하도록 돕는다. 위험을 사정하기 위해 모니터링 기록, 자기 효능감 점수, 자전적 자료, 과거 재발력 등이 사용된다. 실제 문제 상황에서 내담자가 어떻게 행동하는지 관찰하여 대처 기술을 사정하는 것도 좋다. 시뮬레이션과 역할극도 사정 도구로 유용하게 쓰일 수 있다.

재발 과정에는 자기 효능감, 결과 기대, 원인의 귀속(속성), 이 세 가지 인지 요인이 상호 작용한다. 자기 효능감과 결과 기대는 Annis의 모델과 비슷하다. 원인의 귀속은 물질이나 중독 행동과 같은 금기 행동에 참여할 때만 중요하게 되는 인지 과정에 속한다. 이는 처음 중독 행동에 빠지게 된 원인에 대한 지각이다. 중독이나 재발은 내·외적 요인으로 인해 일어날 수 있다. 원인의 귀속은 다음 행동에도 영향을 미치게 되므로 중요하다. 가령 처음 실책이 총체적인 통제 상실로 이끌 것이고, 이는 개인적인 약점 때문에 일어난 것이라고 믿는 사람은 계속 물질을 사용하기 쉽다. 만일 그가 재발 기술을 사용하지 않았거나 잘못 사용해서 재발이 일어난 것이라고 믿으면 그는 통제력을 상실하기 전에 그 행동을 중지하기 쉽다.

기술 훈련과 인지 재구성 전략이 재발 방지에서 중요하다. 기술 훈련 전략은 행동과 인지적 반응을 통해 고위험 상황에 대처해나가는 법을 학습하도록 돕는다. 재발 예행 연습은 유용한 기술 훈련 방법의 예이다. 인지 재구성 기법은 대안적 인지, 대처 심상coping imagery, 중독 반응의 최초 에피소드에 대한 반응

재구성과 같은 기법들을 내담자에게 가르치는 것이다. 인지 기술은 충동적으로 보는 것을 장기적으로 생각하도록 배우는 것을 포함한다. 만일 재발이 일어나도 낙관적으로 생각하고 계속 재구조화하여 재발을 무슨 치명적인 실수나 도덕적인 결점으로 보기보다 단순한 실수로 보는 것이다. 재발을 실패로 보고 스스로를 비난하는 사람들은 완전히 재발해버리기 쉽다. 그러나 경험을 통해 배운다는 자세를 갖는 사람들은 한 번 재발로 낙심하지 않고 다시 회복할 수 있는 기회로 간주한다. 운동이나 명상, 이완과 같은 기법들은 충동이나 갈망을 발산시킬 뿐 아니라 전반적인 대처 능력을 강화시킨다.

정신 교육 모델

Daley(1989)는 화학 의존 치료 프로그램에 참여한 개인, 가족, 집단의 임상 경험을 토대로 교육적인 재발 방지 모델을 개발했다. 이 프로그램은 과업 지향적인 그룹 세션으로 강의와 대그룹 토의, 구조화된 소그룹 과업 등을 배합하여 이루어졌다. 정보 제공을 위해 유인물을 사용하고 내담자는 자기 사정에 참여하고 재발 방지 계획 활동에도 참여한다.

재발 방지 그룹의 목표는 내담자들에게 재발 예방과 중재에 대한 자세한 내용을 제공하고, 재발 예방에서 절제는 회복에 대한 장기간의 실행을 필요로 하는 계속 과정이라는 태도를 주입시키는 것이다. 다른 모델과 마찬가지로 정신 교육 모델도 내담자에게 인지적이고 행동적인 대처 전략들을 소개한다.

그룹 세션은 1~2시간 동안 매일 열린다. 주제는 재발 과정에 대한 이해, 물질에 대한 갈망 다루기, 고위험 상황을 확인하고 다루기, 절제 동안 여가 이용하기, 재발 중재에 접근하기, 물질 사용에 대한 사회적 압력을 피하기, 분노 관리하기 등이다.

워크숍 1. 자기 소개

일반적으로 이해심 많고 흥미 있게 관심을 가지고 이야기를 들어주는 사람들 앞에서 자신에 관한 이야기를 할 수 있는 기회가 있으면 그것은 좋은 경험이 된다. 내가 누구인지를 열 가지로 표현해본다.

열 가지 내용 중에는 자신의 이름이나 별명의 의미, 장점과 단점, 현재의 자신이 될 수 있도록 영향을 끼친 사람들이나 사건들, 내가 좋아하는 것과 싫어하는 것, 장차 내가 되고(하고) 싶은 것 등을 포함하여 나에 관해 열 가지 문장으로 모두 표현한다. 이 과정을 통해서 자신과 타인과 새롭게 만나게 된다.

신뢰 관계가 형성된 집단 내에서 '내가 아는 나'를 표현하고 '남이 아는 나'에 대한 피드백을 들으면서 '나도 남도 아는 나'의 영역을 넓히게 된다.

나는 누구인가?

1. (이름과 별명)
2.
3.
4.
5.
6.
7.
8.
9.
10.

워크숍 1 "자기 소개"를 통해 배우고 느낀 점은 무엇입니까?

워크숍 2. 조하리 창 진단

다음 10개의 문항을 읽고 1~10점까지 중 어디에 해당하는지 점수를 기입하시오.
〈1점-전혀 아니다, 3점-아니다, 5점-그저 그렇다, 7점-그렇다, 10점-매우 그렇다〉

	내용	점수
1	나의 일에 대해 다른 사람(가족, 윗사람, 동료)에게서 이런저런 잔소리를 들으면 기분이 나쁘다.	
2	자기 일을 다른 사람에게 말하는 것은 속이 빈 사람이라는 생각이 든다.	
3	남의 말을 듣고 있는 중에 지루해지면 "말하자면 이렇다는 말이지요?"라고 말의 허리를 자르는 일이 많다.	
4	"그 사람은 신비롭다"라는 말을 들을 만큼 자신을 내보이지 않는 게 좋다.	
5	다른 사람이 무엇이라고 말하건 구애받을 필요는 없다.	
6	하고 싶은 말이 있어도 꾹 참고 혼자 속으로 처리하는 일이 많다.	
7	다른 사람에게서 여러 가지 상담을 제안받는 일이 거의 없다.	
8	타인의 일이나 의견에 대해서 의논을 하거나 자신의 생각을 말해주지 않는다.	
9	다른 사람에게서 주의를 받거나 비판을 받으면 무의식적으로 반론하고 싶어진다.	
10	자신의 기분이나 생각을 솔직히 이야기하기보다 애매모호하게 말하는 경우가 있다.	

• 점수 계산(자가진단)

번호	점수
1	
2	
3	
4	
5	
6	
7	
8	
9	
10	

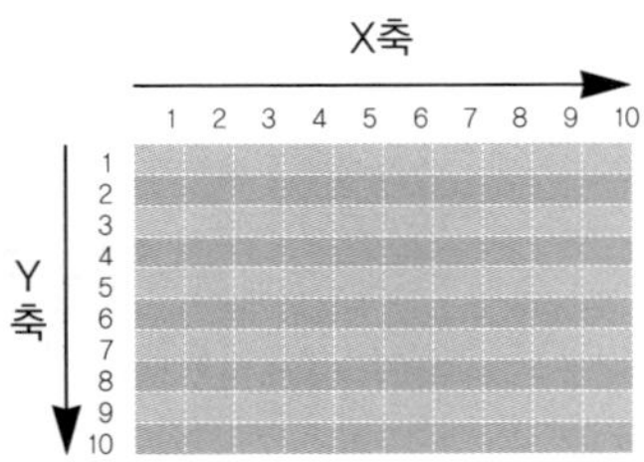

X축 = 10 − (홀수번호 답의 합계÷ 5)
Y축 = 10 − (짝수번호 답의 합계÷ 5)

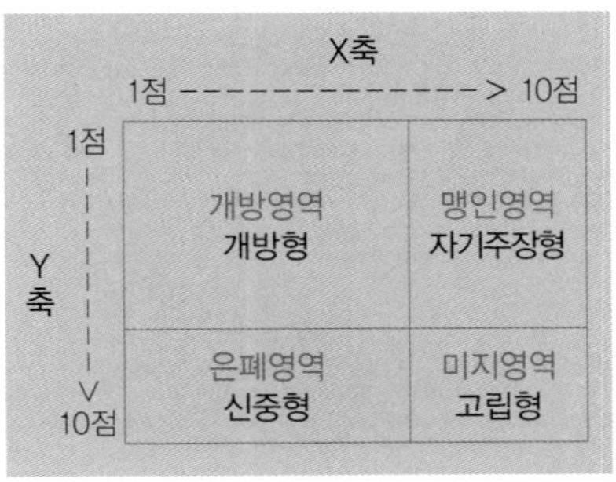

예) X축=8점, Y축=6점이면 다음 그림과 같이 10의 영역이 구분되어 개방형이 됨.

워크숍 2 “조하리 창 진단”을 통해 배우고 느낀 점은 무엇입니까?

워크숍 3. 인생선 그리기

자신의 인생선Life Line을 그려보는 것으로 자신의 생을 객관적으로 바라본다.

1. 나는 몇 살까지 살 수 있을까?
2. 지금까지 살아오는 동안 가장 기쁘고 즐거웠던 경험 세 가지
   1) ______________________________
   2) ______________________________
   3) ______________________________
3. 지금까지 살아오는 동안 가장 힘들고 괴로웠던 경험 세 가지
   1) ______________________________
   2) ______________________________
   3) ______________________________

• 출생 시부터 사망 시까지 연대별로 회상해서 현재까지의 나의 삶은 실선으로 그리고, 현재부터 사망 시까지의 삶은 점선으로 그린다. 중간선의 맨 왼쪽 0에는 출생 시점, 맨 오른쪽은 사망할 연령을 표시한다. 중간선보다 윗부분에는 성공, 만족, 보람, 행복, 기쁨과 관련되어, 아랫부분에는 실패, 좌절, 실망, 슬픔, 불행과 관련되어 선을 그린다.

+ 성공/만족/보람/행복/기쁨

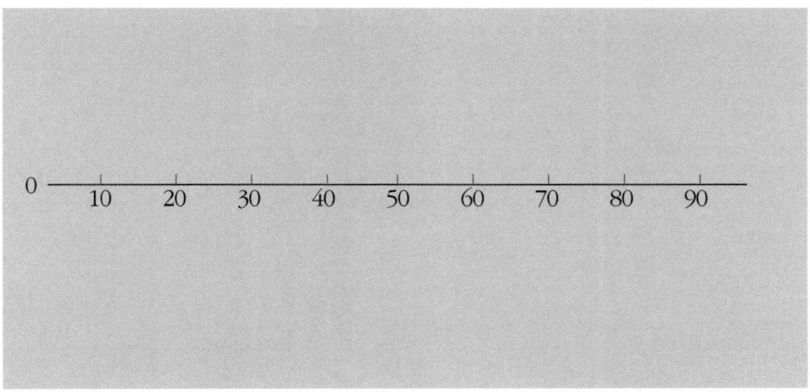

- 실패/좌절/실망/불행/슬픔

워크숍 3 "인생선 그리기"를 통해 배우고 느낀 점은 무엇입니까?

제3장

건강 상담 대화 기법

대화가 성립되기 위해서는 두 사람 이상이 필요하다. 그 매체가 말이든 글이든 눈짓 손짓이든 또는 통신 수단이든 간에 두 사람 이상이 참여하지 않으면 대화라고 할 수 없다. 혼자서 말하는 것은 독백monologue이고, 필요한 사실만을 알리는 것은 통보이기 때문에 대화dialogue가 아니다. 또한 두 사람 이상이 참여했다 하더라도 한쪽의 의사만 전달되는 경우라면 그것은 일방통행이지 진정한 의미의 대화라고 할 수 없다. 그러므로 대화는 두 사람 이상이 참여하여 양방 통행 또는 쌍방 통행으로 생각과 느낌을 교환할 때 이루어진다. 즉 대화는 어떤 정보나 사실들을 교환할 뿐만 아니라 개인의 의견과 감정도 전달하고 교환한다. 그러므로 대화가 원활히 이루어지지 않고 인간관계가 잘 맺어지지 않는 것은 바로 이러한 감정적 · 정서적 교류가 충분하지 못함을 의미하는 것이다. 요컨대, 의사소통은 둘 또는 그 이상의 사람들 사이에 사실, 생각, 의견 또는 감정의 교환을 통하여 공통적 이해를 이룩하고 상대방의 의식이나 태도, 또는 행동에 변화를 일으키게 하는 일련의 언어적 · 비언어적 행동이라고 할 수 있다.

1. 효율적 상담 대화

상담 관계에서 이루어지는 대화는 일반 사회적 관계에서 이루어지는 대화와는 다르다. 일반적인 관계에서는 대등한 입장에서 관계가 이루어지는 데 비해 상담 관계에서는 한 사람은 도움을 주는 입장이고 다른 한 사람은 도움을 받는 입장이므로, 상담 관계에서 일어나는 의사소통은 결과적으로 도움을 줄 수도 못 줄 수도 있고, 오히려 해를 끼치게 될 수도 있다.

이런 관점에서 상담 관계에서 이루어지는 대화를 효율적, 비효율적으로 나누기도 한다. 효율적 상담 대화는 결과적으로 내담자에게 도움을 주게 되는 대화이지만 가장 큰 특징은 비지시적non-directive, 비판단적non-judgement, 개방적인 open-ended 대화를 하면서 내담자를 있는 그대로 받아들인다는 데 있다. 상대방의 말을 비판하지 않으면서 동시에 나 자신의 내면에서 일어나는 것을 자각하면서 들을 때 상대방의 말을 객관적으로 파악할 수 있다. 또한 마음을 열고 개방적인 대화를 할 때 상대방의 비판적인 말도 잘 들을 수 있게 된다. 객관성을 유지하는 상담자라면 자신이 다루고 있는 전체적인 문제의 상황을 명확히 알기 전에 먼저 경솔한 판단이나 결정을 내리지 않는다. 따라서 효율적 의사소통을 사용하면 내담자와 좋은 관계를 유지하고 정확하고도 적절한 자료를 수집하며 상담의 목적을 달성할 수 있게 된다. 그리하여 의사소통을 원활히 유지하고 내담자로 하여금 자신의 감정과 문제를 자신 있게 표현할 수 있도록 도와주는 것이 상담자의 주요 기능이다. 그러나 상담할 때 기법을 생각하기에 급급하여 사람 자체를 잊게 되면 소용이 없다.

나-진술 사용하기

효율적 대화 기법을 사용하는 데 있어서 기본적으로 너-진술보다 나-진술 I-message을 하는 것이 바람직하다. 내가 경험하는 모든 것은 나의 것이므로 그에 대한 책임도 나에게 있다. 내가 기분이 나쁘다고 하면 그 감정도 내 것이기 때문에 내가 적절히 다루어야 한다. 그러므로 말할 때 너-진술보다는 나-진술을 함으로써 자기 내면에 대해 책임을 져야 한다. 나-진술은 상대에게 직접적으로 어떤 일의 원인을 돌리지 않는다. 즉 상대를 비난하지 않고 내 마음을 표현하는 진술 방식이다.

나-진술을 할 때는 먼저 상대방의 행동을 관찰한 대로 비판이나 평가하지 않고 기술하고 그로 인해 나에게 미친 영향을 구체적으로 표현한 다음 그에 대한 나의 느낌과 기대를 전달한다.

이와 같은 나-진술은 자신 있게, 주장적으로 자신을 표현하는 것으로, 이는 상대방의 권리를 침해하거나 불쾌감을 주지 않으면서 자신의 권리, 욕구, 의견, 생각, 감정 등 자신이 나타내고자 하는 바를 진솔하게 상대방에게 직접 표현하는 것을 말한다. 이러한 자기 주장 행동은 자신의 권리와 요구를 무시하는 수동적 행동과는 다르며, 타인의 권리와 요구를 무시하는 공격적 행동과도 다르다.

경청

대화에 있어서 가장 기본이 되면서 중요한 것은 다른 사람의 말을 주의 깊게 귀 기울여 듣는 태도이다. 적극적 경청 또는 능동적 경청active listening은 상대방이 하는 얘기를 듣기만 하는 소극적 경청이 아니라 그 사람이 하는 깊은 뜻을 주의 깊게 정성껏 듣는 태도를 말한다. 즉 상대방이 하는 이야기의 내용을 파악함은 물론 상대방의 몸짓, 표정, 음성에서 나타나는 섬세한 변화를 알아차리고 저변에 깔려 있는 의미와 감정을 감지하고, 더 나아가 알아듣는 것이다.

대부분의 경우 사람들은 상대방의 말에 귀를 기울이고는 있으면서도 그 말이 끝난 다음에 무슨 말을 해야 할까를 무의식적으로 생각하고 있기 때문에 주의 집중이 잘 안 된다. 처음에는 내담자의 말에 귀를 잘 기울이다가도, 얘기가 진행될수록 대답할 말을 준비하느라 결국 자기 생각에 빠져서 상대방의 말에 제대로 반응할 수 없게 된다. 특별히 자기 주장이 강한 사람들은 자신의 뜻을 관철시키기 위해 상대방의 말을 귀담아 듣기보다 자신이 할 말만 몰두해서 생각한다. 그래서 상대방의 말이 끝나기가 무섭게 자기 주장을 쏟아붓기 쉽다. 아울러 자신의 역할이나 자기 자신이 상대에게 어떻게 보이느냐에 대해서 지나치게 신경을 쓰느라 능동적인 경청을 하지 못하는 경우도 있다. 또한 자신의 생각대로 상대방을 판단하고 평가하느라고 상대방의 말을 깊이 듣지 못할 때가 빈번하다.

적극적 경청을 하기 위해서는 관심을 기울이는attending 행동이 필수적이다. 우리에게 말하고 있는 상대방에게 전적으로 관심을 기울여주는 것은 그 사람과의 좋은 관계를 발달시키는 데 매우 중요하다. 물리적으로는 앞에 앉아 있어도 말하고자 하는 내용에 대하여 전혀 관심을 보여주지 않으면 그 사람과는 더 이상 대화를 나누고 싶지 않다. 이런 경우 우리는 존엄성을 지닌 한 인격체로서보다는 물건으로 취급당하는 기분을 느끼게 된다. 대화를 할 때나 상호 작용을 할 때, 시계를 보거나 주변 사물에 시선을 집중시키거나 딴 생각을 하는 것과 같은 여러 가지 행동들은 그에게 관심을 기울이지 않는 행동이다. 사람은 민감한 존재여서 이와 같은 여러 가지 대수롭지 않은 것 같은 언동까지도 감지하게 된다. 그 결과 그는 자신이 상대방에게 인정을 받지 못하고 있는 것처럼 느끼게 된다. 반면 관심 기울이기 행동은 상대방으로 하여금 가치 있는 존재로 받아들여지고 있고 존경받고 있으며 이해되고 있다는 느낌을 갖게 한다. 관심 기울이기 행동을 통하여 내담자로 하여금 보다 안전하고 평안한 느낌을 가지고 대화를 할 수 있도록 도울 수 있으며 그와 더불어 쉽사리 친밀한 관계를 형성할 수 있게 된다.

관심 기울이기 행동에는 온화한 시선의 접촉, 좋은 자세, 상냥한 얼굴 표정과 음색, 즉각적인 언어 및 비언어적인 반응 등이 포함된다.

말문 열기

말문을 열게 하는 것은 개방적인 대화를 할 수 있도록 격려하기 위함이다.

이는 특히 대화를 처음 시작하는 단계에서 유용하다. “무슨 말씀을 하시려고요?”, “무슨 생각을 하고 계십니까?”, “오늘은 기분이 좀 어떠세요?” 등의 개방적인 질문을 하여 내담자가 하고 싶은 이야기를 하도록 이끈다. 때로는 말을 멈추고 내담자를 바라보는 것으로도 내담자가 말을 시작하도록 기회를 줄 수 있다.

수용하기

상대방을 현 상황 그대로의 인격적인 인간으로 받아들임으로써 그의 표현에 비평을 하지 않는 것이 좋다. 그리하여 상대방이 하고자 하는 이야기나 하고 싶은 이야기를 말할 수 있도록 한다. 모든 행위에는 목적이 있고 동기가 있다는 사실을 염두에 두고 내담자를 유일한 존재로 대해야 한다. 내담자에 대하여 무비판적일 때 내담자는 대화를 계속할 수 있다. 그러나 이것이 반드시 ‘동의’를 뜻하는 것은 아니다.

비판하지 않고 들어주는 사람에게 자신의 가장 어두운 비밀과 실수를 털어놓을 수 있을 때, 그것은 어둠 속에 한 줄기 빛이 비치는 것과도 같다. 그러면 말하는 사람과 듣는 사람의 관계에 강력한 친밀감의 끈이 만들어진다. 이와 마찬가지로 중요한 것은 자신이 생각하기에도 가장 괴롭고 사랑스럽지 않은 부분이어서 받아들이지 못하고 있었던 자신의 모습을 받아들이고 새롭게 하는 것이다. 즉 자신의 가장 깊은 부분들과 더 친밀해지는 것이다.

내담자 : 머리가 아파 죽겠어요. 한 달이 지났는데도 하나도 낫지 않아요. 벌써 일주일이나 가게도 못 나갔어요.

상담자 : 네…… 많이 힘드시겠군요.

내담자 : 내가 양장점에서 재봉 일을 하는데요. 지금이 한창 바쁠 때거든요. 그런데 이러고 있으니……

상담자 : 네. 그러세요. 이해합니다.

리드하기

계속해서 한 주제의 내용을 이야기하도록 돕는다. 어떤 상황으로 대화가 단절되더라도 다시 그 이야기를 계속하도록 한다(예: 그 다음에는요? 그래서 어떻게 되었습니까? 계속 말씀을 해보세요).

리드하기의 목적은 개방적인 대화를 할 수 있도록 격려하는 데 있다. 보다 구체적으로는 첫째, 상대방이 느낌을 표출하고 이미 표현된 느낌들을 보다 분명히 하도록 하며, 둘째, 상대방이 보다 자유롭게 감정을 표현하도록 하여, 셋째, 대화하는 동안 대화의 1차적인 책임을 상대방에게 두고 적극적으로 대화하도록 격려하는 데 그 목적이 있다.

간접적 리드

간접적으로 말을 리드하는 주요 목적은 상대방이 하고 싶은 말을 시작하도록 하여 대화에 대한 책임감을 주려는 것이다. 개방적인 말로 시작하여 내담자가 하고 싶은 이야기를 하도록 이끈다. 질문할 때에는 '예' 나 '아니오' 로 답하게 되는 폐쇄적인 질문보다는 개방적 질문을 하여, 상대방으로 하여금 보다 충분히 감정을 표현하도록 하는 것이 좋다. 이런 질문법은 상담자 자신의 이해를 위해서라기보다 내담자가 자신을 좀더 잘 이해하도록 하는 데 도움이 된다.

> 부모님과 잘 지내십니까? : 폐쇄적 질문
> 부모님과의 관계는 어떻습니까? : 개방적 질문

직접적 리드

직접적인 질문을 하는 것은 대화의 주제를 보다 구체적으로 만드는 방법이다. 그것은 또한 내담자가 이야기한 내용을 보다 분명하게 설명하도록 하며, 때로는 강한 암시의 내용이 포함되기도 한다. 대화를 이끌 때에는 계속해서 한 주제의 내용을 이야기하도록 돕는다. 직접적인 질문에 대한 내담자의 반응은 보다 구체적으로 나타날 것이다. 결국 내담자는 자기 감정을 보다 구체적으로 표현함으로써 자기 인식을 높이게 된다.

오늘 상담실에 온 것은 무엇 때문입니까?

내담자분이 오늘 저를 찾아온 것은 무엇 때문입니까?

어떤 문제들이 당신을 힘들게 합니까?

제가 내담자분을 어떻게 도와드리면 좋겠습니까?

제가 내담자분을 위해서 무엇을 할 수 있을까요?

임상 실례

약물 과다 복용으로 병원에 입원한 30대 여성이다. 본인의 의사에 반하여 입원을 하게 되어 기분이 좋지 않으며 질문에 대답하기를 꺼려했다.

상담자: 지난주에 약물을 과다 복용하셨다고 들었습니다.

내담자: ……

상담자: 무슨 생각을 하셨습니까?(간접적 리드, 개방적 질문)

내담자: 모르겠어요. (아무런 정보를 제공하지 않는다)

상담자: 우울하셨습니까?

내담자: 아마도요.

상담자: 기분이 어떠셨는지 이야기해주십시오. (직접적 리드)

내담자: 말씀드릴 게 없어요. 그냥 약을 먹었고, 그게 다예요. (여전히 정보를 얻지 못함)

상담자: 저는 내담자분을 돕기 위해서 여기 있습니다. 내담자분을 도울 수 있는 유일한 길은 내담자분이 약을 먹었을 때 무슨 생각을 하셨는지 이해를 하는 것입니다.

내담자: 약을 먹는 게 좋을 거라고 생각했어요. 남편이 나를 미치게 만들었거든요. (이제 무언가 얻기 시작한다)

정상화 진술

정상화normalization는 민감하거나 당황스러운 문제들을 대화로 이끌어내기 위해 유용한 방법이다. 이 방법은 어떤 형태의 표준화된 진술들과 함께 질문을 하는 것이 포함되어 있다. 이것을 하기 위한 두 가지 중요한 방법이 있다.

내담자의 행동이 정상이거나 이해할 수 있는 반응임을 의미하는 질문으로 시작한다.

> 스트레스 상황에 있을 때, 최근에 술을 더 많이 마셨는지 궁금합니다.
> 때때로 사람들이 아주 우울해졌을 때, 스스로를 해치려는 생각을 합니다. 당신의 경우도 그렇습니까?
> 때때로 사람들이 스트레스를 받거나 외롭다고 느끼고 있을 때, 기분이 나아지려고 많은 양의 음식을 폭식합니다. 당신의 경우도 그렇습니까?

내담자에게 혼자만 그런 것이 아니라는 것을 보여주기 위해서 그런 행동을 하는 다른 사람들에 대해서 이야기하면서 시작한다.

> 불안해서 고속도로에서 운전을 하거나 식품점에 가는 것과 같은 일들을 하지 못하게 됐다고 말하는 사람들을 많이 보았습니다. 당신도 그렇습니까?
> 우울증으로 인해서 환청을 듣거나, 낯선 사람들이 자신을 보고 웃는다고 생각하는 이상한 경험들을 겪은 사람들과 많이 이야기를 해보았습니다. 그런 일이 당신에게도 일어났습니까?

극단적으로 폭력적인 행동이나 성적 학대와 같은 행동들을 정상이거나 이해 가능하다고 생각하는 것은 불가능하므로, 이런 질문을 할 때는 정상화를 사용하지 않는 것이 좋다.

증상 기대 및 증상 과장

증상 기대symptom expectation는 정상화 질문과 비슷하다. 상담자는 내담자가 이미 어떤 행동을 했을 것이라고 추측하고 있으며 긍정적인 반응으로 화를 내지 않을 것임을 의미하는 질문을 한다. 이 기술은 자기 파괴적인 행동이 의심되는 내담자에게 가장 유용하다.

• **약물 사용** : 내담자가 알코올 남용을 마지못해서 시인하게 되면, 약물 남용에 대해서도 의심해봐야 한다. 이때 증상 기대를 사용하여 직접적이고 정직한 대답을 하게 이끈다.

> 술을 마실 때 보통 어떤 종류의 (마)약을 사용합니까?

• **자살** : 내담자가 극도로 우울하거나 절망감을 표현한다면, 자살 사고가 있는지 고려해야 한다. 그러나 내담자가 수치심 때문에 자살 사고를 인정하지 않을 수도 있다. 이런 경우에는 조심스럽게 묻기보다는 증상 기대를 사용하여 묻는 것도 괜찮다. 그러나 이 기술은 내담자가 그러한 행동을 했을 것이라고 의심될 때만 사용해야 한다.

> 죽는 것이 더 낫다고 생각한 적이 있습니까?
> 어떤 방법으로 자살할지에 대해서 생각해본 적이 있습니까?

증상 기대와 함께 사용되는 증상 과장symptom exaggeration이나 증상 확대는 증상의 심각성을 분명히 하는 데 도움이 된다. 내담자는 상담자나 자기 자신을 속이기 위해서 자신의 병리학적 증상을 감소시키는 경향이 있다. 이 기술은 기대하는 것보다 더 심각한 문제 행동의 빈도를 제시하여, 내담자로 하여금 실제적으로 그보다 낮은 빈도의 행동은 '나쁜 것'으로 인식되지 않을 것이라고 생각하게 한다.

> 매일 보드카를 얼마나 많이 마십니까? 2잔 반? 3잔? 그 이상 마십니까?
> 매일 몇 번이나 폭식하고 구토를 하십니까? 5번? 10번?
> 마지막 퇴원 후에 자살 시도를 몇 번이나 했습니까? 4번? 5번?

증상 기대와 마찬가지로 적절한 상황에서 이 기술을 사용해야 한다. 예를 들어, 술에 관한 문제를 가지고 있다고 의심될 만한 이유가 전혀 없는 내담자에게 매일 얼마나 많이 맥주를 마시냐고 질문하는 것은 부적절하다.

사건의 때와 순서를 연결하기

이야기 속의 사건의 때와 순서를 명확히 알도록 하여 현실 감각을 갖게 해준다. 그 일이 어떻게 일어났는지를 명확히 인지하고 또 다른 일까지 일으키게 한 정도나 어려움, 중요한 인과관계를 알기 위해서이다.

> 그 일이 일어나기 전에 무슨 일이 있었습니까?
> 그것이 아까 말씀하신 일이 일어나기 이전입니까, 이후입니까?

관찰하기

관찰한 내용을 판단이나 비판 혹은 다른 형태로 분석하지 않으면서 표현한다. 관찰한 내용을 평가하지 않으면서 말로 표현한다는 것은 쉬운 일이 아니다. 평가가 내포된 관찰은 상대방으로 하여금 비판으로 받아들이고 저항감을 느끼게 하기 쉽다.

예를 들어, "당신은 형편없는 사람이에요"가 아니라 "당신은 이번 주에 네 차례 지각했어요"라고 해야 관찰에 따른 표현이 된다. 평가가 들어가지 않은 관찰은 행동에 대한 서로의 이해를 증진하고 또 상대에게 무슨 일이 일어나고 있는지 확인하여 도와주려고 하는 것이며, 그 자신의 행위를 명확히 하는 것이다.

> 이야기를 하면서 계속 손톱을 물어뜯고 계시는군요.
>
> 얼굴을 찡그리고 계시는데……
>
> 아버지를 사랑한다고 하시면서 아버지에 대한 이야기를 하실 때마다 주먹을 불끈 쥐고 계십니다.

생각한 대로, 느낀 대로 표현하도록 격려하기

같은 사물과 상황을 달리 이해하더라도 내담자가 이해하는 대로 들어준다. 자신의 감정을 자유롭게 말할 수 있다고 느낀다면 그는 충동을 조절할 수 있을 것이다. 내담자의 행위의 의미를 확인하기 위해서는 내담자와 함께 상담자가 인식한 것에 공동으로 참여하는 것이 좋다.

다시 말하기

다시 말하는 것restating은 내담자가 한 말을 그대로 반복함으로써 확인하는 기술로, 비교적 짧은 한두 마디의 말에 대해서만 해당이 된다. 상대방이 뭔가 중요한 것을 말할 때는 상대방에게 충분히 이야기할 시간을 준 다음, 마음속으로 혼자 해석하지 말고 상대의 말을 자신의 말로 다시 한 번 말해본다. 이는 대화를 의미 있고 진지하게 이끌어갈 수 있는 매우 중요한 의사소통 방법이다.

일관성 있게 거울을 비춰주듯 '다시 말하기'를 한다면 잘 듣기를 방해하는 걸림돌의 대부분을 제거할 수 있기 때문에 듣는 사람의 잘못된 생각이나 오해를 바로잡을 수 있다. 또 반복해서 말을 하다 보면 대화의 내용을 잘 기억할 수 있다. 듣는 사람이 '다시 말하기'를 해줄 때 말하는 사람은 상대방이 자기 말을 진정으로 들어주었다는 느낌을 가짐으로써 인간의 보편적 열망 중의 하나인 인정 욕구를 충족시키게 된다.

내담자 : 밤새도록 한잠도 못 잤어요.

상담자 : 밤에 한잠도 못 주무셨군요.

연습문제

1. 두 사람씩 짝을 이루어서 한 사람이 먼저 일주일 동안 지내면서 힘들었던 상황을 이야기하고, 다른 한 사람은 상대방의 이야기를 들은 대로 다시 말하면서 5분간 대화를 이어 나가시오.
2. 제한 시간이 되면 역할을 바꾸어서 5분간 대화를 하시오.
3. 이제 각자가 자신이 다시 말하기를 했을 때와 상대방이 다시 말하기를 해 주었을 때의 느낌을 나누시오.

바꾸어 말하기

바꾸어 말하기paraphrasing는 상대방이 말한 용어와 같은 뜻을 가진 다른 말을 사용함으로써 간단하게 그의 말을 확인하는 것으로, '다시 말하기' 보다는 다소 긴 문장이나 전체적인 내용을 확인할 때 사용된다. 즉 '다시 말하기'의 기본 원리와는 같으나 문장이나 내용의 길이가 긴 경우에는 그대로 반복하기가 어려우므로 '바꾸어 말하기'를 하는 것이 도움이 된다. 그러나 상담자는 전달하고자 하는 요점을 분명히 전할 수 있도록 노력해야 한다.

이때 상대방의 의도를 정확하게 알아들었다면 상대방을 위해 자신이 이해한 대로 말을 바꾸어 이야기해줌으로써 의사 전달이 제대로 되었는지 확인할 수 있다. 만약 바꾸어 말했는데 그것에 오류가 있다면 상대방은 우리가 잘못 이해한 부분을 바로잡을 수 있는 기회를 얻게 된다. 이렇게 바꾸어 말하는 과정의 또 다른 이점은 상대방이 자신이 한 말에 대해 다시 한 번 생각하고 자신의 안으로 더 깊이 들어갈 기회를 갖게 된다는 것이다. 결국 바꾸어 말해주는 것은 혼란된 내용을 명료하고 간결하게 해줌으로써 이야기의 주제를 부각시키며 상담자의 이해가 올바른가를 검토할 수 있도록 한다.

내담자 : 남편은 참 좋은 사람이에요. 그 사람은 생각이 깊고 민감하고 아주 친절해요. 그리고 나와 함께 외출하는 것을 아주 좋아해요.
상담자 : 다시 말하자면 당신은 남편을 매우 사랑하고 계시는군요.

내담자 : 난 정말 이해를 못 하겠어요. 이랬다저랬다 변덕부리는 것을.
상담자 : 그 사람은 당신을 혼란시키는군요.

다시 말하기 기술의 경우 잘못 사용하면 내담자를 짜증나게 만들 수도 있다. 즉 내담자가 이야기하고자 하는 뜻을 생각하지 않고 단지 말을 그대로 반복하게 되면, 상담자가 자기를 잘 이해하지 못한다고 생각할 수 있다. 그러나 같은 내용의 말을 비슷한 다른 말로 바꾸어서 이야기해줄 때 내담자는 자신이 이해되고 있음을 느낀다. 또한 내담자가 무슨 이야기를 했는지 명확하게 확인시켜주며, 횡설수설한 이야기에 대해서는 방향 감각을 갖게 해준다. 말을 바꾸어 말해주는 것은 결국 내담자가 계속해서 말을 할 수 있도록 이끈다. '바꾸어 말하기'는 내담자가 말하고자 하는 근본적인 메시지를 잘 경청하고 그것을 간단명료하게 되풀이해주며, 그에 대한 반응을 관찰하는 것으로 이루어진다.

명료화하기

명료화하기clarifying란 상대방의 말에서 불분명한 부분을 명확하게 하는 것으로 대개는 명료하지 않은 부분에 대해 질문을 던지는 형식을 취한다. '다시 말하기'를 하다 보면 때로 상대방의 말을 잘못 이해했다는 것을 발견하게 된다. 서로의 생각이나 경험이 다르기 때문에 같은 단어를 사용해도 각각 다른 의미로 얘기할 수 있는 것이다.

명료화는 내담자가 말한 기본적인 메시지에 대해 추측한 것을 단순히 되풀이해 말하는 것 이상의 것으로 모호한 내용을 분명하게 해준다. 내담자의 말이 너무 막연하고 혼돈되거나, 내용이 복잡하고 잘 이해가 되지 않을 때는 말을 바꾸어 되풀이하는 것만으로는 부족하므로 명료화를 위해 다시 질문하는 것이 좋다. 즉 직접적인 질문을 하여 대화의 주제를 보다 구체적으로 만든다. 이것은 내담자가 이야기한 내용을 보다 분명하게 설명하도록 한다. 가령 "어머니에 대해 좀더 이야기를 해보십시오", "요즘 무슨 일이 있었는지 말씀해보십시오", "바보 같다는 말은 무슨 뜻인가요?" 결국 이런 방법은 내담자가 자기 감정을 구체적으로 표현함으로써 자기 인식을 높이게 한다. 이때는 부드러운 말투를 사용해야 한다. 자칫하면 내담자를 비난하는 어투가 될 수 있기 때문인데 사실 말을 잘못 알아들은 것은 내담자가 횡설수설하기 때문일 수도 있으나 상담자의 부주의에서 오는 경우도 많다.

제가 확실히 이해를 못 했는데 다시 한 번 말씀해보시겠어요?
저는 그것을 잘 못 알아들었는데요. 좀더 자세히 말씀해보실까요?
어떤 점이 문제가 되는지 확실히 잘 모르겠는데 중심되는 이야기를 다시 한 번 말씀해주세요.

연습문제

1. 두 사람씩 짝을 이루어서 한 사람이 먼저 일주일 동안 지내면서 힘들었던 상황에 대하여 이야기하고, 다른 한 사람은 다시 말하기와 명료화하기를 사용하여 상대방의 말을 들으면서 5분간 대화를 이어 나가시오.
2. 제한 시간이 되면 역할을 바꾸어서 5분간 대화를 하시오.
3. 이제 각자가 자신이 다시 말하기와 명료화하기를 했을 때의 느낌과 상대방이 해주었을 때의 느낌을 나누시오.

공감적 피드백하기

공감적 피드백empathetic feedback은 다시 말하기와 명료화를 통해 상대의 말을 충분히 이해한 다음에 하는 작업이다. 이때는 듣는 사람의 입장에서 말하는 사람을 판단하면서 얘기하는 것이 아니라 단순히 자신이 들은 내용을 명료화하면서 다시 말하고 거기에 대한 자신의 내적 경험을 함께 나누는 것이다. 즉 "그러니까 당신이 …… 때문에 ……하게 느낀다는(생각한다는, 원한다는) 말씀이시군요. 당신의 얘기를 들으니 저는 ……한 감정이 느껴집니다(생각이 듭니다)"라고 상대의 말을 들었을 때 나의 내면에서 일어나는 것을 얘기한다.

이렇게 공감적 피드백을 할 때는 '말하기 걸림돌'(김영애, 2004)을 사용하지 않으면서 되도록 차분한 어조로 천천히 얘기하는 것이 좋다. 그렇지 않으면 상대방이 강요당하는 것처럼 느낄 수 있기 때문이다.

피드백의 효과를 극대화하려면 즉각적이고, 일치적이고, 지지적인 태도로 임해야 한다. 즉각적이라 함은 시간을 지체하지 않는 것이다. 다시 말하기를 통해 상대방의 말을 이해했다고 생각하자마자 명료화하고 즉시 피드백을 하는 것이 좋다. 시간이 지날수록 피드백의 영향력은 줄어든다. "어제 친구하고 싸웠는데 너무 힘들어"라고 하는 친구에게 이틀이나 지난 후에 "네가 싸웠다는 말을 듣고 생각해봤는데……"라고 새삼스럽게 이야기하는 것은 효과가 떨어진다. 그러므로 대화 중에 즉각적으로 피드백을 하는 것이 중요하다.

일치적이라 함은 상담자가 느끼는 진정한 반응뿐만 아니라 상대를 조정하고자 하는 마음, 또는 보이고 싶지 않은 부정적인 느낌까지 정직하게 보여주어야 함을 의미한다. 가령 상대방에게 잘못했다고 생각하지만 위협을 느껴서 그 마음을 표현하기 쉽지 않다고 하면 나의 마음속에서 일어난 감정까지 이야기하는 것이 정직한 피드백이다.

"내가 잘못했다는 것을 알고 너에게 사과하고 싶었지만, 혹시 내 사과를 받아들이지 않고 오히려 더 화를 내면 어쩌나 걱정되고 두렵기도 해서 많이 주저했어."
"네 얘기를 듣고 어떻게 하든지 네 마음을 돌려놓고 싶은 마음이 한순간 들었어."

"네 얘기를 듣고 나니까 네가 나를 정말 싫어하고 있구나 하는 생각이 들어 너무나 섭섭하다."

그러나 정직한 것과 무례한 것은 구별되어야 한다. 파괴적인 의도로 자기 속마음을 다 얘기하는 것은 잔인한 것이다. 여기서 말하는 정직한 피드백이란 상대방과의 친밀한 관계를 유지하고 상호 간의 성장을 간절히 원한다는 전제하에서 자기 내면을 일치적으로 표현하는 것이다.

지지적이라 함은 정직한 피드백을 한다는 이유로 상대방에게 상처를 주어서는 안 된다는 의미이다. 부정적인 의견을 표현할 때에도 상대방의 자존심을 상하게 하거나 약점을 이용하거나 위협적인 용어를 사용하는 대신 상대를 존중하면서 부드럽게 표현하는 방법을 찾아야 할 필요가 있다. 가수가 되겠다고 하는 친구에게 "너 미쳤구나. 말도 안 되는 망상이야"라고 이야기했다면 정직한 피드백은 될 수 있지만 지지적인 피드백은 되지 못한다. 그럴 경우에는 "내가 보기에 너는 유명한 가수가 되는 것이 꿈인 것 같은데 현실적으로 가수가 되기 위해서는 너무나 요구되는 것이 많아. 재능도 뛰어나야 되지만 아는 사람도 많아야 하고, 오랜 세월을 인내로 견뎌야 한다고. 나는 네가 충분히 생각해보지 않은 채 가수가 되려고 뛰어들었다가 혹시 일이 뜻대로 잘 안 되기라도 하면 크게 실망할까봐 걱정이 돼"라고 말할 수 있다.

반영하기

반영하기reflecting는 내담자가 나타낸 느낌이나 경험과 내용을 상담자가 다른 용어로 표현하여 다시 내담자에게 해주는 것이다. 상담자가 자신의 견해를 섞지 않고 내담자의 느낌을 다시 말해주는 것은 내담자의 느낌이나 경험을 그만큼 존중하고 있다는 의미이며 내담자로 하여금 자신의 느낌이나 경험을 다시 자신의 것으로 깨닫고 받아들일 기회도 주게 된다.

느낌 반영

이야기의 내용보다는 느낌에 초점을 두어 막연한 감정을 분명하게 하는 것이 느낌을 반영하는 목적이다. '느낌'은 분노나 사랑, 혐오, 공포, 공격과 같은 '정서'보다 더 미묘하고 예민한 것이다. 이러한 느낌의 예로는 애정, 기쁨, 적의, 죄의식, 불안 등이 있다. 강한 정서를 나타낼 때는 그것이 너무 분명한 것이므로 또다시 반영할 필요가 없다. 그러나 미묘한 느낌들은 말 뒤에 숨어 있는 경우가 많다. 이러한 숨겨진 느낌을 찾아내어 내담자가 분명하게 인식할 수 있도록 돕는다. 느낌을 반영하기 위해서는 첫째, 내담자가 표현하고 있는 느낌이 무엇인지 결정하고, 둘째, 이 느낌들을 명확히 서술하고, 셋째, 효과를 관찰한 후, 넷째, 반영이 효과적이었는지의 여부를 판단한다.

> 말하자면 그 사람이 몹시 싫으신 모양이군요.
> 그 사람은 항상 당신을 죄책감 느끼게 만드는군요.

때로는 두 가지 상반된 감정이 표현되기도 하는데, 이때는 "그 사람이 당신을 야단칠 때는 화가 나지만 그 때문에 마음이 풀리기도 한다는 말씀이군요"와 같은 반영을 하여 그 상태를 분명하게 해준다.

경험 반영

경험을 반영한다는 것은 상담자가 객관적으로 관찰한 것을 피드백하는 것이다. 경험 반영은 주로 비언어적인 신체 언어의 느낌을 반영해주는 것이므로 언어적인 느낌 이상의 것이다. 가령 말의 속도, 깊이 숨을 내쉬는 것, 한숨, 얼굴 붉힘, 자세 변화, 힐끗 쳐다보는 눈초리 등에서 내담자의 느낌을 주시할 수 있다. 경험을 반영할 때는 관찰한 행동을 먼저 서술하고 그 느낌을 반영시킨다.

> 미소를 띠고 계시군요. 그러나 속이 편치 않으신 것 같이 느껴집니다.
> 아기를 잃으시게 되어 무척 상심되시고 몸도 피곤하신 것 같습니다.

내용 반영

내용을 반영하는 것은 내담자의 근본적인 생각을 간결하고도 분명하게 다시 말해주는 것이다. 이것은 내담자가 복잡하게 표현하고 있는 생각을 명확하게 하는 데 사용된다. 때로는 간단명료하게 표현하고 싶어도 단어가 생각이 안 나서 표현을 잘 못 할 때도 있다. 이때 내용을 반영해주는 것은 적절한 단어를 찾아서 내담자가 하고자 하는 내용을 분명하게 하는 데 도움이 되므로 내담자의 말 가운데 중요한 단어 하나를 반복하는 것도 좋다.

내담자 : 내일 하게 될 수술 때문에 무섭고 겁이 나 죽겠어요.
상담자 : 수술에 대하여 무섭고 겁이 나시는군요.

실제 대화할 때는 이 세 가지의 반영술이 섞여서 사용된다. 상담자는 내담자가 말하고자 하는 내용에 주의하면서 동시에 어떻게 말하고 있는지 느낌에도 주의를 기울인다.

내담자 : 아마 이것이 내 마지막이 될 것 같아요. 좀더 살 수도 있을 텐데.
상담자 : 입원하실 만큼 병이 심하셨다는 것에 대해 두려워하고 계시는군요. 또 죽음에 대한 가능성도 생각하시고요.
내담자 : 이 나이에 죽는 사람도 많이 있지요. 내 생각엔 암인 것 같은데…… 안 그래요?
상담자 : 출혈이 암으로 인한 것이 아닌가 걱정하시는군요.
내담자 : 네. 그러나 그 외에는 암의 원인이 될 만한 것은 모르겠어요. 물론 지금까지 건강하게 살아왔지요. 다른 증상은 없었어요. 식욕도 좋고, 체중 감소도 없었고요.

확인하기

명료화하기가 말 자체를 잘 알아듣지 못한 것에 대한 확인이라면, 이것은 같은 말의 해석을 달리 할 수 있을 때에 그 해석을 동일하게 하는지의 여부를 확인하는 것이다. 내담자가 말한 내용을 짧게 간추려서 이야기함으로써 서로 같은 내용으로 이해했는지를 검증하는 것이다. 이것이 효과적인 이유는 정확한 의사소통을 위하여 주고받는 피드백의 방법이기 때문이다.

제가 한 말에 대해 기분이 상하신 것 같군요. 그렇습니까?
당신이 택하신 그 방법이 정말 당신이 원하시는 것인지 잘 모르겠군요.
그 말씀을 하실 때의 뜻이 이런 뜻입니까?

이와 같이 들은 내용을 중간중간에 확인하면서 듣는 것은 모호한 의사소통을 재빨리 분명하게 해주는 방법이다. 즉 들은 내용을 간단히 서술하고 paraphrasing, 그 내용의 정확성에 대해 내담자에게 확인verifying하고, 잘못됐으면 정정한다. 그러므로 더 이상 오해가 생기기 전에 교정해줄 수 있는 좋은 방법이다.

그러나 상대방의 말을 자신의 말로 확인할 때는 억양이 중요하다. 자신이 한 말을 도로 듣게 될 때, 사람들은 아주 작은 비평이나 비꼬는 기미에도 민감하다. 또한 상담자가 내담자의 마음속에 무엇인가 일어나고 있다고 단언하는 듯한 어조로 이야기하면, 내담자는 부정적으로 받아들일 수 있다. 다른 사람의 느낌과 욕구를 주의 깊게 들어줄 경우, 우리의 억양에서 그것이 나타난다. 곧 상담자가 내담자를 이해했다고 단언하는 것이 아니라 상담자가 올바로 이해했는지를 물어보는 것이다.

초점 맞추기

내담자가 여러 가지 복합적인 이야기를 하여 대화의 주제가 모호해질 때 초점을 분명히 하도록 돕는다. 때로는 상담자가 간접적인 유도를 하여 내담자의 횡설수설이 심해질 수 있다. 이때 상담자는 내담자의 말을 중단시키고 대화의 초점을 분명히 해준다.

당신은 지금 여러 가지 문제를 한꺼번에 이야기했는데, 그중에서 어떤 것이 가장 중요한 문제라고 생각하십니까?

+ + +

상담자 : 남편이 가정에 소홀하신 것 때문에 무척 속이 상하신 것 같아요.

내담자 : 속상하는 거요? 많지요. 글쎄 우리 큰 아이 때문에도 보통 속상한 게 아니에요. 고등학교에 들어가서 친구를 잘못 사귀어가지고요…… 요새 애들은요. 정말 교육 문제가 심각해요. 청소년 문제도 보통 심각한 게 아니에요. 우리 옆집 아이는요……

상담자 : 네 그래요. 그런데 남편과의 관계에 대해 좀더 이야기 해보시지요.

초점을 맞추는 것은 때로는 내담자의 이야기 가운데 어떤 단어나 문장을 집어내어 되풀이해주는 것으로도 이루어질 수 있다. 가령 "그리고는?……", "그래서 어떻게 됐습니까?" 또는 "그러나" 등의 한 가지 단어에 초점을 두는 것은 내담자가 계속 이야기를 하도록 하는 데 효과적이다. 또한 초점을 맞추는 것은 내담자의 혼돈이나 모호함을 경감시킬 수 있다.

대화의 주제 바꾸기

처음 상담할 때는 단시간 내에 많은 다른 주제들을 다루어야 할 때가 있다. 아마 끊임없이 주제를 바꾸어서 질문할 필요가 있기 때문에, 내담자가 중요하고 감정적인 주제에 대해서 이야기하고 있을 때는 대화의 주제를 바꾸는 것이 내담자의 신경을 거슬리게 하거나 의욕을 꺾어버릴지도 모른다. 숙련된 상담자는 내담자의 기분을 상하게 하지 않으면서도 다음과 같이 유연하게 대화의 주제를 바꿀 수 있다.

부드러운 전환

새로운 주제로 가기 위해서 내담자가 방금 언급한 것에서 기회를 얻어내는 것이다. 예를 들면, 우울한 내담자가 남편과 남편의 의붓자식들과 계속되는 갈등을 이야기할 때, 상담자는 다음과 같이 가족 정신과력에 대한 정보를 얻는다.

> 내담자: 남편은 저에게 아주 잘해주지만, 남편의 딸이 저를 이용해서 쉽게 살려고 하는 것을 참을 수가 없어요. 어찌 되었든 그 아이들은 다 자란 어른이라고요.
>
> 상담자: 가족 이야기가 나와서 말인데요, 가족 중에서 내담자분이 겪고 있는 것과 같은 종류의 우울증을 겪으신 분이 있습니까?

관련된 것으로 전환

새로운 주제로 가기 위해 관련된 것으로 전환하기 위해서는 내담자가 상담 초기에 말한 것을 언급할 수 있다. 예를 들면, 시작 즈음에 우울한 내담자는 "제가 이 상황을 더 이상 견딜 수 있을지 모르겠어요"라고 짧게 언급한 적이 있다. 그것으로 내담자를 평가하는 중에 상담자는 자살 가능성을 사정해본다.

> 내담자: 제 주치의가 얼마간 약을 먹어보라고 하셨습니다. 하지만 그것이 별로 도움이 되는 것 같지는 않아요.
>
> 상담자: 좀 전에 내담자분께서 이 상황을 어떻게 더 이상 견딜 수 있을는지 모르겠다고 하셨습니다. 차라리 죽는 것이 낫겠다는 생각도 하십니까?

새로운 주제 소개

새로운 주제를 소개하는 전환에서 실제로 그 주제를 시작하기 전에 새로운 주제를 소개하면서 시작한다. 이러한 전환은 종종 "이제 저는 주제를 바꾸고 싶습니다" 또는 "이제 제가 좀 다른 종류의 질문을 하려고 합니다"와 같은 진술로 시작한다. 예를 들면, 내담자가 다른 건강 문제가 있는지 빨리 점검하기를 원하지만, 내담자가 실제로 이러한 증상들을 경험하고 있을 것이라고 예상하기 때문에 이런 질문을 한다고 내담자가 생각하게 해서는 안 된다.

> 자, 이제 제가 주제를 조금 바꾸어서 다른 사람들이 종종 겪을 수 있는 여러 가지 다른 종류의 정신과적인 질문을 하려고 합니다. 이런 많은 질문들이 내담자분에게는 해당되는 것이 아닐지도 모르지만, 혹시 도움이 될지 몰라서 질문을 하는 것입니다.

의혹 말하기

내담자의 이야기가 비현실적인 경우, 그 사실을 알려서 내담자로 하여금 자신이 생각하는 것이나 보고 믿는 대로가 사실이 아니라는 것을 알린다. 혹은 내담자의 사고가 비현실적일 그 상황에서의 상담자 자신의 인식이나 사실을 침착하게 얘기해준다. 그에게 그가 생각하고 있는 것과 다른 면을 제시해준다. 그러나 논쟁으로써 그의 잘못을 그가 인정하도록 시도해서는 안 된다. 그런 행동은 저항을 일으키고 자기 생각을 굳히는 결심을 하게 만든다. 다른 사람들이 그와 같은 상황을 반드시 그렇게 인지하는 것은 아니라는 것을 인정하도록 격려한다. 이때는 의심스러운 어조가 효과적이다.

> 그런 일이 보통 있을 수 있는 일일까요?
> 그럴 수가 있을까요?

직면하기

직면confronting은 내담자에게 정직하게 직접적으로 문제를 지적해주고 인식시켜주는 것이다. 이때 나타나는 효과는 도전, 노출 또는 위협이다. 정신적인 효과로 상담자에게서 피드백을 받은 후 도전적인 불안을 느끼게 되거나, 때로는 직접적이고도 정직한 견해를 듣고 만족해하기도 한다. 즉 직면술은 내담자에게서 저항을 받게 되거나 또는 개방적인 대화로 이끌게 되는 어떤 모험을 포함한다. 이는 직면술을 사용하는 시기와 내담자의 준비성 여부에 달려 있다.

느낌 인식하기

내담자의 느낌을 인식하고 그에 반응하는 기술은 상담자가 자신 안에서 일어나는 느낌을 인식하는 능력에 달려 있다. 상담자는 자기 내부에서 발생하는 느낌에 대해 예민하게 인식해야 하는데, 이것은 내담자가 말하고 있는 것에 대한 상담자의 반응이기 때문이다. 예를 들어, 내담자의 말에 대해 공연히 화가 난다면 그때에는 그런 감정을 표현함으로써 관계의 목표를 향상시킬 것인지, 아니면 지체시킬 것인지를 결정해야 한다.

내담자와의 관계에서 나타나는 상담자의 정서적 반응은 임상에서 현실적으로 정상화될 수 있는 것과 상담자의 내적 갈등에 의해 결정되는 것으로 나눌 수 있다. 예를 들면, 내담자가 계속 상담실의 기구를 마구 다룰 때 화가 나는 것은 당연하다. 그러나 담배가 바닥에 떨어졌을 때 상담자가 모욕을 느낀다면, 거기에는 '역전이' 문제가 있음을 알려준다. 가장 흔히 일어나는 역전이 현상은 은연중에 내담자를 상담자 자신의 투사된 모습으로 대하게 되는 것이다.

> 어떤 내담자와 상담할 때마다 긴장되고 손바닥에 땀이 나며, 근육이 뒤틀리고 안검이 떨리는 현상은 나 자신의 불안, 죄의식, 분노, 기쁨 또는 고통 중에서 어떤 것을 의미하는가?

느낌을 나누기

내담자에 대한 느낌을 말로 표현하는 것은 명료화하기보다 더 강한 형태의 자기 노출이다. 상담자로서의 자신의 느낌을 표현하는 이유는 그러한 표현이 상담자의 느낌을 분명하게 해주기 때문이다. 내담자는 보통 낯선 사람에게 감정을 표현하지 않는다. 그러므로 상담자의 감정 표현은 내담자가 자신의 느낌을 인식하고 표현할 수 있는 방법을 나타내는 하나의 모델이 된다. 신뢰감은 서로가 마음을 열어놓고 개방적인 대화를 할 때 발생한다. 즉 상담자가 먼저 자신의 느낌을 표현함으로써 신뢰감 형성을 촉진시킨다.

이러한 '경험을 나누는' 현상은 상호 인간적으로 될 수 있는 가장 좋은 방법 중 하나이다. 예를 들어, "당신 이야기를 듣고 있으려니까 졸음이 오는 것 같군요.", "그렇게 말씀하시니까 기분이 좋군요", 이와 같은 반응은 내담자에게 좋은 효과를 줄 수 있다. 왜냐하면 상담자의 반응이 비평적인 목소리라 할지라도 내담자는 상담자의 감정 표현으로 어느 정도의 보상을 받기 때문이다. 내담자가 자신의 느낌을 표현하는 것은 상당한 효과가 있다. 내담자는 감정 표현으로 긴장 완화(정화 현상이라고도 함)를 경험하고 그런 감정에 직면할 수 있는 용기를 갖게 되며, 새로운 창조적 에너지를 발생하게 된다.

느낌을 말로 표현하는 것 자체만으로도, 그리고 그것을 진정으로 들어줄 수 있는 사람이 있다는 것만으로도 내담자는 고통에서 벗어날 수 있게 된다. 상담자는 내담자가 느낌을 표현하지 않기 위해 방어기제를 지나치게 사용하고 있지는 않은지, 그래서 정서적인 정화 작용이 지연되고 있지는 않은지를 주의해야 한다. 내담자가 감정을 표현할 수 있도록 하는 직면 방법은 그렇게 하도록 질문을 하는 것이다.

> 지금은 기분이 어떠세요?
> 지금의 상황에 대해 말씀하셨는데, 그에 대한 기분은 어떠세요?
> 질병에 대해 생각하신 바를 말씀하셨는데, 그에 대해 어떤 느낌을 갖고 계신지 모르겠습니다.
> 질병에 대해 느낌이 어떠세요?

의견을 피드백하기

이해를 위한 가장 가치 있는 직면술 중 하나는 내담자에 대한 느낌을 공감적으로 피드백하는 것이다. 우리는 타인의 반응에 의해 자신이 어떤 사람인지를 알게 된다. 신뢰하는 사람으로부터의 효과적인 피드백은 내담자의 자기 인식을 증대시킬 수 있다.

해석하기

해석interpreting은 내담자가 피하고 있거나 부분적 또는 전체적으로 깨닫지 못하고 있는 내담자 자신의 어떤 점에 직면하여 새로운 각도로 볼 수 있도록 도와주기 위해 사용된다. 주요 목표는 내담자 스스로 자신의 문제를 해석하고 직면할 수 있도록 가르치는 것이다. '바꾸어 말하기'는 내담자의 내적인 틀 내에서 행해지나, '해석'은 내담자에게 새로운 틀을 제공해준다. 해석은 특정 주제에 대한 내담자의 생각과 감정을 구체화하고, 앞으로의 탐색과 해석이 요구되는 어떤 점에 내담자의 관심을 집중시키며, 잡다한 자료에서 주제를 가려내고 혹은 이해가 보다 잘 이루어지도록 요약하는 것이 포함된다. 이것은 질문이나 간곡한 타이름일 수도 있고, 단순한 진술을 반복하는 형태를 취하기도 한다.

정확한 해석은 내담자가 웃는다든가 눈을 동그랗게 뜬다든가 하는 식으로 표현되는 놀람의 감정을 가져온다. 해석의 효과를 알아보는 가장 유용한 척도는 해석 후의 내담자의 반응이다. 만약 내담자가 마음속으로 그 해석을 받아들인다면, 그 점에 대해 보다 자유롭게 혼자서 생각하여 과거나 현재에서 그것을 확증할 수 있는 증거를 찾아내게 된다. 따라서 해석의 두 가지 목적, 즉 직면시키고 환기시키는 목적이 모두 이루어지게 된다. 비록 내담자가 그 해석의 타당성에 대해서 회의적이라 할지라도, 그 해석이 지시한 방향으로든 또 다른 방향으로든 간에 생각을 계속하게 되므로, 현실 직면의 목적은 달성되지 않았지만 최소한 환기의 목적은 달성된 것이다.

다음은 알코올 중독자의 말에 대해 여러 형태로 해석을 할 수 있음을 예시하고 있다.

내담자 : 어젯밤에 술을 너무 많이 마셨어요.
계속 울음이 솟구쳐서 엉엉 소리 내어 울기까지 했어요.

상담자 A : 눈물이 날 때까지 술을 마셔댔군요. 지금은 그것을 수치스럽게 생각하시고. (내용 요약)

상담자 B : 어젯밤 일에 대해 굉장히 기분이 안 좋으시군요. (전반적인 느낌 반영)

상담자 C : 어젯밤에 자신을 통제할 수 없었음에 대해 속이 상하시군요. (경한 해석)

상담자 D : 감정을 통제할 수 없을 정도로 술을 마셨군요. 어젯밤 일을 생각할 때 어린애처럼 행동한 데 대해 자신을 벌하고 싶으신가 보군요. (해석)

상담자 E : 술에 취하고, 울고, 어머니에 대해 이야기한 것 등을 볼 때, 당신은 어머니에게 기대고 싶은 것 같습니다. 마치 혼자서는 살기 힘들어서 어머니에게서 안식처를 구하려는 것처럼. (보다 깊은 해석)

위의 예에서와 같이 해석을 하는 기술은 매우 다양하다. 내담자가 해석으로 직면하게 되는 주요 결과는 자신의 행동에 대한 의미를 광범위하게 지각하며, 또한 문제나 해결책에 대해 여러 가지 면을 새롭게 보게 되는 것이다. 즉 내담자는 상담자의 도움으로 자신의 문제를 보다 깊이 이해하게 된다.

요약하기

요약summarizing은 내담자의 문제 상황을 더욱 초점화하고 구체적으로 탐색하게끔 돕기 위해 사용된다. 내담자가 말하는 내용의 초점을 압축해서 명확하게 하도록 하는 것이다. 좋은 요약은 많은 사실들을 그저 기계적으로 묶는 것이 아니라 서로 관련 있는 자료들을 체계적으로 묶어 표현하는 것이다. 효과적 요약이었다면, 그 요약은 내담자로 하여금 중요한 문제에 의도적으로 초점을 맞추게 한다. 요약 반응은 특히 상담 시간 중 내담자가 산만하게 이야기하는 것처럼 보일 때, 또는 내담자가 어떤 주제에 대해 하고자 했던 말들을 전부 한 것처럼 보일 때, 내담자와의 대화의 결론을 향해서, 혹은 의미 있는 내용의 대화가 있은 후에 흔히 중요한 내용에 대해 내담자와 더불어 요약하는 것이 좋다. '바꾸어 말하기'는 내담자가 바로 직전에 한 말에 대해서 확인하는 반응인 데 비해, 요약은 전체의 대화 내용이나 또는 긴 시간 동안 이루어진 대화의 내용을 확인한다는 점이 다르다.

"오늘은 ……와 같은 내용을 이야기했군요"라는 말로 전체 대화 가운데 중요한 내용을 요약해서 전달할 수도 있고, 대화를 끝맺고 있음에 대해서도 알릴 수 있다. 또한 요약을 할 때는 다음에 이야기할 내용에 대해서도 말할 수 있다.

> 우리가 이야기한 내용에 대해 일주일간 실천해보신 후 다음 주에 다시 이야기해보시는 것이 좋을 것 같습니다.

\+ \+ \+

> 내담자가 질병으로 인한 자신의 유약함을 나타낸 대화에서 :
>
> 상담자 : 결국 지금까지 당신이 말씀하신 질병으로 인한 가족 문제, 경제 문제, 직장 문제 등으로 미루어 보아 모든 것에 대해 자신이 실패하신 것 같은 느낌을 갖고 계시는군요.

요약할 때는 대체로 긴 문장이 사용되지만, 전체적인 대화의 내용과 느낌의 중요점을 찾아낸다. 대화하는 중간에 요약할 때는 지금 현재 무슨 이야기를 하고 있으며, 어디까지 대화가 진행되었는가를 정리해준다. 예를 들어,

> 지금까지 발병하게 된 경위를 말씀하셨습니다. 그리고 좀더 건강 관리를 잘 해야 되겠다는 말씀도 하셨어요. 이제 병이 다 회복되어서 퇴원하시게 되면 어떻게 하실 생각이세요?

요약을 하는 주요 목적은 내담자가 미처 의식하지 못한 면을 학습시키고, 문제 해결 과정을 인식하고 자신의 생각과 느낌을 탐색하도록 돕는 데 있다. 또한 요약은 여러 가지 산만한 내용을 명확하게 정리, 통합하여 새로운 해결책을 강구하게 함으로써 대화를 자연스럽게 종결하는 데 도움이 된다. 또 상담자가 계속해서 내담자의 이야기에 집중하고 있으므로 내담자에게는 위안감을 주는

효과도 있다. 상담자 입장에서도 요약은 내담자의 전체 메시지를 정확하게 인식할 수 있도록 하는 효과적인 점검 방법이다. 대화를 시작하기 전에 이전의 대화 내용을 간단히 요약해주는 것도 계속적인 대화를 위해 효과적이다.

대화가 끝날 때 하는 요약은 상담자가 하기보다 가능한 한 내담자 스스로 할 수 있도록 하는 것이 좋다. 이것은 상담자가 자신의 생각이나 느낌에 대해 책임을 갖게 하는 한 방법일 뿐만 아니라 이해 여부에 대한 확인도 된다. 상담자가 결말을 짓는 말을 하고 나서, 내담자로 하여금 끝맺도록 여운을 남겨둔다.

지금까지 우리가 함께 이야기한 것은 ……
상담이 끝나시고 난 후에는 ……

미래에 대한 계획 격려하기

내담자가 같은 문제를 다시 갖게 될 경우 어떻게 할 것인지, 그리고 상담이 끝난 후에 어떤 행동을 취할 것인지 스스로 계획해보도록 격려한다.

이제는 아이들을 어떻게 돌보시겠습니까?
앞으로 어떻게 하면 다른 사람의 마음을 상하게 하지 않고도 화를 풀 수 있을까요?
앞으로 어떻게 건강 관리를 하시겠습니까?

2. 비효율적 상담 대화

효율적 상담 대화와는 반대로, 지시적directive, 판단적judgemental, 폐쇄적close-ended 대화를 할 때 비효율적인 대화가 된다.

일시적인 안심, 동정

안심은 치료적인 면도 있지만 잘못 사용하면 비치료적인 면이 더 많다. 실제로 문제가 있는데도 불구하고 일시적으로 내담자를 안심시키기 위하여 "모든 일이 다 잘될 것입니다", "걱정하지 마세요"와 같은 말을 하는 것은 내담자의 문제를 무시하거나 경시하는 태도로 생각될 수 있다.

안심을 시키는 목적은 내담자의 자신감을 증진시키고 불안을 경감시켜 바람직한 행동을 강화시키려는 것이다. 이를 위해 칭찬을 하거나(예: 참 좋은 생각입니다), 긍정적 결과를 예측하는 말을 하거나(예: 모든 것이 다 잘될 것입니다), 사실적인 보증을 하는 말(예: 해결책이 있으니 걱정할 필요가 없습니다)을 하게 되는데 이러한 안심시키기에는 몇 가지 제한점과 주의사항이 있다.

- 사용하기가 쉽기 때문에 과도하게 사용하는 경향이 있다. 특히 상담자 자신이 불안할 때는 자신을 안심시키기 위해서도 안심을 많이 시킨다. 결과적으로 내담자의 느낌을 거부함으로써 내담자가 느낌을 진솔하게 표현하지 못하게 만든다.
- 내담자가 심각하게 생각하는 문제에 대해 상담자가 걱정할 필요 없다는 안심의 말을 할 때 내담자는 경시당한 느낌을 가질 수 있다.
- 안심은 동정으로 나타나기도 한다.
- 안심을 자주 받은 사람은 문제가 생길 때마다 안심 받고 싶은 의존심이 생기기 쉽다.
- 안심을 동의하는 것과 같은 것으로 해석하게 되면 내담자는 현재의 사고와 행동에서 벗어나지 못한다.

내담자 : 저는 최선을 다하고 있는데도 하나도 나아지고 있지 않아요.
(눈물을 흘리며 우울해하고 있다)

상담자 : 곧 나아지실 거예요. 아무 걱정하지 마세요.

상담자는 대개 내담자가 어떤 형태의 감정이든 그것을 터뜨리지 않기를 바란다. 이와 마찬가지로 내담자가 불안해하는 것도 싫어한다. 그리고 내담자가 불안을 드러내면 즉시 '불안해할 것 없다', '걱정할 것 없다'라고 일러주고 싶어져서 내담자가 진정으로 두려워하는 것이 무엇인가 알아보지도 않고, 심지어는 내담자로 하여금 자기가 불안하다는 말을 할 여유도 주지 않고 내담자를 안심시키고 위로하려 한다. 그러나 그보다는 불안한 내담자로 하여금 스스로 불안하다고 말하게 하는 것이 좋다. 더 나아가 불안한 사람에게 불안해 보인다고 말해주는 것도 좋다. 내담자가 긴장해 있고 말도 없이 놀란 모양으로 앉아 있을 때 그렇게 말해주면, 대개는 깊은 한숨을 내쉬고 그렇다고 말하고는 대화를 보다 쉽게 진행시키게 된다.

불필요한 칭찬과 비난

"참 잘 생각하셨습니다", "아주 잘하셨어요" 혹은 "잘못하신 겁니다" 등의 말로 특징되며 이것은 내담자의 생각과 느낌과 행동을 판단, 평가하는 말이 되므로 특별한 목적이 없는 칭찬과 비난은 비치료적이다. 일단 칭찬이나 인정을 받은 내용에 대해서는 내담자가 다시 변화시키기 어렵다. 즉 내담자는 자신의 행동이나 느낌에 대해 자유로이 표현하기가 어렵다. 과도한 칭찬은 부당한 야망과 우월감 등을 가져오기 쉽고 칭찬받을 수 있는 방향으로만 말하고 행동하게 되므로 가능한 학습 경험을 막는다. 이에 비해 수용은 치료적인 것으로 긍정, 부정 두 감정 모두가 자신의 감정 세계의 부분이라는 것을 지각할 때 진실되게 자신을 이해하고 통찰할 수 있게 된다.

그거 참 좋습니다. 아주 잘하셨어요.

잘못하신 거예요. 그건 좋지 않은 말이에요.

내담자 : 계속 토할 것 같아요

상담자 : 자꾸 먹으니까 토하잖아요. 먹지 말아요!

조언하기

조언advising은 여러 가지 위기 상황, 가령 이혼이나 실직과 같은 생활 환경에 갑자기 재적응해야 하는 사람들에게 필요하다. 또 법률이나 의학, 자녀 교육 문제 등과 같이 전문적인 지식을 갖고 있는 믿을 만한 사람에게 그와 관련된 조언을 구할 때 권유하는 것은 효과적이다. 때로는 경험이 많은 사람에게서 조언을 구하기도 하는데 이때는 여러 가지 대안을 제시함으로써 최종적인 선택은 내담자가 하도록 하는 것이 좋다. 그러나 내담자의 중요한 인생 문제, 즉 "이혼을 해야 할까요?", "회사에서 나와야 할까요?" 등과 같은 문제에 대한 섣부른 조언은 부적당하다.

조언의 제한점은 내담자가 그것을 따르지 않는다는 것이다. 외관상으로는 조언을 구하는 것처럼 보이나 사실상은 이미 결정을 내리고 있으면서 자신의 생각에 대한 확인을 들으려고 하는 것뿐인 경우가 많다. 그 문제는 상담자의 문제가 아니라 본인의 문제이므로 내담자가 더 많이 생각해보았기 때문에 조언을 구할 때 상담자가 바로 "이렇게 하십시오"라고 정보를 제공하거나 지시하는 것은 별 도움이 안 된다. "어떻게 해야 할까요?"라고 질문할 때는 이미 어떻게 해야 할지를 잘 알면서 상담자에 대한 의존심을 표현하는 것일 수도 있다. 이때 상담자는 내담자에게 자신이 얼마나 지식이 풍부한가를 보여주려 하거나 강한 인상을 주고자 하는 유혹을 이겨내야 한다. 보다 효과적인 방법은 그 문제 상황에 대한 내담자의 느낌을 다루어주는 것이다.

또 다른 제한점은 상담자에 대한 의존심을 더 조장할 수 있다는 점이다. 보통 상담자는 "내가 당신이라면"이라는 말로 시작하여 내담자의 입장에서 조언을 하는 경우가 많다. 이것은 상담자가 무의식적으로 내담자의 문제를 자신의 것인 것처럼 인식하게 되면서 일어난다. 그러므로 상담자는 조언을 하면서 사실은 자신의 문제를 이야기하게 되는 것이다. 더구나 내담자는 조언을 받고 난 후 얼마 있다가 그것이 자신에게는 별 도움이 되지 않음을 알게 되면 그 책임을 상담자에게로 돌린다.

조언은 다른 사람의 문제를 해결해주고자 하는 욕구가 지나치게 강한 사람에게서 나타나는 경향이 있다. 그러므로 상대의 말을 충분히 듣지 않은 상태에서 성급하게 끼어들어 사사건건 충고하게 된다. 그러나 옳은 해결책을 찾고 모든 것을 제대로 고치려는 욕구 때문에 말끝마다 조언을 하는 사람 앞에서는 어느 누구도 마음을 털어놓고 편하게 이야기를 할 수가 없다. 사실 이야기를 잘 들어주기만 해도 대부분의 사람들은 스스로 자기의 생각을 명료화하고 자연스럽게 해결책을 찾게 된다.

남자친구에 대한 불만을 하소연하는 친구에게 "남자는 다 그래. 네가 이해심이 부족한 거야"라고 조언한다면 둘 사이에 깊고 친밀한 관계를 유지하기 힘들 수밖에 없다. 또 친구가 직장에서 있었던 일을 얘기하면서 자신이 얼마나 심한 좌절과 낙담에 빠져 있는지 털어놓을 때 다음과 같이 이야기했다고 해보자. "네가 윗사람을 대하는 태도에 문제가 있어. 내 생각에는 네가 성격을 바꿀 필요가 있는 것 같아. 또 너는 요즘 업무 능력을 개선하기 위해 특별한 노력도 하지 않고 있잖아. 영어학원도 수강신청 해놓고 요 며칠 계속 안 나갔지?" 이러한 말을 듣고 나면 잠시 이 친구한테 기대고 싶었던 욕구는 좌절될 수밖에 없다. 이 친구가 정말 원했던 것은 성급한 원인 분석과 처방이 아니라 적절한 공감과 위로의 말이었다. 만일 친구 사이에 이런 대화가 매번 반복된다면 상대방은 무시당하고 이해받지 못한다는 느낌을 갖게 되어 마음의 문을 닫아버리게 된다.

내 담 자 : 나는 아무 쓸모없는 기생충 같은 존재예요. 죽고 싶어요.

상담자 A : 다 잘될 거예요. 하나도 걱정하지 마세요. 마음을 편히 잡수시고요. (일시적 안심)

상담자 B : 그따위 소리 듣고 싶지 않아요. 집어치워요. (거절)

상담자 C : 그래요. 당신은 정말 죽을 수밖에 없겠어요. (동의)

상담자 D : 당신이 왜 쓸모없는 인간입니까? 나는 그렇게 생각하지 않아요. 죽는다는 것은 말도 안 돼요. 인간은 누구나 가치 있는 존재입니다. (이견)

상담자 E : 참 잘 생각하셨어요. (칭찬)

상담자 F : 무슨 그런 생각을 하세요. 앞날이 구만리 같은 사람이 고작 한다는 생각이 그거예요? 참 당신 어머니가 불쌍하군요. 그건 아주 좋지 못한 태도예요. 당신을 믿고 사는 가족에 대한 책임도 있잖아요? (비난)

상담자 G : 그런 생각 하지 마시고 마음을 굳게 잡수세요. 인생은 단 한 번뿐이에요. 교회나 절 같은데 나가보시는 게 어떠세요? (조언)

상담자 H : 무척 괴로운 심정이군요. 얼마나 힘드시면 죽고 싶은 생각까지 드셨겠어요. (반영) 이해합니다. (수용)

내담자의 문제가 상담자의 전문적인 지식이나 단순한 정보를 요할 때는 그에 맞는 적절한 조언을 한다. 그러나 내담자의 문제가 여러 가지 감정 상태를 내포한 것이거나 그의 인생에 결정적인 역할을 할 수 있는 문제에 대해서는 직접적인 조언을 하기보다 반영술이나 기타 치료적 기법들을 사용하여 그 문제에 대한 내담자의 느낌이나 생각을 말로 표현하도록 하여 내담자 스스로 문제해결 방안을 모색할 수 있도록 돕는다.

지나친 동의와 이견

"나도 그렇게 생각합니다", "옳지 않다고 생각합니다" 등은 상대보다 자신의 판단을 우위에 둔 말이다. 따라서 지나친 동의와 이견agreeing and disagreeing은 비치료적인 반응이다. 이런 표현은 내담자의 행동과 생각을 평가하는 것이 되어 내담자가 이야기의 내용을 바꾸고 싶어도 상담자가 두려워서 자유로이 하지 못한다. 내담자의 편 혹은 반대편에 서는 것이 아니라 내담자 자신이 자신의 생각대로 결론을 내리도록 도와주어야 한다.

동의하는 것은 상대방을 위로하기 위해서 혹은 두려움 때문에 빨리 그의 말에 맞장구를 치는 것으로 일종의 비위 맞추기와 같다. 비위 맞추는 말을 자주 하다 보면 상대방의 이야기를 충분히 진지하게 듣고 반응할 수 없게 된다. 또 내담자 편에서도 상담자가 정말로 나를 지지하고 위로하는 것인지 의심하게 된다. 가령 상대방이 나 때문에 속상한 마음을 표현했을 때, 곧바로 "그래 당신 말이 맞아…… 알아, 알아……"라고 상대방의 비위를 맞추려고 너무 쉽게 동의하는 말을 하게 되면 아마도 상대방은 자신의 생각이나 감정을 충분히 표현할 수 없을 것이고, 또 자기 이야기가 제대로 받아들여진 느낌도 갖지 못할 것이다.

또한 이견을 표시하면서 상대방의 말을 반박하고 논쟁하게 되면 상대방의 생각을 진정으로 들을 생각이 없기 때문에 그가 어떤 이야기를 해도 무시한 채 자기 생각만 장황하게 늘어놓게 된다. 지나치게 논쟁적이고 옳고 그름을 분명히 하기 좋아하는 사람들이 이 걸림돌을 자주 사용한다.

내담자 : 저것 보세요. 나를 죽인다는 소리가 들리잖아요.
상담자 A : 그런 소리 아니니까 조금도 걱정하지 마세요. (일시적 안심)
상담자 B : 또 이상한 소리! 그런 소리 하려면 여기 오시 마세요. (거절)
상담자 C : 정말 그런 소리가 나는 것 같은데요. (동의)
상담자 D : 그런 소리가 어디서 들린다는 말이에요? 난 안 들리니까 어디 증거를 대보세요. (이견)

도전

"문제가 없다면 왜 그런 일이 생겼겠어요?", "왜 그런 생각을 하게 되었지요?" 등의 말로 내담자의 비현실적인 생각을 증명하도록 답변을 요구하는 것으로 내담자가 정확하게 설명하지 못하면 현실을 알게 될 수 있으리라고 생각하여 그와 같은 도전적인 말을 하게 된다. 그러나 상담자가 겉으로 나타나지 않은 내담자의 욕구를 발견하여 그것이 현실 속에서 나타날 수 있도록 도와주는 것만이 내담자의 비현실적인 생각과 지각을 감소시킬 수 있다.

병이 없다면 왜 퇴원이 안 될까요?

그런데 당신이 어떻게 예수님이 될 수 있습니까?

만일 당신이 죽었다면 어떻게 심장이 뛰고 있지요?

시험

시험testing하는 것은 내담자의 지각 정도를 알기 위해 상담자가 마치 시험해보듯 하는 태도로 내담자의 자존심을 저하시키게 만든다. 대개 상담자는 내담자가 자신의 무능력을 받아들이고, 도움이 필요하다는 사실을 인정하기를 바란다. "오늘이 무슨 요일이지요?", "기억나세요?" 등의 말로 내담자의 자각 정도를 시험해보는 것보다는 "무슨 일이 있었는지 말씀해보십시오"라고 말하는 것이 좋은 방법이다.

분석, 진단, 해석

치료적인 의미에서 해석interpreting은 내담자가 피하고 있거나 부분적 또는 전체적으로 깨닫지 못하고 있는 내담자 자신의 어떤 점에 직면하여 새로운 각도로 볼 수 있도록 도와주기 위해 사용된다. 목표는 내담자 스스로 자신의 문제를 해석하고 직면할 수 있도록 가르치는 것이다. '바꾸어 말하기'는 내담자의 내적인 틀 내에서 행해지나 '해석'은 내담자에게 새로운 틀을 제공해준다. 해석은 특정 주제에 대한 내담자의 생각과 감정을 구체화시키고 앞으로의 탐색과 해석이 요구되는 어떤 점에 내담자의 관심을 집중시키고 잡다한 자료에서 주제를 가려내고 혹은 이해가 보다 잘 이루어지도록 요약하는 것이 포함된다.

그러나 상담자의 역학적 정신학을 토대로 내담자의 정신분석을 하려고 하기보다 내담자 자신이 할 수 있도록 이끌어주지 않으면 별 효과가 없다. 이는 아무리 상담자의 해석이 사실이라 해도 내담자 자신이 느끼고 받아들여지지 않는 것이라면 효과가 없기 때문이다. 오히려 역효과가 날 수도 있다.

방어

방어defending는 어떤 사람이나 사물, 기관 등을 보호하기 위해 내담자가 자신의 견해나 느낌을 표현하는 것을 막는 것을 의미한다. 상담자가 방어적으로 반응하면 내담자는 그의 생각이나 감정, 행동을 자유로이 표현하기가 어렵다. 동시에 방어를 당한 경우에는 더욱 자기 행동을 굳히게 된다. 상담자가 내담자에게 직접적인 비방을 당하는 것은 극히 어려운 경우이나 내담자를 진심으로 받아들이고 이해한다면 방어할 필요가 없음을 알게 된다. 내담자의 표현에 대하여 상담자가 방어적인 태도를 자주 보이면 내담자는 불평을 호소하거나 자신의 의견이나 느낌을 자유로이 표현하기가 어려울 것이다.

"우리 상담자는 교육을 아주 잘 받았기 때문에 그런 일이 있을 수 없어요."
"저는 5년이나 상담을 해왔지만 여기만큼 수준 높은 곳은 없을 겁니다."

논리적 설명 요구

내담자로 하여금 생각과 느낌, 언동과 사건에 대한 이유를 요청하는 것으로 "왜 그렇게 생각하게 되었습니까?", "왜 그런 일을 하셨습니까?" 등의 말로 꼬치꼬치 심문하는 것처럼 캐묻는 것과 '무슨 일이 있었는지' 말하기를 요청하는 것에는 차이가 있다. 후자는 격려되어지는 반면에 전자는 설명할 말을 찾게 되고 이유를 대기 위하여 허둥대게 된다. 내담자는 실제로 자신이 왜 그랬는지를 모르기 때문에 당황하기도 하고 또 답변을 더듬어 찾아야 하므로 힘들다. 또 대답할 수 있다 하더라도 그 내용을 숨기고 싶거나 부끄러워할 수도 있다. 더구나 상담자가 호기심에서 질문을 하면 내담자는 자신을 보호하기 위해 방어하거나 화를 낼 수 있다. 그보다는 내담자가 스스로 깊고 넓게 생각할 수 있도록 돕는 것이 상담자의 역할이다. 따라서 '왜'냐고 묻기보다 '어떻게', '무엇이'라고 묻는 것이 더 좋다. 이유를 묻는 것은 비난 또는 질책을 의미하는 것으로 해석되기 쉬우므로 불쾌감이나 불찬성의 뜻이 함축되어 있다.

> 무슨 후회를 하셨단 말입니까?
> 죄는 무슨 죄란 말이에요?

외적 원인 시사

"무엇이 당신으로 하여금 그런 말을 하게 했습니까?", "누가 그렇게 하라고 그랬습니까?" 등의 질문은 내담자의 사고나 감정, 행동의 원인이 외부에 있다는 것을 암시하여 내담자 자신의 문제를 경감시키는 것이다. 그래서 내담자가 자신의 문제를 타인이나 사물에게 전가하는 생각과 행동을 조장한다.

표현된 감정 경시

"그까짓 거 무슨 걱정이에요", "하나도 걱정하실 게 못 돼요", "그것도 걱정이라고 하십니까?" 등과 같은 말로 내담자가 표현한 느낌에 대하여 가볍게 웃어넘기거나 보편화해서 대답하는 것은 비치료적이다. 여기에는 내담자의 느낌은 잘못된 것이고 그의 불편은 일시적인 것으로 중요하지 않으며, 그 자신에만 국한된 쓸데없는 것이라는 뜻이 내포되어 있다. 자신이 표현한 감정에 대해 경시당한 경험은 마음의 상처로 오래 남기 쉽다.

> 내담자 : 이젠 가족들도 나를 귀찮게 생각하는 것 같아요.
> 상담자 : 제가 보기에는 별로 그렇지 않은 것 같았어요. 걱정할 만한 것이 못 된다고 봅니다.

상투어

"날씨가 좋군요", "안녕하세요?", "당신을 위해서예요", "용기를 잃지 마세요"와 같이 대화하는 가운데 많은 부분이 흔해 빠진 표현이나 무의미한 말, 의미 없는 상투적 문구stereotype, 틀에 박힌 대답인 것이 보통이다. 이것은 문제 해결에 도움이 되지 않을 뿐 아니라, 내담자의 개별성을 무시하고 모두 같은 처지인 양 취급하는 결과를 초래하게 된다.

가령, 똑같은 문제를 갖고 있는 내담자라도 해결 방안은 아주 달라질 수 있다. 같은 문제라 하더라도 그 사람들이 갖고 있는 각자 인간으로서의 욕구는 얼마든지 다를 수 있기 때문이다. 말이 상투적일수록 그가 정말로 의미하는 것에 대한 이해가 의심스럽게 된다. 따라서 많은 의미 없는 말들을 주고받지만, 실제로는 아무것도 전달되지 않는 것이다. 뜻있는 얘기를 할 것이 없으면 차라리 아무 말도 하지 않는 것이 낫다. 그러나 상호 관계 시작 시 상투어를 계획적으로 사용할 수는 있다.

상담자 : 오늘 날씨가 좋군요. 안녕하세요?
내담자 : 속상해 죽겠어요. 꼭 죽어버렸으면 좋겠어요.
상담자 : 그런 말씀 마시고 좋은 생각만 하세요.

문자적 반응

내담자가 이야기하는 뜻을 생각하지 않고 말한 그대로를 받아들여 대답해주는 것인데 때로 내담자는 자신의 감정을 제대로 표현하지 못하고 어떤 상징적인 말을 하거나 숨겨진 의미가 있는 말을 할 수 있다. 따라서 말 그대로 반응을 주면 내담자는 상담자가 자기의 감정을 이해하지 못한다고 생각한다. 그러므로 내담자의 말 자체보다 느낌에 반응하는 것이 중요하다.

가능한 "예", "아니오"의 대답으로 끝날 수 있는 것은 피하고 개방적인 질문을 하라고 했지만, 답변을 할 때에 있어서도 질문을 문자적으로만 해석하여 “예”, “아니오”로만 답변하면 곤란한 경우가 있다. 즉 그 질문이 정보를 구하는 것인가, 태도나 느낌의 표현인가 하는 것을 구분해야 한다.

예를 들어, 맛있는 과자를 먹고 있는 형을 보고 “맛있어?”라고 묻는 동생에게 “그래, 맛있어”라고 말하며 꿀꺽 삼키면, 동생은 울음을 터뜨리게 된다. 여기에서 동생의 “맛있어?”라는 질문은 실제로 맛이 있는지 없는지의 정보를 얻기 위한 것이 아니다. 그것은 “먹고 싶어, 나 좀 줘”라는 느낌의 표현이었던 것이다. 그러나 순전히 정보만을 위한 질문도 있다. 즉 길 가는 도중에 모르는 사람이 “실례지만 몇 시나 되었죠?”라고 묻는다면, 문자 그대로 정보만을 제공하는 답변으로 충분할 것이다.

부인, 거절

“그런 말씀 마세요”와 같은 말은 내담자의 느낌이나 그 주제에 대한 이야기를 나누기 싫다는 것으로 해석되어 내담자는 거절당한 느낌을 갖게 된다. 이는 듣고 싶지 않은 말에 대해 귀를 막아버리는 것을 말한다. 그래서 상대방의 말을 듣긴 하지만 온전하게 듣지 못하는 것이다. 상대방이 분노나 슬픔, 불안에 대해 말할 때 그러한 감정을 인정하고 싶지 않거나 회피하고 싶은 마음이 생길 수 있다. 거절하는 태도는 흔히 자신의 약점이 노출되는 것을 막기 위해서, 혹은 불안해지는 것을 방어하기 위해 사용하게 된다. 어떠한 이야기든 간에 거절을 당하게 되면 일단 그 대화는 끊기게 된다. 친구가 어렸을 때 받은 상처에 대해서 이야기할 때, 어른이 되어서도 여전히 옛날 이야기만 하느냐고 말하거나, 그 시절에는 너만 힘들었던 것이 아니라 모든 사람이 다 힘들었다고 하면서 핀잔을 주면 상대방은 더 이상 할 얘기가 없어져버리고 우울해질 수밖에 없다.

그런 것은 이야기하기 싫어요. 그런 말 하지 마세요. 지금 시간이 바쁜데요.

말 돌리기

상담자가 화제를 일방적으로 돌려버리는 것은 내담자의 발언권을 빼앗는 것이나 다름없다. 내담자의 요구에 따라 대화를 진행해야 하며 상담자가 이야기 도중 불안해지거나 어려울 때는 대화를 중단하는 것이 좋다.

사례 : 친한 친구의 흡연에 대한 걱정 나누기

영희와 지수는 20년 넘게 친한 친구로 지내왔다. 담배를 피우지 않는 영희는 하루에 두 갑 정도 담배를 피우는 지수가 금연하도록 도와주려고 지난 몇 년간 여러 가지 시도를 했다. 그런데 지수의 기침은 날이 갈수록 심해졌다. 어느 날 영희는 지금까지 표현하지 못하고 묻어두었던 분노와 두려움을 갑자기 한꺼번에 쏟아냈다.

영희 : 지수야. 벌써 여러 번 이야기했지만 한 번 더 들어봐. 나는 그 망할 담배 때문에 네가 폐암에 걸려 죽을까봐 겁나 죽겠어! 넌 내 가장 친한 친구고, 정말 네가 오래도록 내 곁에 있어주면 좋겠어. 제발 내가 너를 야단친다고 생각하지 말아줘. 난 너를 야단치는 게 아니야! 정말 네가 걱정될 뿐이야.

지수 : 그래. 알았어. 네가 걱정하는 거 알아. 우린 오랫동안 가장 친한 친구로 지내왔으니까……

영희 : (부탁하면서) 담배를 끊을 생각이 있니?

지수 : 나도 내가 담배를 끊을 수 있었으면 좋겠어.

영희 : (자신의 부탁에 응하는 것을 가로막는 지수의 느낌과 욕구에 귀를 기울이면서) 또 실패할까봐 겁나서 끊는 것이 망설여지니?

지수 : 그래…… 내가 벌써 얼마나 많이 시도했는지 너도 알잖아…… 내가 담배를 끊지 못하기 때문에 사람들이 나를 못났다고 생각하는 것 같아.

영희 : (지수가 부탁하려는 것을 추측하면서) 나는 그렇게 생각하지 않아. 그리고 만약 네가 다시 시도하고 실패한다고 해도 무시하지 않을 거야. 나는 그저 네가 시도라도 했으면 해.

지수 : 고마워. 그런데 나는 너만 말하는 게 아니야…… 다른 사람들 말이야. 나는 사람들 눈빛만 봐도 알아. 나를 실패자라고 생각해……

영희 : (지수의 느낌을 이해하면서) 담배를 끊는 것도 힘든데, 남들이 너를 어떻게 생각하는지까지 걱정해야 하는 것이 벅차니?

지수 : 내가 담배에 중독되었을지도 모른다는 생각을 하기 싫어. 그리고 또 내가 나를 조절할

수 없다는 건 더 그렇고……

영희 : (지수와 눈을 마주치며, 이해한다는 뜻으로 고개를 끄덕인다. 지수의 마음속 깊은 느낌과 욕구에 대한 영희의 주위와 관심은 그의 눈과 침묵에 나타난다.)

지수 : 사실, 나도 담배를 피우고 싶지 않아. 공공 장소에서 담배를 피우려면 사람들 눈치를 보면서 피워야 하니…… 사람들 만나는 것도 싫어.

영희 : (계속 지수의 말에 공감하면서) 내가 보기에는 네가 정말 담배를 끊고 싶어도 또 실패할까봐 주저하는 것 같아. 그리고 또 실패하면 자신감을 잃게 되고, 그러면 너 자신을 네가 어떻게 보게 될지도 걱정하는 것 같은데, 그리고……

지수 : 그래, 그런 것 같아…… 나도 전에 누구한테도 이런 이야기를 한 적이 없어. 사람들이 내게 담배를 끊으라고 이야기하면, 나는 꺼지라고 말했지. 나도 담배를 끊고 싶었어. 하지만 사람들에게 그렇게 강요받고 싶지는 않아.

영희 : 나도 강요하고 싶지는 않아. 네가 성공하지 못할지도 모른다는 두려움을 떨치는 데 내가 어떤 도움이 될지 잘 모르겠지만, 네가 담배를 끊으려고 한다면 어떤 방법으로든 돕고 싶어. 내 말은 네가 원한다면 말이야……

지수 : 그래, 나도 끊고 싶어. 도와주려는 네 마음은 고마워, 하지만…… 내가 아직 마음의 준비가 안 되었다면, 그래도 괜찮겠니?

영희 : 괜찮고 말고. 네가 담배를 끊을 준비가 안 되었어도 나는 친구야. 단지 나는 너와 오랜 친구로 남고 싶을 뿐이야!(영희의 부탁은 강요가 아니라 진실한 부탁이었기 때문에 지수의 응답에 상관없이 영희는 지수와 우정을 유지하려는 목적을 잊지 않는다. 영희는 "그래도 나는 네 친구야"라는 말로 자율성을 지키려는 지수의 욕구를 존중한다. 이 말과 동시에 "더욱 더 오래 친구로 남고 싶어"라는 말로 좋은 관계를 유지하고 싶은 자신의 욕구를 표현한다.)

지수 : 그럼, 다시 한 번 해볼게…… 하지만 아직은 아무한테도 말하지 마. 알았지?

영희 : 당연하지. 담배를 언제 끊을지는 네가 정해. 아무한테도 말하지 않을 거야.

출처 : 로젠버그, 마셜(2004), 『비폭력 대화』, pp.131-133.

워크숍 4. 가치관 명료화

자신에게 가치 있는 사실을 발견하는 방법으로 보다 축소된 환경에서 자신이 중요하다고 느끼는 것을 경매놀이를 통해 나타내본다.

- **방법**

1,000만 원으로 다음 품목을 살 수 있다. 다음 열세 가지 품목 중에서 꼭 사고 싶은 것이 어느 것인지 우선순위에 따라 1위에서 5위까지 정한 후 1,000만 원을 할당한다. 원하는 품목의 최저 액수를 불러서 경매를 시작한다. 한 품목에 경매자가 나온 후 다섯까지 세는 동안에도 다른 경쟁자가 없으면 낙찰된다. 한 품목에 한 명 이상이 최고 액수로 사고자 할 때는 사기 원하는 이유를 듣고 대중이 결정한다.

순위	품목	할당액	낙찰자
	만족스러운 결혼 (결혼)		
	삶의 의미에 대한 이해 (지혜)		
	행복한 가족 관계 (가정)		
	가장 매력적인 사람으로 인정받음 (용모)		
	병 없이 오래 사는 것 (건강)		
	학습한 것은 모두 기억하고 이해 (지식)		
	진정한 사랑의 관계 (사랑)		
	일생을 보장하는 재정적 안정 (경제)		
	한 달간의 멋진 휴가 (쾌락)		
	원하는 대로 할 수 있는 자유 (자율성)		
	나라의 운명을 좌우할 수 있는 기회 (권력)		
	친구의 존경과 사랑 (우정)		
	부정과 속임이 없는 세상 (정직)		

워크숍 4 "가치관 명료화"를 통해 배우고 느낀 점은 무엇입니까?

워크숍 5. 집단 의사 결정

이 워크숍은 집단에서 자신의 의견을 얼마나 효율적으로 표현하고 타인의 의견을 얼마나 잘 경청하면서 의사 결정을 해나가는지를 확인할 수 있는 방법이다.

- **상황**

7월 중순 오전 10시경 당신이 탄 비행기가 사고로 미국 남서쪽에 있는 쏘노라 사막에 추락했다. 비행기 조종사와 부조종사가 있는 기통은 완전히 타버리고 뼈대만 남았다. 여객 중에는 아무도 피해를 입지 않았다. 조종사는 사고가 나기 전 비행기 상태를 보고하지 못했다. 추락한 장소는 해안으로부터 65마일 떨어진 곳으로 사람들이 가장 가까이 살고 있는 광산촌까지는 70마일 떨어진 곳이다. 그곳은 거의 불모지로 선인장류만 드문드문 보인다. 기온은 화씨 110도인데 지상 기온은 거의 130도(섭씨 약 50도)에 달하고 있었다.

- **진행 방법**

아래의 15종목의 물품은 당신의 생명을 구하기 위한 귀중한 물품들이다. 중요하다고 생각되는 물품을 순서대로 1위에서 15위까지 번호를 기입한다. 비행기에 탄 모든 여객은 언제나 함께 행동하기로 했다.

1단계 : 먼저 아무하고도 의논하지 않고 개인의 의견을 우선순위대로 1단계에 기입한다(5분 소요).

2단계 : 개인 의견을 기입한 후 그룹에서 의논하여 합의된 의견을 우선순위대로 기입한다(30분 소요).

3단계 : 진행자가 전문가의 정답을 발표한다.

4단계 : 1단계와 3단계의 차이(큰 수에서 적은 수 빼기)를 기입한 후 총점을 구한다.

5단계 : 2단계와 3단계의 차이를 기입한 후 총점을 구한다.

- **구체적 안내**

- 집단이 모여서 더 많은 자료를 수집하여 문제를 보다 분명히 분석하여 더 좋은 방법을 강구한다.

- 각 개인이 더 자유롭게 의견을 표현할 수 있도록 노력한다.
- 다른 사람들이 말하는 것을 귀 기울여 듣는다.
- 빨리, 쉽게 절충하거나 동의하는 것을 조심하고 언쟁을 피하라.
  상황의 모든 면을 깊이 생각하고 반대 이유도 충분히 들을 수 있어야 한다. 특별히 말하지 않는 사람에게서 얻도록 하라.
- 투표를 하지 말고 합의하여 결정하라. 그룹 순위를 정할 때 절대 다수의 찬성이 있을 수도 있고 없을 수도 있다. 따라서 어떤 경우에는 한 개인이 결정에 방해가 되기도 한다.

물품	1단계 (개인)	2단계 (집단)	3단계 (전문가)	4단계 (1-3)	5단계 (2-3)
6볼트 크기의 전지					
다용도 잭나이프					
지도					
비닐 비옷					
나침판					
약품 상자					
45구경 권총					
백색과 적색 낙하산					
정제소금 1,000정					
1인당 1리터의 생수					
책 한 권 : 사막에 사는 식용 동물					
1인당 색안경 1개씩					
보드카(술) 2병					
얇은 코트					
화장용 손거울					
총점					

조	1	2	3	4	5	6	7
집단 점수(5단계 총점)							
최고 개인 득점							
최저 개인 득점							
집단 점수보다 낮은 득점자 수							
집단 평균							
차이(집단 점수와 평균과의)							
순위							

워크숍 5 “집단 의사 결정”을 통해 배우고 느낀 점은 무엇입니까?

제4장

건강 상담과 건강 행동 변화 이론

실제적인 건강 상담에 앞서 건강 상담의 일반적인 목적이 무엇인지를 생각해볼 필요가 있다. 건강 상담은 보건 교육의 한 방법으로서 개인 또는 집단의 건강 행동을 바람직한 방향으로 유도하는 것을 목적으로 하고 있으며 일반적인 보건 교육보다 대상자 중심의 집약적인intensive 접근 방법이다. 즉 일반적인 보건 교육의 목적과 같이 행동 변화 및 수정을 궁극적인 목적으로 하고 있기 때문에 일반 보건 교육에서와 마찬가지로 건강 행동 변화와 관련된 제 이론들을 먼저 이해하고 주제별 건강 상담 각론으로 들어가는 것이 순서이다.

건강 상담에서 건강 행동 변화 이론의 필요성을 이해하고 건강 행동 변화를 설명하는 구체적인 요소들을 파악하는 데 도움이 되는 대표적인 이론으로는 건강 신념 모델health belief model, 이성적 행동 이론theory of reasoned action, 계획적 행위 이론theory of planned behavior, 사회적 인지 이론social cognitive theory, 범이론적 모델transtheoretical model이 있다.

1. 건강 상담에서 건강 행동 변화 이론의 역할

건강 행동 변화 이론이란 건강과 관련된 어떤 문제나 상황들을 설명하거나 예측하기 위해서 필요한 관련 변수들 간의 상호 관계, 개념, 가정 등을 일정한 체계적인 형상이나 명제로 구체화한 총체이다(Kerlinger, 1986). 건강 행동 변화 이론은 행동 특성을 설명하거나 행동 변화를 유도하는 방법을 제안하는 기능을 가지고 있는데, 이 기능에 따라 건강 행동 변화 이론들을 유형화할 수 있다. 설명적 이론explanatory theories은 문제 이론theory of the problem이라고도 하는데, 보건 행동과 관련된 상황에 있어서 왜 이 문제가 존재하는지를 규명 또는 설명하는 데 주로 적용된다. 이에 반해 변화 이론change theories은 행동 이론theory of action이라고도 하며, 건강 행동 변화를 유도하기 위한 중재 또는 프로그램 개발을 돕는 데 활용된다(Glanz, Rimer, & Lewis, 2002). 그러나 지금까지 개발되어 활용되고 있는 건강 행동 변화 이론들의 대부분은 문제 이론 또는 행동 이론 중 하나로 명확하게 구분되어 사용되기보다는 두 가지 목적 모두로 전환, 조정되어 활용되는 경우가 많다.

구체적으로 대표적인 건강 행동 변화 이론들이 건강 상담 기획, 개발, 수행, 평가 활동 전반에 걸쳐서 어떠한 역할을 하는지 알아둘 필요가 있는데, 이는 사업 개발과 사업 수행 결과에 다음과 같은 중요한 근거를 제공하기 때문이다.

현실적인 결과 설명의 근거가 된다

현재 내담자가 가지고 있는 건강 행동 수준이나 양상이 무엇에 의해 야기된 것인지, 어떠한 요인들이 이러한 행동에 영향을 미치는지를 찾아 이론적인 차원의 설명을 하는 데 중요한 근거가 된다.

상담 효과 예측의 근거가 된다

상담 프로그램을 계획하는 데 있어서 프로그램 완료 후의 효과에 대한 예측은 필수적이다. 계획하려는 상담 프로그램과 비슷한 기존의 프로그램들에서 얻어졌던 일반적인 효과 수준을 기준으로 현재 계획 중인 프로그램의 차이가 무엇인지에 따라 본 프로그램의 효과를 예측해보게 되는데, 이때 이론은 계획 중인 프로그램 특성에 따른 효과 측정 및 측정 내용 개발의 중요한 근거가 된다. 또한 나아가 목표 수준의 효과를 얻기 위해서 강화해야 할 부분이 무엇인지를 찾는 데에도 건강 행동 변화 이론은 유용한 근거를 제공한다.

상담 목표 설정의 근거가 된다

모든 상담이나 교육 프로그램에는 각 프로그램이 기반으로 하고 있는 이론적 근거가 있다. 이 이론적 근거로 어떤 건강 행동 변화 이론을 설정하게 되면, 설정한 건강 행동 변화 이론에 입각하여 본 상담 프로그램의 목표를 수립하고 점검하는 기준을 확보할 수 있으며 이는 상담 프로그램 기획 과정을 보다 명료하고 수월하게 할 수도 있다.

상담 내용과 방법 선정의 근거가 된다

일단 하나 이상의 건강 행동 변화 이론에 근거하여 상담 프로그램의 목표를 설정하고 나면 이에 따라 프로그램의 목표–내용–방법–평가 간의 일관성을 유지하기 위해서 수립된 목표와 평가 기준에 부합하도록 상담 내용의 편성과 상담 방법의 선택이 이루어지게 된다. 이 과정 중에 상담 프로그램의 목표와 평가의 근간이 되었던 건강 행동 변화 이론을 기반으로 그 내용과 방법을 선정하고 점검하게 된다.

2. 건강 신념 모델

배경

건강 신념 모델health belief model, HBM은 지난 반세기 동안 전 세계적으로 건강 행동을 설명하는 개념적인 활동 부문에서 가장 널리 활용되어왔다. 1950년대 미국 질병관리본부의 보건학과 심리학 전공의 연구자들이었던 Hochbaum, Rosenstock, Strecher, Becker 등이 질병의 조기 발견과 예방을 위한 사업에 참여하지 않는 사람들의 특성을 설명하기 위해서 개발한 것이다(Rosenstock, 1974). 이 당시 미국에서는 폐결핵이 주요한 지역 사회 보건 문제였는데 폐결핵 발생률을 감소시키고자 폐결핵 환자의 조기 발견과 치료를 위해 지역 사회 단위로 X-선 검사를 무료로 시행하는 한편, 주민들의 X-선 검사 접근도를 높이기 위해 검사 시스템을 갖춘 차량을 이용한 이동 검사 서비스를 제공했다. 이러한 적극적인 서비스 제공에도 불구하고 검사 대상 인구의 일부는 여전히 검사에 참여하지 않는 것에 대하여 검진 행동을 실천하지 않는 사람들의 특성과 관련 요인들을 설명하기 위한 대규모 설문 조사가 실시되었으며 그 결과 분석을 토대로 초기 건강 신념 모델이 개발되었다.

건강 신념 모델의 초기 모형은 그 당시 가장 널리 알려졌던 두 개의 학습 이론인 자극-반응 이론stimulus response, S-R theory과 인지 이론cognitive theory에 근거를 두고 있다(Hull, 1943; Lewin, 1951). S-R 이론에 의하면 학습은 어떤 행동을 유발하는 심리적 충동을 억제시키는 사건에 의해 이루어진다. '행동의 아버지'라 불렸던 Thorndike는 개에게 먹이를 줄 때마다 일정한 조건에 노출시키고 이에 대한 반응에 따라 상과 벌의 형태로 피드백을 반복적으로 실시하는 실험 연구를 했다. 그리고 이 학습이 이루어지는 조건을 증명하는 실험을 통해서 S-R 이론을 발전시켰다. 즉 학습은 교육자가 계획된 문제 또는 환경을 제시하고 이에 대한 학습자의 반응에 따라 상과 벌을 주는 상황을 반복함으로써 의도하는 행동 변화가 이루어진다는 것이다. 이 이론에 의하면 행동을 설명하는 데 사람이 가지고 있는 고유한 특성인 '생각'이나 '이성'이 거의 고려되지 않는다.

반면, 인지 이론가들은 행동 변화 및 결정에 대한 개인적인 가정hypothesis과 기대expectation의 역할을 강조했다. Lewin은 행동이 개인person과 개인이 인지하는 환경perceived environment 사이의 상호 작용에 의해 결정된다고 했다. 즉 행동 변화로 인해 야기되는 결과outcome를 보는 개인적 가치value와 그 행동 변화 이행에 대해 주관적으로 인식하는 기대치expectation의 조합에 의해서 결정된다는 것이다. 일반적으로 결과에 대한 주관적 가치와 그 결과를 얻기 위해 감수해야 할 대가에 대한 지불 가능성을 행동 변화 결정의 중요한 축으로 보는 이론들을 'value-expectancy' 이론이라고 한다. 건강 신념 모델은 'value-expectancy' 이론에 속하여 크게 질병을 예방하거나 건강해지고 싶은 내적 가치value와 그것을 얻기 위해 주관적으로 동원 가능한 행동 변화의 수준이나 기대치expectation의 조율에 의해 결정된다는 이론적 기반을 가지고 있다.

구성 요소

건강 신념 모델은 4개의 주 요소와 3개의 조정 요소로 구성되어 있다. 4개의 주 요소는 인지된 민감성perceived susceptibility, 인지된 심각성perceived severity, 인지된 이익perceived benefits, 인지된 장애perceived barrier이며, 이 4개의 주 요소를 중심으로 조정 요소에 해당하는 것이 개인적 특성demographics, 행동의 계기cue to action, 자기 효능감self-efficacy이다.

인지된 민감성은 어떤 질병에 걸리거나 건강 상태에 처하게 될 위험에 대한 개인적인 인식을 의미한다. 즉 특정 질병 또는 건강 상태에 이르게 될 가능성에 대한 주관적인 인식이다. 인지된 심각성은 어떤 질병에 걸리거나 그 질병을 치료하지 않고 그대로 둘 때 야기될 의학적 결과들, 또는 그로 인해 발생할 사회적 결과들이 개인에게 미칠 심각성에 대한 주관적인 감정을 의미한다. 인지된 민감성과 인지된 심각성 요소를 합하여 '인지된 위협perceived threat'이라 하기도 한다.

인지된 이익은 인지된 민간성과 심각성을 기반으로 판단하여 특정 질병이나 건강 상태를 벗어나기 위해 바람직한 건강 행동을 행했을 때 얻을 것으로 기대되는 건강 관련 이익과 비건강 관련 이익을 말한다. 건강 관련 이익은 예컨대 금연 행동의 실천으로 인해 건강 상태가 향상된다거나 폐암에 대한 위협감이 감소하는 것 등이 해당되고 비건강 관련 이익은 금연으로 인한 지출 감소 등이 해당된다. 인지된 장애는 바람직한 행동을 실천하는 데 장애 요인으로 작용할 가능성이 있는 특정 건강 행동의 부정적인 특성을 말한다. 예를 들어, 암 조기 검진 행동에 대해 행동 이행에 필요한 검진 비용이 부담이 된다든지, 직장에서 검진받을 시간을 제대로 내기 어렵다든지 하는 것이다.

이 4가지 주 요소의 작용을 중심으로 개인이 가지고 있는 특성이나 개인의 행동 변화에 일시적인 자극을 제공하는 행동의 계기, 그리고 나중에 추가된 어떤 행동 변화를 성공적으로 이행하는 데 대한 주관적으로 판단하는 개인의 능력인 자기 효능감을 조정 요소로 하여 건강 신념 모델을 구성하고 있다.

건강 신념 모델은 그림 4-1처럼 개인의 건강 행동은 개인의 인지 영역 안에서 이익과 손해 측면의 계산, 즉 행동 변화를 이행하지 않았을 때 얻게 되는 질병 측면과 행동 변화를 채택하게 될 때 부딪히는 불편감 및 이익에 대한 의사 결정 과정을 통해서 결정된다는 기본 전제를 가지고 있다. 지금까지의 경험과 주변 환경에 의해 형성되는 개인이 인지하는 해당 질병에 걸릴 가능성, 그 질병이 개인의 삶에 미치는 심각성 인지 정도, 해당 질병을 예방하기 위해 건강 행동을

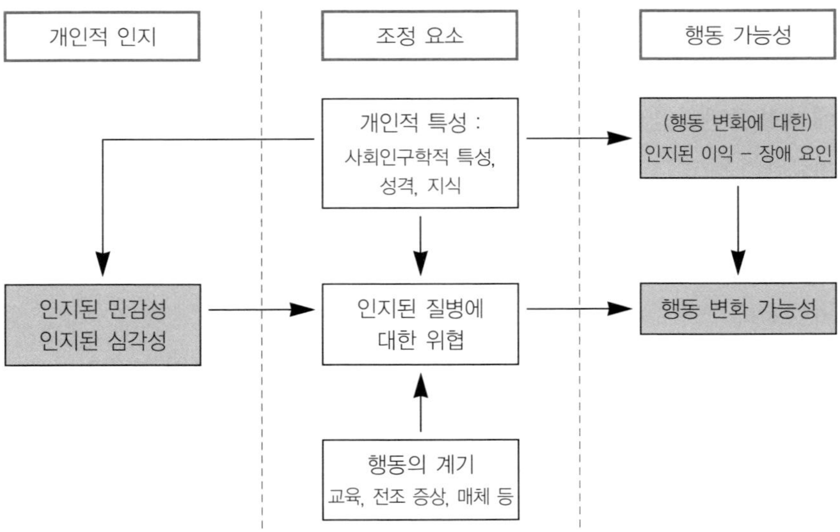

그림 4-1 건강 신념 모델

변화시킨다고 할 때 감수해야 할 불편감과 비용 정도, 그리고 바람직한 건강 행동 실천을 통해 얻게 되는 이익이 이 의사 결정 과정에 핵심적인 역할을 한다.

활용의 장단점

건강 신념 모델은 지금까지 개발되고 활용되어온 건강 행동 관련 이론들 중에서 가장 널리 활용된 모델로서, 특히 질병 예방 행동과 환자 역할 행동sick-role behavior을 설명하거나 예측하는 데 널리 활용되어왔다. 미국을 비롯한 서구 지역에서 건강 신념 모델의 주 요소들을 중심으로 실제 연구를 통해 이들의 건강 행동 설명력을 종합적으로 고찰한 결과, 4개의 주 요소 중에서 인지된 장애가 단일 요소로는 가장 설명력이 높은 것으로 분석되었다(Janz & Becker, 1984). 그 다음이 인지된 민감성과 인지된 이익이었는데, 인지된 민감성의 경우는 환자 역할 행동보다는 예방 행동을 예측하는 데 좀더 설명력이 높은 경향이 보고되었다.

건강 신념 모델의 장점은 대상 중심으로 볼 때, 특히 어린이와 노인의 건강 행동에 좀더 잘 적용되며 특정 건강 행동을 설명하고 예측하는 데뿐만 아니라 교육이나 중재 프로그램 운영에도 잘 적용되어 활용의 폭이 넓다는 것이다. 또한 위에서 언급한 바와 같이 질병 예방 행동으로서의 검진 행동screening behavior과 환자 역할 행동으로서의 순응 행동compliance을 설명하는 데 예측력이 높은 것으로 알려져 있다. 건강 신념 모델 이후에 건강 신념 모델을 보완하거나 이와는 다른 관점에서의 이론이나 모델들이 많이 개발되기 시작했고, 이 이후에 개발된 이론들은 대부분 건강 신념 모델의 구성 요소나 기본 가정에 영향을 받아서 개발된 경우가 대부분이다. 따라서 다른 건강 행동 변화 이론들과 그 기본 가정, 구성 요소, 내용 등에서 일관된 점이 많기 때문에 함께 보완적으로 적용하기에 용이하다. 실제로 많은 연구들에서 다른 이론들과 함께 많이 적용되어왔기 때문에 이론적 · 실증적 타당도가 높은 장점을 가지고 있다.

단점으로는 인간의 행동 변화를 감정이나 이익 또는 불편감 등 즉흥적인 반응으로 보았기 때문에 인간의 '이성'이나 '사고'의 작용을 과소평가했다는 지적을 받고 있다. 또한 행동 변화를 설명하는 주 요소를 제시했다는 측면은 의미 있지만 이들 간의 관련성은 이론적으로 명확치 않고 실증적으로도 일관된 결과가 없다. 또한 검진 행동, 의료진의 지시에 대한 순응과 같은 비교적 행동 변화의 결과를 빨리 확인할 수 있는 사례에는 잘 적용되지만 흡연이나 음주와 같이 반복적이고 지속적으로 이루어지며 나중에 건강 수준에 영향을 미치는 만성적 건강 행동 변화에는 상대적으로 설명력이 낮다는 점이 지적되었다.

3. 이성적 행동 이론과 계획적 행위 이론

배경

이성적 행동 이론theory of reasoned action과 계획적 행위 이론theory of planned behavior은 각각 1960년대와 1970년대에 걸쳐 건강 신념 모델이 가지고 있는 구조적인 제한점을 보완하고자 Fishbein & Ajzen에 의해서 개발되었다. 먼저 개발된 이성적 행동 이론은 건강 신념 모델이 폐결핵, 즉 전염성 질환에 대한 예방 행동 데이터를 기반으로 개발되어 질병 예방 행동을 설명하는 데 보다 적합했는데, 사회적으로 점차 전염성 질환보다 비전염성 만성 질환이 우세하게 되면서 장기적으로 지속되는 건강 행동을 설명하는 데에는 잘 맞지 않는 경우가 생기게 되었다. 또한 의사 결정 인지 과정에서 변화에 따른 손해나 이득에 대한 계산과는 별개로 인간이 가진 속성 중에 옳은 것을 선택하고 유지하고자 하는 '의지intention' 부분이 고려되지 않았다는 측면에서 이를 보완한 새로운 이론으로서 먼저 이성적 행동 이론이 제시되었다(Fishbein, 1993). 이성적 행동 이론의 기본 가정은 '인간은 이성적rational 행동가'라는 것으로, 목적을 가지고 행동 변화를 추진하는 행동적 의지intention에 중점을 두어 고안되었다.

계획적 행위 이론은 Ajzen과 그 연구팀에 의해서 이성적 행동 이론을 보완한

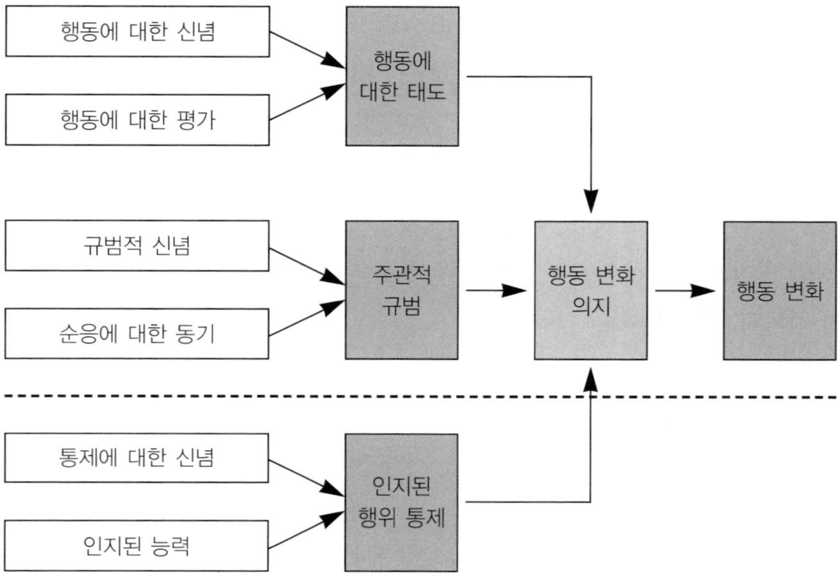

그림 4-2 이성적 행동 이론과 계획적 행위 이론

확장된 이론으로서 제시되었다. 즉 행동 변화 의지를 결정하는 데 이성이나 규범적 측면뿐만 아니라 자신의 행동 변화에 필요한 주관적 능력이 중요한 역할을 한다는 측면에서 이성적 행동 이론의 확장 개념으로 제시되었다.

구성 요소

이성적 행동 이론은 크게 두 개의 독립변수군이 행동 변화 의지에 영향을 미치고 이 행동 변화 의지 정도가 행동 변화를 결정하는 구조로 구성되어 있다. 그림 4-2의 점선 윗부분에 해당하는 이성적 행동 이론은 두 개의 독립변수군, 즉 개인의 행동에 대한 태도와 주관적인 규범이 특정 행동 변화 의지를 결정한다. 행동에 대한 태도는 행동 변화 자체와 그 행동의 결과에 대한 개인적 신념에 해당하는 '행동 신념'과 어떤 행동 변화로 인해 나타나는 결과를 개인적으로 판단한 가치를 의미하는 '평가'로 구성된다. '주관적 규범' 변수는 '규범적 신념'과 '순응 동기'의 두 가지 하위 요소로 개념화된다. '규범적 신념'은 자신의 행동과 생각을 결정하는 데 많은 영향을 미치는 가까운 인물들이 행동 변화를 어떻게 받아들일 것인가에 대한 믿음이며, '순응 동기'는 나의 의사 결정에 결정적인 영향을 미치는 사람들이 생각하거나 결정한 대로 행동하고자 하는 동기에 해당한다. 즉 행동에 대한 태도와 주관적 규범이 행동 변화 의지에 영향을 미치고 변화된 의지 수준에 따라 행동 변화 가능성이 결정된다는 체계로 구성되어 있다(표 4-1).

따라서 개인의 행동 변화를 결정하는 주 원동력은 건강 신념 모델에서의 손해와 이득의 계산보다는 개인의 내면에 평소 형성되어 있는 그 행동에 대한 태도와 행동 변화에 대해 주변의 가까운 사람들이 자신을 어떻게 볼 것인가에 대한 내적 규범이며, 이 태도와 규범이 행동 변화에 대한 개인의 의지 정도를 결정하기 때문에 인간의 특성 중 감정이나 이익에 대한 동요보다는 이성적인 특성이 강조되었다.

여기에 계획적 행위 이론은 스스로 판단하는 개인의 행동 통제 능력이 추가된 형태로서, 그림 4-2에서 점선 아랫부분까지 확대된 형태이다. '인지된 행위 통제'는 통제에 대한 신념과 인지된 능력의 두 변수로 설명된다. '통제에 대한

표 4-1 이성적 행동 이론과 계획적 행위 이론 구성 요소의 개념

요소construct	변수variable	개념definition
행동 변화 의지		그 행동을 실행하려는 의지의 정도
행동에 대한 태도	행동에 대한 신념	그 행동 수행과 관련된 속성 및 결과에 대한 주관적 믿음
	행동에 대한 평가	그 행동 수행 특성과 결과에 대한 가치
주관적 규범	규범적 신념	참고자가 그 행동 변화를 어떻게 받아들일 것인가에 대한 믿음
	순응에 대한 동기	참고자가 믿고 판단하는 대로 실행하고자 하는 동기
인지된 행위 통제	통제에 대한 신념	그 행위 이행에 도움 또는 방해가 되는 상황이 발생할 가능성에 대한 주관적 믿음
	인지된 능력	그 행위 이행을 쉽게 또는 어렵게 만드는 데 기여하는 각 요인의 영향력의 크기

신념'은 의도하는 행동 변화에 도움이 되거나 혹은 방해가 되는 상황이 발생할 가능성에 대한 주관적인 믿음을 말하며, 인지된 능력perceived power은 의도하는 행동 변화를 수월하게 또는 그 반대로 어렵게 하는 데 기여하는 요인들의 영향력을 말한다. 우리는 어떤 행동 변화의 필요성을 충분히 인지한 상태에서도 그 행동 변화가 많은 비용과 불편감을 동반한다는 것을 인식하게 되면 내가 인지하는 나의 능력이 이 모든 불편감과 비용을 감수할 수 있는지 평가하고 나의 능력이 이보다 적다고 판단될 경우에는 시도하지 않거나 쉽게 포기해버리는 경우가 많다. 행동 변화의 당위성과 이 행동 변화를 성공적으로 이행하기 위해 필요한 능력을 동시에 고려함으로써 행동 변화 의지가 결정되는 것이다.

활용의 장단점

이성적 행동 이론과 계획적 행위 이론은 건강 신념 모델이 취약했던 이성과 의지 부분을 보완했다는 점에서 우선적인 의미가 있다. 이성적 행동 이론의 경우 어떤 건강 행동에 대한 설명과 중재 모두에 활용이 가능하다는 활용상의 장점이 있으며, 건강 신념 모델보다는 단기 건강 행동 변화뿐 아니라 장기적인 건강 행동을 설명하는 데에도 적절하여 만성 질환과 관련된 행위를 설명하거나 예측할 때 용이하다. 특히 건강 행동을 실천하기 이전의 실천을 위한 '의지' 개념을 독립적으로 구체화했으며 각 독립변수들과 매개변수들을 실제 연구에서 측정, 평가하는 방법이 구체적으로 개발되어서 적용에 수월한 면이 있다. 반면, 건강 신념 모델과 마찬가지로 요소 간 관련성 부분이 모호하고, 인지나 사고 등 내적인 측면에 초점을 맞추어 외부 상황이나 환경의 변화에 따른 영향을 거의 고려하지 않았다는 지적을 받고 있다.

계획적 행위 이론은 이런 외부 환경이나 개인의 능력 등에 대한 고려가 이성적 행위 이론보다 보완된 형태로서, 외부 환경에 대한 주관적 통제력이 잘 구현되었다. 또한 중재 프로그램의 평가가 포함된 사업이나 연구에 잘 적용된다는 장점이 있으며, 특히 운동 행위와 관련된 연구에 널리 적용되어 왔다. 그러나 단점으로 이성적 행동 이론과 마찬가지로 이론 내에 포함되어 있는 요소 간 관련성이 명료하지 않고 이성적 행동 이론보다는 상대적으로 행동 변화에 대한 설명력이 낮은 경향이 있어서 그 활용도도 높지는 않다. 이성적 행동 이론이나 계획적 행위 이론 모두 개인이 가진 이성, 의지, 능력 등의 측면이 강조되어 어린이나 노인 또는 교육 수준이 낮은 대상자들에게는 상대적으로 적용이 어려운 것이 취약한 점이어서 성인 또는 교육 수준이 높은 대상자들에게 보다 적합하여 적용 대상에 있어서 제한점이 있다.

4. 사회적 인지 이론

배경

사회적 인지 이론social cognitive theory은 건강 행동에 영향을 주는 심리사회적 요인들 간의 상호 관계와 행동 변화를 촉진하는 데 필요한 방법 측면에서 건강 증진 사업에 기여한 바가 크다. 개인의 행위가 독립적인 외부 요인에 의해서 영향을 받고 결정되는 것이 아니라 개인적 특성, 그 주변의 환경적 특성과 함께 계속적으로 서로 영향을 주어 변화받고 변화시키는 관계를 형성한다는 '상호결정론'적 입장에 그 근본 배경을 두고 교육심리학자 Bandura에 의해서 개발되었다.

사회적 인지 이론은 1962년 Bandura가 사회적 학습과 모방에 관한 연구를 수행하면서 개발되었다. 아동이 다른 아동을 관찰하는 과정에서 새로운 행동을 습득할 수 있음을 발견하고 학습을 위해서 반드시 즉각적인 보상이 주어질 필요는 없다는 주장을 하면서 본격화되었다(Bandura, 1997). 이 때문에 사회적 인지 이론은 처음에 사회적 학습 이론social learning theory이라는 이름으로 불리웠는데, 개인이 가지고 있는 인적 특성을 근간으로 개인을 둘러싼 주변 환경 내의 다양한 경험들이 직·간접적으로 끊임없이 서로 상호 작용을 하고, 이 작용들에 따라 개인의 행위가 변화한다는 것이다. 이후 여러 학자들의 지적을 통해 이전에 언급했던 '학습'은 주로 개인의 '관찰'을 통해 이루어지는 것이므로 보다 정확한 표현인 '인지'로 수정하면서 사회적 인지 이론으로 개칭되었고, 이에 따라 개인이 주변 환경을 통해 직면하는 다양한 경험들이 개개인에게 어떻게 '인지'되는지에 따라서 개인의 행위 특성이 변화하고 결정된다고 했다.

Bandura는 아동의 학습에 있어서 관찰의 중요성을 기반으로 하는 연구를 계속하면서 다양한 사회적 변화 특성을 뒷받침하는 요소로서 자기 효능감을 제안했으며 개인의 삶을 통제하는 한 매개체로서 인간의 행동을 이해하는 입장에서 사회적 인지 이론을 확립했다(Bandura, 1995, 2001). 사회적 인지 이론은 특히 보건 교육의 행동 변화 프로그램과 관련이 깊다. 우선적으로 행동 변화를 이해하는 데 인지적 · 감성적 · 행동 변화론적 입장이 통합적으로 접근되었기 때문이며, 보건 교육에서 새로운 행동 변화를 위한 시도와 연구의 다양한 가능성을 사회적 인지 이론의 구성 요소와 과정들에서 포괄적으로 제시하고 있다.

구성 요소

Bandura의 사회적 인지 이론은 크게 개인적 특성, 행위 특성, 환경 특성으로 구분되며, 이들 간의 상호 관계에 영향을 미치는 다양한 요소들이 개입한다. 개인의 행위에 영향을 미치는 환경 특성은 크게 사회적 환경, 물리적 환경, 조직적 환경으로 나누어지는데, 사회적 환경은 사회적 지지, 주변의 설득, 사회적 규범, 관찰 학습 경험 요인을 포함하고, 물리적 환경으로는 시설, 설비, 규제, 이웃의 구성 등을 예로 들 수 있으며, 조직적 환경으로는 정부, 교회, 학교, 클럽, 직장 등 개인이 소속될 수 있는 다양한 조직 체계를 의미한다.

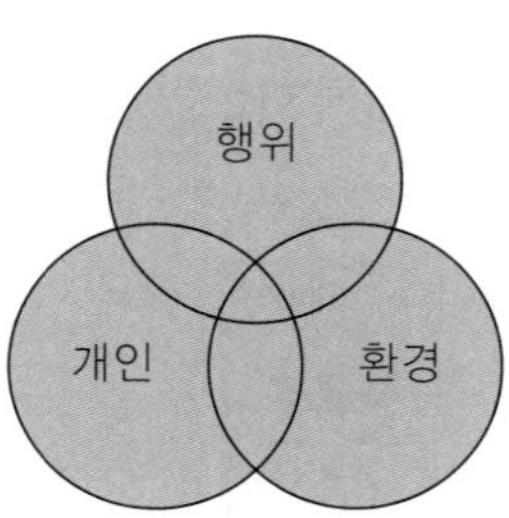

그림 4-3 사회적 인지 이론의 기본 가정

사회적 인지 이론에 포함되어 있

는 건강 행동은 개인의 건강 위험이나 건강 보호와 관련된 행동의 특성으로서 행동 유형, 행동 빈도, 행동 지속 기간, 행동 강도, 행동의 복잡성 등 다양한 측면에서 논의될 수 있다. 개인적 특성은 좁은 의미의 개인의 인구사회학적 특성뿐만 아니라 인지적 개념들을 많이 포함하고 있다. 예를 들어, 행동 변화 가능성, 행동 변화에 대한 기대, 행동 변화에 따른 결과에 대한 기대, 자기 효능감 등이 포함될 수 있다. 이중 특히 자기 효능감 요인은 Bandura 이후 많은 보건 행동 변화 이론과 모델들을 보완하는 핵심적인 요소로서 활용되어왔으며 실증적인 측면의 관련 연구들에서도 개인의 행동 특성을 설명하는 요인들 중 단일 요인으로서 그 설명력이 매우 유의미한 것으로 알려져 있다.

활용의 장단점

사회적 인지 이론은 생애 주기별로 어린이와 청소년 등 주변 인물들과 환경에 민감한 인구 집단의 행동 변화를 설명하고 예측하는 데 널리 활용되어왔다. 실제 활용 범위도 넓어서 행동 변화를 설명하고 예측하는 영역뿐만 아니라 중재 프로그램을 개발하고 평가하는 영역에도 적용이 잘 된다. 또한 개인의 행동과 환경과 개인적 특성이 서로서로 관련되어 있다는 기본적인 가정을 가지고 있어서 실제 지역 사회 건강 증진 사업에서 개인의 행동 변화를 위해 두 개 이상의 다면적 중재 접근을 구상하는 데 중요한 이론적 기반이 된다. 또한 인적 측면이 강조된 이론에서는 환경 및 상황적 측면이 약화된 경우가 많고 또 그 반대의 경우도 많은데, 사회적 인지 이론은 인적 특성과 환경적 특성에 대한 고려가 균형 있게 다루어진 장점이 있다.

반면, 기본 가정은 세 개 영역으로 간단해 보이지만 각 영역에 속하는 하부 요소들이 많기 때문에 실제 연구에 적용하기 위하여 구현할 때는 가시적이고 평가 가능한 형태로의 조정이 쉽지 않으며 세부 요소 간 관련성이 전반적인 차원에서는 제시되었지만 여전히 모호하여 사실상 실제 사업이나 연구에서는 세부 요소 간 관련성 파악은 거의 이루어지기 힘든 단점이 지적된다.

5. 범이론적 모델

배경

범이론적 모델transtheoretical model and stages of change은 Prochaska & DiClemente에 의해 1970년대 후반에 개발된 모델로서, 개인의 행동 변화 예측이나 설명에도 활용되어왔지만 이보다는 건강 행동 변화를 위한 중재 프로그램 개발이나 중재 연구에 많이 활용되어왔다. 범이론적 모델은 그동안 활용되어온 주요한 행동 변화와 심리 치료 이론들을 비교 분석하는 통합적 연구 과정을 통해 개발되었기 때문에 '모든 이론들을 꿰뚫는' 일관된 속성을 내포한다는 의미의 범이론적 모델이라는 이름을 얻게 되었다(Prochaska, 1979). 범이론적 모델은 대부분의 이론이나 모델들이 안고 있는 어려움 중의 하나인 이론이나 모델이 가지고 있는 이론적인 개념을 실제 연구에 변환하는 구현성operationalization 문제를 상당 부분 해소하여 실제 적용에 있어서 상대적인 장점을 가지고 있으며 이 때문에 단기간 동안 건강 신념 모델과 함께 가장 많이 활용되어온 모델로 지목되고 있다(Prochaska & DiClemente, 1983). 범이론적 모델은 특히 건강 행동 전반에 걸쳐서 그리고 정신 건강 행동 분야에서 널리 활용되었는데, 예를 들어, 흡연을 비롯하여 음주와 약물 남용, 불안과 공황 장애 행동, 비행, 섭식 장애 행동, 비만, HIV 예방 행동, 유방암 검진 행동, 약 처방 순응 행동 등 그 활용 범위가 매우 다양하고 넓다.

구성 요소

범이론적 모델은 모든 건강 행위의 변화는 같은 양상이나 방향이 아니라 몇 개의 특성으로 유형화된다는 데 착안하고 있다. 즉 모든 행동은 이전에는 하지 않던 행동을 새롭게 도입하여 시작하는 유형initiation, 지금까지 하고 있던 행동을 일부분 또는 특정 방향으로 수정하는 유형modification, 또 지금까지 하고 있던 행동을 멈추고 더 이상 하지 않는 유형cessation으로 나누어 어떠한 유형으로 행동 변화를 할 것인가에 따라 변화의 유형과 단계를 세부적으로 계획하고 각 단계별로 보다 적절한 중재 프로그램을 제공하여 행동 변화의 향상을 도모한다는 것이다.

이러한 기본 개념 아래, 범이론적 모델은 크게 변화 단계stages of change, 의사결정 균형decisional balance, 자기 효능감self-efficacy, 변화 과정processes of change 요소군으로 구성되며 각 요소군 아래 세부 요소들이 존재한다. 전체적인 범이론적 모델의 구성은 이와 같지만 실제 연구나 사업에 적용될 때는 이 모든 구성 요소들이 동원되는 것이 아니라 일부가 활용되거나 특히 변화 단계 부분이 주로 활용되었었기 때문에 범이론적 모델을 흔히 변화 단계 이론으로 대치하여 부르는 경우도 많다.

범이론적 모델에 포함된 변화 단계는 총 5단계로 구성되어 있다. 각 단계는 어떤 행위를 비로소 인지하는 경우, 어떤 행위를 새롭게 시작하는 경우, 좀더 바른 방향으로 조정하는 경우, 이전에 하던 행위를 끊는 경우 등으로 나누어진다. Prochaska는 이를 단계별로 고려전 단계precontemplation, 고려 단계contemplation, 준비 단계preparation, 이행 단계action, 유지 단계maintenance로 명명하여 변화 단계를 확립했다. 또한 유지 단계 이후에 변화 이전의 행동 상태로 역행하는 경우에 대해 보조적인 단계로 '재발 단계relapse'를 두어 6단계로 소개하기도 하지만 여섯 번째인 재발 단계는 보조적인 것임을 밝혀둔다.

고려전 단계는 앞으로 일정 기간 이내에 현재의 행위를 변화시킬 의도가 전혀 없는 단계로서 대상 행위의 종류에 따라서는 그 기간이 3개월에서 6개월 또는 1년으로 조정될 수 있으며 가장 많이 적용된 금연 행위의 경우는 보통 6개월을 기준으로 한다. 그 다음이 고려 단계로서 앞으로 일정 기간 이내에 현재의 행위를 변화시키려고 고려하고 있는 단계이며, 준비 단계는 현재의 행위를 변화시키기 위해서 구체적인 준비와 관련 정보를 수집하는 단계이다. 이행 단계는 실제로 행위 변화를 실행에 옮겼으며 실행에 옮긴 지 일정 기간이 지나지 않은 상태로서 아직은 행동 변화가 불안정한 상태이다. 마지막 유지 단계는 행동 변화를

시간 ⟶

고려전 단계 precontemplation	고려 단계 contemplation	준비 단계 preparation	이행 단계 action	유지 단계 maintenance
앞으로 6개월 이내에 행위를 변화 또는 이행할 생각이 없는 단계	앞으로 6개월 이내에 행위를 변화하려고 고려하고 있는 단계	행위를 변화시키려고 필요한 것을 준비하는 단계	행위 변화 개시하고 변화된 행동을 유지한 지 6개월 이내의 단계	행위 변화를 개시하고 6개월 이상 유지하고 있는 단계

⟹ 종결

그림 4-4 범이론적 모델의 5가지 변화 단계

실천에 옮겨 일정 기간이 지나 습관화가 이루어지고 있는 단계를 말한다.

각 행위 변화 단계는 유동적으로 전진과 후진을 자유롭게 할 수 있으며 한 단계에서 다른 단계로의 이동은 크게 행동 변화 이행에 대한 의사 결정 균형과 자기 효능감 수준에 의해 결정된다. 의사 결정 균형은 행동 변화로 인해 직면하는 이득pros과 손해cons 측면으로 설명되며, 자기 효능감은 다양한 외부 상황과 환경에 대해 의도한 건강 행동을 잘 수행할 수 있는지에 대한 주관적 확신confidence과 그와 반대로 건강 행동을 포기하거나 건강 위험 행동에 기울게 하는 유혹temptation 인지 정도로 구성된다.

또한 변화 단계의 이동을 결정하는 의사 결정 균형과 자기 효능감에 영향을 미치는 요소들이 있는데 이들을 변화 과정processes of change으로 규정한다. 이 변화 과정은 실제로 각 단계를 변화시키는 원동력의 역할을 하기 때문에 행동 변화의 상위 단계로의 이동을 촉진하기 위해서는 변화 과정에 속한 세부 요소들을 활용하여 의사 결정 균형과 자기 효능감 수준을 긍정적인 방향으로 강화하는 방법으로 교육 중재 계획 및 개발에 활용된다.

기본 가정

범이론적 모델은 적용과 활용에 있어서 다음과 같은 기본 가정을 기반으로 하고 있다.

첫째, 어떠한 복합적인 행동 변화 현상도 단일 이론으로 설명될 수 없다.

둘째, 행동의 변화는 시간과 함께 진행되는 연속적인 과정이다.

셋째, 행동 변화의 단계는 각 단계별로 어느 정도 안정적인 동시에 단계 사이는 폐쇄적인 것이 아니라 언제나 변화가 가능하도록 개방되어 있다.

넷째, 계획된 중재나 간섭이 없이는 인간은 어떤 행동에 있어서 그들의 단계를 좀처럼 벗어나지 않는다.

다섯째, 각 단계에는 각 단계에서의 이동에 용이한 특정 변화 과정 요소의 적용이 필요하다. 즉 모든 단계에 보편적으로 적용되어 동일한 효과를 내는 변화 과정 요소는 없다. 모든 변화 과정 요소의 효과는 단계별로 다르다.

여섯째, 대부분의 위험에 처한 사람들 또는 행동 변화가 필요한 사람들은 스스로 행동 변화를 준비하지 않는다. 즉 외부적으로 지원이나 지지를 통해 행동 변화를 유도해야 할 필요성이 있다.

활용의 장단점

앞서 언급한 바와 같이 범이론적 모델은 그 적용 내용과 범위가 광범위하다. 특히 특정 위험 행동이나 건강 행동을 중심으로 대상자들의 수준을 분류할 때, 각 변화 단계의 특성을 규명하고 그에 맞는 변화 과정 요소를 설명할 때, 중재 프로그램을 개발할 때, 그리고 행동 변화의 전반적인 과정을 가시적으로 설명할 때 그 활용도가 높다.

범이론적 모델의 장점은 우선 적용 가능한 행동의 범위가 넓다는 것이다. 즉 건강에 유익한 행동뿐만 아니라 건강 위험 행동의 변화에도 얼마든지 적용이 가능하며, 오히려 성 행동이나 약물 남용 등에 대해서는 건강 위험 행동을 설명하거나 예측하는 데 더 많이 활용되었다. 두 번째 장점은 인간의 행동을 유형화하여 중재가 필요할 경우 시작 행동의 수준을 확인하고 필요한 변화 과정 요소를 결정할 수 있다는 것이다. 시작 행동의 수준을 명료하게 확인할 수 있

표 4-2 변화 단계 간 진행을 매개하는 변화 과정 요소

	변화 단계				
	고려전	고려	준비	행동	유지
진행	인지 강화 극적 완화 환경 평가				
		자기 재평가			
			자기 해방		
				대안 제시 협조 관계 구축 강화 관리 자극 통제	

다는 것은 교육이나 상담 중재가 이루어질 때 그 효과의 평가를 명료하고 용이하게 하기 때문에 매우 큰 장점이 된다. 이 때문에 범이론적 모델은 중재 프로그램 기획과 개발에 매우 유용하다. 실제로 Prochaska & DiClemente는 범이론적 모델 내의 변화 단계 간의 이동, 즉 진행을 돕는 각 단계별 변화 과정 요인을 구분했는데, 이는 표 4-2와 같다. 즉 고려전 단계에서 고려 단계로 이동하는 데에는 인지 강화, 감정의 극적인 완화, 주변 환경 평가와 같은 변화 과정 요소가 결정적인 역할을 한다. 이와 같은 맥락에서 고려 단계에서 준비 단계, 준비 단계에서 행동 단계, 행동 단계에서 유지 단계로의 이동이 어떠한 변화 과정 요소에 의해 진행되는지를 설명했으며 단계별 중재 프로그램을 각 단계별 변화 과정 요소를 강화하는 방향으로 개발할 수 있는 것이다.

그러나 다른 행동 변화 이론들에 비해 '태도' 요소에 대한 고려가 거의 없으며 지속적으로 변화를 관찰할 수 있는 중재 프로그램이나 연구가 아닌 단면 연구cross-sectional study에는 적용이 용이하지 않다는 단점이 지적되고 있다.

제 2 부

건강 상담의 기초

제5장

스트레스와 건강 상담

현대를 살아가는 모든 사람들은 쉴 틈 없이 바쁘게 일해야 하는 업무 상황 속에서, 일상생활 속에서 만나는 사람들과의 관계에서, 혹은 해야 할 일과 하고 싶은 일 간의 갈등 관계에서 스트레스를 경험하게 된다. 스트레스는 라틴어의 'strictus' 또는 'stringere'에서 온 것으로, '팽팽하게 죄다'의 뜻을 가지고 있다. 이 말은 우리가 스트레스를 받을 때 느끼는 답답함이나 긴장 상태를 뜻하는 것이기도 하다. 일반적으로 스트레스는 부정적인 측면이 강하여 자신이 감당할 수 없을 정도의 과도한 스트레스가 정신 건강뿐만 아니라 신체적 건강에 심각한 문제를 일으키는 모든 질병의 원인인 것으로 알려져 있다. 따라서 모든 사람들은 어떻게 하면 스트레스를 적게 받고 스트레스를 효과적으로 극복하여 건강한 삶을 살아갈 수 있을 것인가에 대해 많은 관심을 가지고 있다. 그러나 스트레스에 부정적인 측면만 있는 것은 아니다. 적정 수준의 스트레스는 생활의 활력이 되고 원활한 사회적 행동의 원동력이 된다.

이처럼 스트레스는 양면성을 가지고 있다. 따라서 스트레스를 올바르게 이해하고 자신의 삶에 긍정적인 영향을 줄 수 있도록 스트레스를 관리하는 방법을 정확하게 알고 실천하는 것이 필요하다.

1. 스트레스의 이해

스트레스 개념

스트레스에 대한 개념은 학자에 따라 다양하게 정의되고 있다. 첫째, 스트레스는 어떤 반응을 일으키는 자극으로 이해할 수 있다. 즉 행동의 변화를 야기하는 위협적인 자극이고, 심리적인 항상성을 깨뜨려 변화를 일으키는 원인이 되는 것으로 스트레스를 이해할 수 있다(김영임 · 정혜선 · 배경희, 2007). 이러한 해석은 현대 과학의 관점에서 스트레스의 개념을 제시한 Selye(1974, 1985)가 중심이 되었다. Selye는 실험을 통해서 만성적으로 스트레스를 받은 쥐가 심장 질환에 걸리는 것을 발견하고, 스트레스를 일으키는 외부로부터의 자극이나 원인을 스트레스원stressor이라 명명하면서 스트레스 반응과 구분하여 설명했다. 즉 스트레스원은 스트레스 반응을 일으키는 원인으로서의 일이나 사건을 말하고, 스트레스 반응은 스트레스원에 의해 나타난 결과(생리적, 심리적, 사회적 반응)라고 할 수 있다.

둘째, 스트레스는 어떤 자극에 대한 유기체의 반응 또는 반응으로 나타난 상태로 이해할 수 있다. Cannon(1932)은 스트레스의 개념을 신체의 정상 안정 상태인 항상성을 유지하려는 신체의 특수 기전에 압력이 가해져 생기는 결과로 제시했다(김영임 · 정혜선 · 배경희, 2007). Selye(1956)는 Cannon의 연구를 발전시켜 외부 자극이 오랫동안 지속되면 신체의 반응이 다음의 세 가지 단계를 거친다고 설명했다.

- 1단계 : 위험을 지각하자마자 도전-회피 반응fight-flight response이 발생하는 경계 반응기alarm response
- 2단계 : 스트레스 요인에 신체가 대처하는 저항기stage of resistance
- 3단계 : 신체의 저항이 과부하되고 소진되는 탈진기exhaustion

이러한 과정에서 적절한 중재가 제공되지 않으면 심신의 불균형 상태가 계속되는 것이다(김영임 · 정혜선 · 배경희, 2007).

셋째, 가장 최근에 제기되는 스트레스 개념으로, 스트레스를 단순히 자극과 반응으로 생각하는 것이 아니라 자극 및 환경, 유기체의 상호 작용을 강조한다. 실제로 일상생활에서 다양한 스트레스를 경험하지만 이때 중요한 것은 스트레스 경험 자체가 아니라 그것을 어떻게 인지하고 대처 또는 대응하는가이다. 대처와 대응이란 인지된 외부 자극에 대하여 그것을 수정하려는 노력 또는 그러한 자극으로부터 변하는 심리적 상태를 조절하려는 노력을 뜻한다. 즉 스트레스 자극에 대한 인지적 평가에 따라서 동일한 스트레스 자극이라 할지라도 각기 다르게 반응하게 되고, 결국 건강 행동에 영향을 줄 수 있다는 것이다.

스트레스라고 해서 모두 부정적인 것은 아니다. Bernard(1968)는 스트레스의 영향과 효과에 따라 긍정적인 스트레스eustress와 부정적인 스트레스distress로 구분했다. 전자는 흥미와 즐거움을 통해서 활기를 주는 유쾌한 변화와 관련된 경험을 말하며, 후자는 우리가 흔히 생각하는 불쾌감이나 불안, 긴장 등을 유발하여 건강에 악영향을 주는 것을 말한다. 이러한 스트레스가 가지고 있는 두 가지의 특성도 자신이 어떻게 해석하고 대처하는가에 따라서 다르게 인식될 수 있다. 또한 스트레스의 정도가 자신이 감당할 수준으로 적정한 경우에는 오히려 생활에 활력과 일에 대한 동기를 부여할 수 있는 기능도 기대할 수 있다(Quick & Quick, 1984). 따라서 양면성을 가진 스트레스에 적절하게 대처하고 자신의 생활에 유익한 자극으로 활용하기 위해서는 스트레스에 대한 올바른 이해와 자신만의 스트레스 대처 방법을 가지고 있는 것이 좋다.

스트레스 과정

스트레스는 특정한 결과를 야기하는 일련의 현상으로, 하나의 과정으로 설명할 수 있다. McGrath(1970)는 스트레스를 어떤 요구를 충족시키지 못하는 것이 중요한 결과를 야기하는 상황에서 환경적 요구와 반응 역량 간의 불균형이라고 정의했다. 그러면서 그림 5-1과 같이 환경적 요구, 환경적 요구에 대한 개인의 지각, 신체적/심리적 반응, 그리고 행동 등의 4단계로 스트레스 과정을 설명했다.

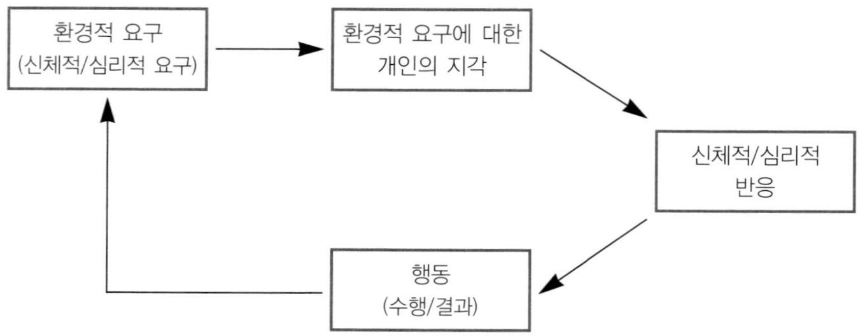

그림 5-1 스트레스 과정

1단계는 환경적 요구로, 여기에는 신체적 또는 심리적 요구가 포함된다. 사회 활동을 수행할 때 받는 업무와 관련된 요구나 승진 또는 시험 등의 부담이나 압박, 또는 과도한 업무로 인한 피로 등 우리의 생활 속에는 수많은 환경적 요구가 존재한다.

2단계는 이러한 환경적 요구를 어떻게 지각하는가와 관련된다. 스트레스는 스트레스를 유발하는 자극 자체도 중요하지만 그것을 어떻게 받아들이는가에 따라서 스트레스의 정도가 달라질 수 있다. 예를 들어, 성격적으로 특성 불안이 높은 사람은 그렇지 않은 사람보다 동일한 상황에 대하여 스트레스를 많이 받는 경향이 있다. 또한 특정 상황이 요구하는 수행 능력과 자신의 능력 간의 지각된 불균형으로 인하여 스트레스의 정도가 달라질 수 있다.

3단계는 이러한 개인의 지각으로 인한 스트레스 반응이 일어나는 단계이다. 즉 환경적 요구와 개인의 반응 능력에 차이가 있음을 지각하게 되면 신체적 또는 심리적인 반응이 나타나게 된다.

마지막 단계는 스트레스를 받음으로써 실제로 나타나는 생활 수행 결과나 업무 수행 결과이다. 예를 들어, 스트레스가 전혀 없거나 너무 많게 되면 자신의 생활 및 업무 등에 지장을 초래할 수 있다. 뿐만 아니라 이러한 결과는 또 다른 스트레스를 일으키는 자극으로 작용하는 악순환의 과정을 거치게 된다.

2. 스트레스의 원인과 반응

스트레스의 원인

앞에서 언급했듯이, 스트레스는 그 자체로 긍정적인지 부정적인지가 중요한 것이 아니라 스트레스에 대한 자신의 태도나 인지 방식, 대처 방식이 중요하다. 그런데 만약 자신이 스트레스를 받고 있는 원인에 대하여 알고 있지 못하다면 그 대처 방식 또한 수립할 수가 없다. 여기서 스트레스의 원인과 관련된 내용을 살펴보도록 하자.

생활환경적 원인

Lazarus(1977)는 스트레스를 세 가지로 구분했다. 첫째, 누구도 통제 불가능하고 다수의 사람들에게 영향을 주는 것으로, 각종 천재지변이나 전쟁 등과 같은 사건이 이에 해당된다. 둘째, 자신에게 해롭거나 위협이 되는 충격적인 경험으로, 사랑하는 사람의 죽음이나 직장 해고, 이혼, 출산, 입시 등의 사건들과 관련이 있다. 마지막으로는 일생생활에서 우리가 늘 접하는 상황 속에서 일어나는 많은 사건이 해당된다.

특히 위에서 제시한 내용 중에 자연재해나 전쟁, 대형 사고 및 교통사고나 살인 사건 등의 외상적 사건traumatic events을 경험하고 난 이후에 나타나는 심리적 반응을 외상 후 스트레스 장애post-traumatic stress disorder라고 한다. 이는 외상적 사건이 끝난 이후에도 당시의 충격적인 기억이 떠올라 신경이 날카로워지고 불안해하며 집중을 못 하게 되는 것을 말한다.

Holmes & Rahe(1967)는 이처럼 특수한 상황에서 극심한 스트레스를 받는 것과는 달리 사람이 살아가면서 겪는 다양한 생활 사건을 정리하여 인생 사건 척도life events scale를 고안했다(표 5-1 참조).

표 5-1 인생 사건 척도

인생 사건	척도	인생 사건	척도
배우자의 사망	100	직장 업무 변화	29
이혼	73	자녀의 출가	29
별거	65	시집 식구와의 문제	29
형무소 복역	63	우수한 개인적 성취	28
가족의 사망	63	아내의 맞벌이 시작 및 중직	26
개인적 질병, 상해	53	학교 입학 및 졸업	26
결혼	50	주거 환경의 변화	26
직장 해고	47	개인 습과의 변화	25
별거 후 재결합	45	상사와의 갈등	23
직장 은퇴	45	근무 시간 및 조건의 변화	20
가족의 건강 문제	44	거주지 변화	20
임신	40	학교의 변화	20
성적인 고민	39	취미 활동의 변화	19
새로운 가족 구성원의 증가	39	교회 활동의 변화	19
직장 재적응	39	사회 활동의 변화	19
재정적인 변화	38	수면 시간의 변화	16
친한 친구의 사망	37	식사 습관의 변화	15
다른 분야로 직업 전환	36	휴가	13
배우자와의 말다툼 빈도 변화	35	사소한 경범죄 위반	11

▶ 출처 : 김광웅, 『현대인과 정신건강』, 2007 재인용.

심리사회적 원인

스트레스는 주어진 상황과 그 상황을 해석하는 자신의 마음 간의 복잡한 상호 관계 속에서 발생한다. 그러한 상황의 대표적인 예가 갈등이다. 두 가지 이상의 상반된 욕구나 목표가 있는데 동시에 두 가지 이상을 모두 성취할 수 없을 때 우리는 어느 한 가지를 선택해야 하는 갈등 상황을 겪게 되고, 이러한 상황에서 스트레스를 받게 된다.

갈등 상황은 크게 네 가지 경향으로 나누어 설명할 수 있다(Miller, 1944). 우선 접근-접근approach-approach 갈등은 거의 동등한 가치를 지닌 두 가지에 대하여 하나를 선택해야 하는 상황에 발생한다. 물론 두 상황 모두 긍정적인 상황이지만 한 가지를 선택하고 다른 한 가지를 포기해야 한다는 상황이 스트레스를 일으킨다. 회피-회피avoidance-avoidance 갈등은 두 가지 이상의 부정적인 결과 중에 한 가지를 선택해야 하는 상황에 나타나는 것으로, 접근-접근 갈등 상황보다 더욱 분명하게 스트레스를 받게 된다. 접근-회피 갈등은 긍정적인 목표 성취가 부정적인 결과를 수반하는 경우에 나타나며, 마지막으로 이중 접근-이중 회피 갈등은 긍정적 · 부정적 결과를 모두 포함하고 있는 상황에서 한 가지를 선택해야 하는 경우에 발생한다.

이러한 갈등 외에도 적응과 내 · 외적인 압박감 등도 스트레스를 일으키는 원인이 된다. 매우 빠르고 복잡하게 변화하는 사회에서 살아가는 사람들은 그 사회에 적응해야 하는데, 그것이 말처럼 쉽지 않다. 또한 이러한 적응을 해야 살아갈 수 있다는 압박감이나, 다른 사람들과의 경쟁에서 이겨야 한다는 압박감, 또는 개인적인 자존심을 지켜야 한다거나 스스로 세운 목표를 반드시 달성해야 한다는 등의 스스로로부터 가해지는 압박감 등은 스트레스로 작용할 수 있다.

이와 같이 다양한 원인이 작용하여 스트레스를 경험한다. 그러나 동일한 상황일지라도 그 상황을 해석하고 스트레스로 받아들이는 정도는 사람마다 다르다. 다시 말해, 스트레스를 인식함에 있어서 개인의 성격 차이가 영향을 준다. 스트레스와 관련하여 성격을 생각해보면 다음과 같이 A, B, C 유형의 세 가지 범주로 구분할 수 있다.

A 유형 성격은 일반적으로 아주 경쟁적이고 성취 지향적이면서 참을성이 없고 때로는 적대적이기도 하다. 이러한 사람들은 건강 문제를 일으킬 가능성이 크고 대표적으로 심장병의 위험성이 높다(Williams, 1996). 다음 표 5-2는 A 유형 성격의 사람들이 보이는 전형적인 행동 특성을 나타낸 것이다.

반면에 B 유형 성격은 A 유형과는 반대로 느긋하고 스트레스에 대해 민감하게 반응하지 않는다. 따라서 스트레스 때문에 질병에 걸릴 위험성도 그만큼 낮다. 마지막으로 C 유형 성격은 A 유형의 사람의 특징을 많이 가지고 있어, 자신만만하고 경쟁적이며 모든 일에 의욕적이다. 그러나 일정한 수준의 감정적 통제력을 유지할 수 있고 자신의 성격적 특성이 자신에게 도움이 되도록 하는

표 5-2 A 유형 행동의 특성

- 두 가지 일을 한꺼번에 생각한다.
- 적은 시간에 더 많은 일을 계획한다.
- 아름다운 것을 잘 알아내지 못하거나 관심 없어 한다.
- 다른 사람으로 하여금 말을 빨리 하도록 재촉한다.
- 줄을 서서 기다리거나 천천히 가는 차 뒤에서 운전하는 경우 지나치게 화를 낸다.
- 무언가 잘하기를 원하며, 자신이 직접 해야 속이 시원하다.
- 말할 때 손짓과 몸짓을 많이 한다.
- 가만히 있지 못하고 무릎을 흔들거나 손가락을 두드리는 등의 행동을 한다.
- 격정적인 언어를 사용하거나 잦은 음담패설을 한다.
- 정해진 시간을 꼭 준수하려고 애쓴다.
- 가만히 있는 것을 불편해하고 항상 무언가를 해야 한다.
- 게임을 하면 항상 이겨야 하고, 어린아이와 할 때도 이겨야 직성이 풀린다.
- 말할 때 혀를 차거나 머리를 흔들거나 테이블을 치는 습관이 있다.
- 눈 깜박임이 잦거나 안면 경련처럼 눈썹을 추켜세운다.
- 다른 사람이 하는 일을 보면서 자신이 더 빨리 더 잘할 수 있다고 생각이 되면 조급해진다.

▶ 출처 : 김광웅, 『현대인과 정신건강』, 2007 재인용.

특성을 가지고 있다. 이에 A 유형 사람들과는 달리 심장 질환의 위험성이 낮다 (Powers & Dodd, 2003).

생리적 원인

우리의 몸은 주기적인 생체 리듬을 가지고 있다. 그러나 이러한 생체 리듬대로 살아갈 수는 없다. 오히려 자신이 생활하는 현대 사회의 리듬에 맞춰야 하기 때문에 자연적인 생체 리듬은 쉽게 깨지게 마련이다. 이것 또한 스트레스의 원인이 된다.

섭취 음식의 원인

우리가 먹는 음식도 스트레스의 원인이 될 수 있다. 예를 들어, 커피를 많이 마시게 되면 과도한 카페인 섭취로 인하여 교감 신경이 자극되어 각성 수준이 높아지고 활동 중에 심박수와 혈압이 상승하며 스트레스 호르몬이 방출된다. 이렇게 되면 불안해지고 심장 박동이 불규칙해지고 주의력이 낮아지는 스트레스 반응 증상이 나타나게 된다. 또한 담배도 니코틴 성분으로 인하여 교감신경이 자극받고, 심장 박동, 혈압 등을 증가시켜 스트레스 반응을 야기한다.

비타민 섭취 여부도 스트레스 반응과 관련이 있다. 스트레스를 받게 되면 이 상황에 대처하기 위하여 신경계와 내분비계의 원활한 기능이 필요한데, 이때 특정 비타민이 요구된다. 특히 비타민 C와 비타민 B 복합체(예: 비타민 B-1, B-5, B-6 등)가 결핍되면 스트레스에 대한 대처 능력이 떨어지게 되어 불안 반응이나 우울증, 불면증 등의 스트레스 반응이 나타난다.

저혈당도 스트레스 내성을 저하시켜 스트레스 유발원이 될 수 있다. 일반적으로 혈당 수준이 혈액 100ml당 60mg 이하 수준으로 떨어지면 안절부절못하고 불안해하며 피로감 같은 증상이 나타난다(오상덕, 2002).

마지막으로 염분 섭취도 스트레스 반응과 관련이 있다. 너무 많은 염분을 섭취하게 되면 수분을 과도하게 보유하게 되고, 이는 혈압을 상승시키게 된다. 혈압 상승은 스트레스 반응의 대표적인 현상이다. 특히 이러한 상황에서 스트레스를 받게 되면 이미 혈압이 많이 높아진 상태이기 때문에 매우 위험한 상태로까지 이어질 수 있다.

스트레스 반응

스트레스를 받게 되면 생리적 반응과 심리적 반응이 나타난다. 이러한 반응은 동일한 스트레스 상황일지라도 사람마다 다르게 나타날 수 있다.

생리적 반응

도전-회피 반응fight-flight response이 나타나는 경계 반응기에는 스트레스 자극에 반응하여 교감 신경계가 활성화된다. 이렇게 되면 에피네프린, 놀에피네프린, 코티졸과 같은 스트레스 호르몬 분비가 촉진되고, 심박수와 혈압이 상승하고 근육의 긴장이 심해지는 등의 생리적 변화가 나타난다(Selye, 1978). 이렇게 발생한 근육의 긴장이 오랫동안 계속되면 그 자체가 또 다른 자극으로 작용하여 신체적인 스트레스를 강하게 유발하는 역할을 한다. 이러한 신체적 변화는 결국 불안이나 두통, 요통, 이상 자세, 근육 손상 및 통증, 수면 장애 등의 다양한 신체 질병의 위험성을 높이게 된다.

스트레스를 받게 되면 대뇌의 반응도 달라진다. 스트레스로 인한 대뇌의 반응은 대뇌의 전기적 활동을 분석하여 알 수 있다. 평온한 상태, 즉 스트레스에 의한 각성 수준이 최소인 상태에서는 주로 알파파(8~13Hz)가 나타난다. 반면에 베타파(14~80Hz)는 주의 집중이나 문제 해결 등의 상황에서 나타나는 것으로 스트레스 상황이 아닌 경우에도 유발될 가능성이 높다. 세타파(4~7Hz)는 실망이나 좌절 등과 같은 정서적 스트레스 상황에서 주로 관찰된다.

심리적 반응

스트레스로 인한 가장 흔한 심리적 반응은 불안이다. 스트레스를 받게 되면 안절부절못함, 집중이 어려움, 쉽게 피로해짐, 과민한 기분 상태, 근육 긴장, 수면 장애 등의 다양한 증상이 나타난다. 이러한 불안에 대한 반응이 정상적이지 못하여 나타나는 것이 노이로제neurosis이다. 노이로제는 불안, 과로, 갈등, 억압, 억울 등의 감정적인 체험과 스트레스가 원인이 되어 발생하는 신체적인 병적 증상을 말하는 것으로 신경 기능의 질환을 말한다(김광웅, 2007; 오강섭, 1995). 노이로제의 가장 큰 특징은 초조해하며 자신감이 없어지고, 대인 관계에서 부끄러움이나 창피를 당할지도 모른다는 강박 관념을 갖는 등의 심리적 스트레스를 강하게 받는다는 것이다.

자신이 대처할 수 없는 정도의 스트레스 상황에 직면하게 되면 그 상황에서 벗어나려는 반응을 보이게 된다. 그러나 이러한 상황이 지속적으로 계속되면 그때에는 회피하려는 노력조차 하지 않게 된다. 이를 학습된 무기력learned helplessness이라 한다(Seligman, 1975). 이러한 증상을 보이는 대표적인 예가 우울증이다. 만성적인 스트레스로 인하여 우울증이 심해지게 되면 삶을 포기하거나 다양한 약물 중독에 빠져 사회적인 문제로까지 번지는 등의 부정적인 결과를 초래하게 된다.

3. 스트레스 측정

스트레스와 관련된 문제를 예방하거나 해결하기 위해서는 우선 자신이 스트레스로 인하여 문제가 있음을 인식하고 있어야 한다. 본 장에서 소개하는 평가척도로 자신의 스트레스 수준이 어느 정도인지를 평가해보도록 한다.

앞에서 제시한 Holmes & Rahe(1967)의 인생 사건 척도(표 5-1 참조)는 일상생활에서 직면할 수 있는 대표적인 스트레스 상황을 생활 변화량으로 정의하여 계산하는 척도이다. 이 척도는 각 항목의 점수를 지난 1년간 그 항목에 대한 내용을 경험한 횟수로 곱하여 전체 점수를 합산하여 총점이 200점 이상이면 질병을 일으킬 확률이 높다고 평가하게 된다. 그러나 이러한 스트레스 측정은 절대적인 것이 아니라 개인의 환경적 상황이나 성격적 특성에 따라 다르게 해석해야 함을 잊지 말아야 한다.

표 5-3은 스트레스 지수 설문지이다. 스트레스 지수 설문지는 자신의 삶에서 받는 스트레스에 대한 인식을 증가시키기 위한 것으로, 각 질문에 대해 "그렇다" 또는 "아니다"라고 대답하도록 되어 있다. 만약 설문 내용 중에서 어느 하나라도 "그렇다"라고 대답한다면, 개인에 따라 차이가 있기는 하지만 스트레스 관리 기법을 사용할 필요가 있음을 의미하기도 한다. "그렇다"라고 대답한 항목의 개수에 따라서 생활 속의 스트레스 수준이 어느 정도인지를 평가할 수 있다.

표 5-4는 자신의 스트레스 반응에 대한 평가 척도이다. 이는 스트레스가 발생하는 상황과는 관계없이 신체적·행동적·심리 및 감정적인 스트레스 반응을 측정하여 스트레스의 정도를 평가하는 것이다. 각 분야별로 네 개 이상에 해당된다면 스트레스 수준이 심각하다고 평가할 수 있다.

표 5-3 스트레스 지수 설문지

그렇다	아니다	1. 나는 남들과 자주 논쟁한다.
그렇다	아니다	2. 직장에서 화를 내는 경우가 종종 있다.
그렇다	아니다	3. 불안/스트레스로 인한 목과 어깨의 통증을 자주 경험한다.
그렇다	아니다	4. 길게 늘어선 줄에서 기다릴 때 자주 화가 난다.
그렇다	아니다	5. 뉴스를 듣거나 신문을 읽을 때 자주 화가 난다.
그렇다	아니다	6. 나는 필요한 만큼의 충분한 돈을 가지고 있지 않다.
그렇다	아니다	7. 운전할 때 자주 화를 낸다.
그렇다	아니다	8. 하루 일을 끝낼 때 스트레스와 관련된 피로를 종종 느낀다.
그렇다	아니다	9. 나는 삶과 관련된 스트레스/불안 요소를 최소한 한 가지는 계속해서 가지고 있다(예: 직장 상사, 이웃, 장모와의 갈등 등).
그렇다	아니다	10. 스트레스와 관련된 두통을 자주 느낀다.
그렇다	아니다	11. 나는 스트레스 관리 기법을 실행하지 않는다.
그렇다	아니다	12. 나 자신을 위한 시간을 거의 갖지 않는다.
그렇다	아니다	13. 분노나 적개심을 통제하기가 어렵다.
그렇다	아니다	14. 시간을 현명하게 관리하는 것이 어렵다.
그렇다	아니다	15. 잠을 못 이루는 경우가 자주 있다.
그렇다	아니다	16. 일반적으로 서두른다.
그렇다	아니다	17. 내가 해야 하는 것을 달성하기에는 하루해가 짧다고 평소에 느낀다.
그렇다	아니다	18. 친구나 동료들이 나를 제대로 취급해주지 않는다는 것을 종종 느낀다.
그렇다	아니다	19. 나는 신체 활동을 규칙적으로 하지 않는다.
그렇다	아니다	20. 하루 7~9시간의 수면 시간을 갖는 경우가 드물다.

〈평가〉

"그렇다"라고 대답한 숫자	스트레스 수준
6~20	많은 스트레스
3~5	평균적 스트레스
0~2	낮은 스트레스

▶ 출처 : Powers & Dodd, 『건강한 삶을 위한 운동처방기초』, 장경태 · 이정숙 옮김, 2005.

표 5-4 자신의 반응에 대한 평가 척도 도구

분야	항목
신체적 반응	숨이 막힌다. 목이나 입이 마른다. 불면증이 있다. 편두통이 있다. 눈이 쉽게 피로해진다. 목이나 어깨가 자주 결린다. 가슴이 답답해 토할 기분이다. 식욕이 떨어진다. 변비나 설사가 있다. 신체가 나른하고 쉽게 피로를 느낀다.
행동적 반응	반론이나 불평, 말대답이 많아진다. 일의 실수가 증가한다. 주량이 증가한다. 필요 이상으로 일에 몰입한다. 말수가 적어지고 생각에 깊이 잠긴다. 말수가 많고, 말도 되지 않는 주장을 펼칠 때가 있다. 사소한 일에도 화를 잘 낸다. 화장이나 복장에 관심이 없어진다. 사무실에서 개인적인 전화를 하거나 화장실에 가는 횟수가 증가한다. 결근, 지각, 조퇴가 증가한다.
심리 · 감정적 반응	언제나 초조해하는 편이다. 쉽게 흥분하거나 화를 잘 낸다. 집중력이 저하되고 인내력이 없어진다. 건망증이 심하다. 우울하고 쉽게 침울해진다. 뭔가를 하는 것이 귀찮다. 매사에 의심이 많고 망설이는 편이다. 하는 일에 자신이 없고 쉽게 포기하곤 한다. 무언가 하지 않으면 진정할 수가 없다. 성급한 판단을 내리는 경우가 많다.

▶ 출처 : 김영임 · 정혜선 · 배경희, 『건강증진 이론과 적용』, 2007.

4. 스트레스 대처

스트레스 관리

스트레스를 과도하게 받으면 신체적 · 정신적 건강에 해가 되기 때문에 적절한 관리가 필요하다. 그렇다면 스트레스를 관리한다는 것은 무엇을 의미할까? 스트레스를 잘 관리한다는 것이 나에게 발생하는 모든 스트레스를 완전히 제거하는 것을 말하는 것일까? 만약 그렇다면, 그래서 나에게 스트레스가 하나도 없다면, 과연 그 삶은 어떠할까? 아마도 예기치 못한 어떠한 일도 발생하지 않으며, 도전할 만한 일도 없는 등 반복적인 일상생활 속에서 지루하고 전혀 기대할 만한 사건이 없는 그러한 삶이 될지도 모른다. 그렇다면 아마도 그러한 삶 자체가 스트레스일 수 있다. 다시 말해서 스트레스가 전혀 없는 것 또한 스트레스가 될 수 있다는 것이다. 따라서 스트레스 관리의 목표는 스트레스를 완전히 제거하는 것이 아니라 적정한 수준의 스트레스를 유지하여 삶에 활력을 줄 수 있도록 하는 것이다(Donnelly, 2003).

스트레스 대처 모형

사람마다 동일한 스트레스원에 대하여 그것을 긍정적 혹은 부정적으로 다르게 받아들인다. 또한 동일하게 부정적인 것으로 받아들였다 하더라도 그것을 긍정적으로 대처하여 잘 처리할 수 있다고 생각하는 사람이 있는 반면에 어떤 사람들은 그것으로부터 벗어나기 위하여 회피하는 등 적절하게 대처하지 못한다. 여기서 스트레스에 대한 대처coping란 스트레스를 관리하려는 시도와 과정을 말한다(김광웅, 2007).

이처럼 스트레스에 대처함에 있어서 우선적으로 필요한 것은 스트레스원이 자신에게 어떠한 성질의 것이고 얼마나 중요한 것인지를 평가하는 것(1차 평가)과 그 스트레스를 얼마나 잘 대처할 수 있는지를 평가하는 것(2차 평가)이다. 이러한 1, 2차 평가를 통해서 스트레스에 대처할 수 있는 토대를 형성할 수 있다.

스트레스 대처는 크게 직접적 대처와 방어적 대처로 나눌 수 있다(Lazarus & Folkman, 1984). 스트레스의 직접적 대처는 스트레스의 원인이 되는 문제에 초점을 두고 관리하는 적극적인 방식을 말한다. 따라서 문제 해결을 위해서 구체적인 행동을 취하게 된다. 반면에 방어적 대처는 그 원인보다는 스트레스의 반응을 관리하는 것으로, 스트레스원에 대하여 느끼는 방법이나 생각을 바꾸려는 것이 이에 해당한다. 예를 들어, 불안을 일으키는 상황 자체보다는 불안을 감소시키는 것에 관리 목적을 두는 것이다.

이 두 가지 대처 양식은 상황에 따라서 다르게 사용된다. 일반적으로 스트레스의 강도가 매우 커서 자신의 능력으로 그 문제를 통제할 수 없는 경우에는 직접적 대처보다는 방어적 대처 방식을 택하기 쉽다. 이 경우 정신분석에서 제기한 방어기제가 많이 사용된다(김광웅, 2007). 사람은 본질적으로 스트레스 상황에 직면하게 되면 그 상황을 바꾸는 것이 아니라 스트레스에 대한 생각이나 인지 방식에 변화를 준다. 그렇기 때문에 일시적인 스트레스 해소에는 효과가 있을 수 있겠지만, 본질적인 문제 해결에는 도움이 되지 않는 경우가 많다.

사회적 관계 속에서 서로 도움을 줄 수 있는 사회적 지원social support은 스트레스 대처에 분명히 도움이 된다. 이러한 사회적 지원은 정서적 지원과 수단적

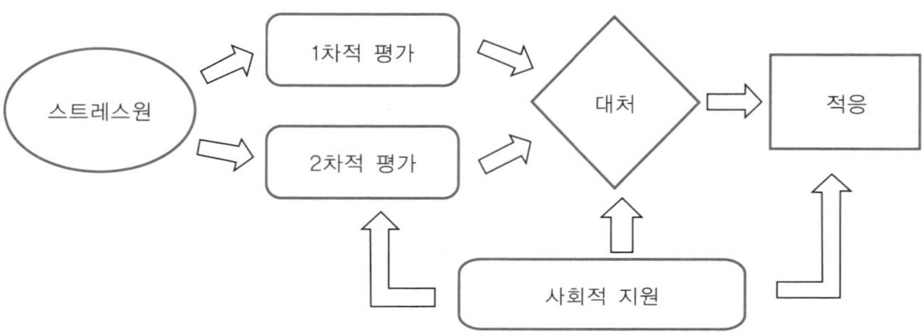

그림 5-2 스트레스 대처 과정

▶ 출처 : 마츠모토 치아키, 『건강행동이론의 입문』, 이응철 옮김, 2007.

지원으로 구분할 수 있다(House, 1981). 정서적 지원에는 상호 존중, 공감, 애정, 신뢰 등의 좁은 의미의 정서적 지원과 긍정적인 피드백 제공이나 자기 평가를 위한 도움 등의 평가적 지원이 포함된다. 반면 수단적 지원에는 문제 해결을 위한 정보를 제공하는 정보적 지원과 실제적인 물질적 도움을 주는 도구적 지원이 해당된다.

5. 스트레스 관리 기법

스트레스 관리의 이상적인 방법은 스트레스의 원인을 찾아 해결하는 것이다. 그러기 위해서는 자신에게 스트레스가 되는 요인이 무엇인지를 알고, 이를 제거해야 한다. 물론 모든 스트레스 원인을 없애는 것은 불가능하지만, 이러한 노력으로 생각보다 많은 스트레스를 감소시킬 수 있다.

모든 형태의 스트레스 원인을 다 제거하지는 못하기 때문에 스트레스로부터의 부정적인 영향을 최소화하기 위한 스트레스 관리 기법을 잘 활용할 수 있어야 한다. 대표적인 스트레스 관리 기법으로는 이완 기법, 인지적 재구조화, 운동, 시간 관리 등이 있다.

이완 기법

스트레스에 대한 전형적인 신체적 반응 중 하나는 몸과 마음이 긴장되는 것이다. 따라서 스트레스를 적절하게 관리하기 위해서는 무엇보다도 몸과 마음의 긴장을 풀어주어야 한다. 그렇게 되면 심박수와 혈압 및 호흡수가 감소하고 근육의 긴장이 풀어지는 등 다양한 생리적 변화가 나타나게 되고, 이와 함께 심리적인 변화도 일어난다.

명상

명상meditation은 오랫동안 많은 사람들이 행해온 이완 기법으로 인도와 티베트 문화에 그 기원을 두고 있다. 명상은 혼자서 어떤 시설이나 도구 등을 필요로 하지 않으면서 행할 수 있고 스트레스를 다스리는 효과가 크기 때문에 많은 사람들이 실천하고 있는 방법이다.

일반적으로 명상은 하루에 두 번, 아침과 저녁 시간에 조용한 장소에서 약 15분에서 20분 동안 앉은 자세로 실시하는 것을 권하고 있다. 명상을 할 때는 하나의 단어나 이미지에 집중하고 규칙적으로 일정하게 호흡을 하도록 한다. 명상을 하게 되면 몸이 이완되어 산소 소비가 감소하고 심박수도 줄어들며, 스트레스를 받을 때 생성되는 물질(요산)이 혈액 내에서 감소하게 된다(김광웅, 2007). 또한 고혈압이나 우울증, 불면증을 해소하는 데 도움이 되며, 집중력이나 기억력, 창의성 등도 향상된다.

점진적 근육 이완 기법

점진적 근육 이완은 근육의 긴장을 감소시키기 위한 기법이다. 이는 Jacopson(1938)의 점진적 이완 기법을 초석으로 하여, 모든 근육이 완전히 이완될 때까지 부위별로 점진적으로 실시하는 것이다.

이 기법은 기본적으로 긴장 상태와 이완 상태의 차이를 인식하는 것으로부터 시작된다. 따라서 자신의 긴장 상태를 아는 것이 중요하다. 그러나 실제로 많은 사람들은 자신이 얼마나 긴장하고 있는지를 잘 모른다. 따라서 긴장 정도를 알기 위해서는 이완 상태를 경험해야 한다. 자신의 긴장 상태와 이완 상태를 알고 난 후, 그 차이에 집중하면서 특정 부위의 근육을 최대로 수축하고 완전히 이완시키려고 노력하는 과정을 반복하게 된다. 점진적 근육 이완 훈련은 조용한 장소에서 편안하게 앉거나 누워 발부터 시작하여 손과 목으로 올라오면서 근육이 완전히 이완될 때까지 여러 근육군의 수축과 이완을 반복하도록 한다.

호흡 운동

스트레스를 받으면 대체로 호흡이 얕고 빨라지면서 흉식 호흡thoracic breathing을 하게 된다. 인간은 태어나면 본래 복식 호흡(횡경막 호흡)diaphragmatic breathing을 한다. 그러나 성장하면서 흉곽이 발달하고 스트레스를 받게 되면서 점차 흉식 호흡으로 변하게 된다. 복식 호흡은 흉식 호흡과 달리 호흡이 깊고 느리다. 복식 호흡을 하게 되면 마음이 평온해지며 스트레스를 풀어주고 불면증이나 우울 등의 불안 장애도 치료할 수 있다.

자생 훈련

자생 훈련augogenic training은 독일의 J. Schultz에 의해서 개발되고 Schultz & Luthe(1969)가 체계화시킨 기법으로, 신체 부위의 따뜻함과 무거움을 느끼게 해주는 동작을 반복하여 실시하는 것이다. 신체 부위의 대조적인 느낌을 통해서 긴장을 풀어준다는 측면에서 점진적 근육 이완 기법과 유사하지만, 자생 훈련은 최면을 유도하는 점에서 차이가 있다. 예를 들어, "내 오른팔이 무겁다" 혹은 "내 오른팔이 따뜻하다"라고 최면을 걸듯이 스스로에게 주문을 걸고 집중하고, 이를 1분 동안 3~5회 반복한다. 이와 동일한 방법으로 모든 신체 부위에 걸쳐 진행한다. 이러한 동작을 반복적으로 연습하면 호흡이 느려지고 심박수가 줄어들면서 편안한 느낌을 갖게 된다.

그 밖의 이완 기법

그 밖의 이완 기법으로는 바이오피드백biofeedback과 마사지massage 등이 있다. 바이오피드백은 감지 장치를 활용하여 자율신경계의 반응을 조절하는 기법이다. 예를 들어, 심박수, 호흡수, 근육의 활동 등을 통해서 많이 활용되고 있다.

마사지는 근육을 이완시키는 데 효과가 크다. 무엇보다도 혈액의 순환에 도움이 되며, 활동량이 적은 근육도 활동 상태를 증가시킬 수 있다. 또한 근육의 통증도 감소시키는 역할을 한다. 이러한 신체적인 효과뿐만 아니라 편안함을 느끼게 하여 심리적인 안정에도 도움이 된다.

인지적 재구조화

스트레스는 그 원인이 되는 요소를 어떻게 인지하는가에 따라서 그 반응이 달라질 수 있다. 이는 곧 사고의 전환을 통해서 스트레스를 관리할 수 있다는 것을 의미한다. 예를 들면, 어떤 상황을 긍정적으로 생각하려는 노력은 스트레스를 예방하는 데 첫걸음이 될 수 있다. 또한 자신에게 스트레스가 되는 원인이 스스로 통제할 수 있는 것인가를 인지하여 통제할 수 있는 것에 집중하고 그렇지 못한 요소에 대해서는 걱정을 하지 않거나, 자신이 할 수 있는 일과 할 수 없는 일을 구분하여 할 수 있는 일에만 집중하는 것도 인지적 재구조화의 기본이다.

인지적 재구조화를 위한 방법으로 긍정적인 자기 암시가 도움이 될 수 있다. 즉 '행복하다', '나는 지금 매우 즐겁다', '즐겁게 일하고 있다' 등의 긍정적이고 기분 좋은 단어나 문장을 스스로에게 주문하는 것이다. 이를 자화self-talk라 한다. 또한 이러한 자기 암시 중에 부정적인 생각이 떠오를 때마다 생각을 차단하기 위한 단어(예: '그만')를 스스로에게 말하여 부정적 생각이 떠오르는 것을 막는 것도 좋은 방법이다. 이러한 기법을 사고 정지thought stopping 기법이라 한다.

운동

운동은 스트레스로 생기는 긴장을 풀어주는 최고의 안정제이다(김광웅, 2007). 특히 의무감이 아닌 즐거움을 위한 운동은 그 효과가 더욱 크다. 이를 위해서 자신의 적성과 체력 수준에 맞는 운동 형태를 선택하고, 적절한 강도와 빈도로 실천하는 것이 중요하다.

운동은 스트레스에 대한 대처뿐만 아니라 면역inoculation 과정을 통해서 스트레스 감소에 기여한다(Crews & Landers, 1987). 즉 운동에 참여하는 사람들은 스트레스 상황에 직면했을 때, 스트레스에 반응하는 정도가 감소하고 스트레스 반응으로부터 회복되는 속도도 더욱 빠르다(Carron, Hausenblas, & Estabrooks, 2002).

시간 관리

자신이 정말로 하고 싶은 일을 시간이 없어서 못 하거나 만족스러울 정도의 충분한 시간을 가지지 못한다면 이것도 생활 스트레스의 한 원인이 될 수 있다. 또한 너무 바빠서 가족과 시간을 보낼 수 없다면 이 또한 큰 스트레스의 원인이 된다. 이러한 경우에는 무엇보다도 자신의 생활에 대한 시간 관리가 요구된다. 내가 무슨 일을 하고 있든 혹은 아무 일도 하고 있지 않든 간에 시간은 계속 흘러간다. 절대로 저장할 수 없는 것이 시간이다. 따라서 시간 관리는 매우 중요하다.

효율적으로 시간을 관리하기 위해서 우선 자신이 현재 활용하고 있는 시간을 분석해야 한다. 이를 위해 15분 간격으로 자신이 하고 있는 일을 기록하는 것이 도움이 된다. 그러고 나서 자신이 행한 일을 몇 가지로 범주화(예: 공부, 컴퓨터, 운동, 출퇴근 혹은 등하교, 식사, 수면 등)하여 하루의 시간을 어떻게 사용했는지를 살펴보도록 한다. 그리고 자신이 각 범주 활동에 희망하는 시간(예컨대, 수면을 줄이거나 늘인다든지, 운동 시간을 늘인다든지 등)을 기록해 두면 시간 관리를 하는 데 도움이 된다.

모든 일에는 우선순위가 있다. 자신이 해야 할 일과 하고 싶은 일을 시간적인 중요성에 따라서 나열해보고 우선적으로 해야 할 일과 다소 시간적 여유가 있는 일 등으로 구분하여 기록한다. 그리고 '하지 말아야 할 일 또는 하지 않기를 바라는 일'을 기록하는 것도 중요하다.

표 5-5 시간 관리 지침

- 목표를 설정하라. 자신이 달성하고자 하는 목표를 단기, 중기, 장기 목표로 구분하여 설정하고, 중요성에 따라 목표의 우선순위를 정한다.
- 수첩을 사용하여 기록하라. 수첩을 사용하여 자신의 하루를 시간 단위로 계획한다.
- 자신의 시간 관리를 평가하라. 하루가 끝나면 자신의 시간 관리를 평가하는 시간을 갖는다. 낭비한 시간을 확인하고 그러한 실수를 반복하지 않도록 한다.
- 책임을 위임하고 도움을 청하라. 자신의 업무가 지나치게 많으면 다른 사람에게 도움을 청하거나 책임을 위임하는 것을 부담스럽게 생각하지 말아야 한다. 이것이 시간 관리를 효율적으로 할 수 있는 방법이다.
- 불필요한 요소를 제거하라. 자신의 귀중한 시간을 빼앗아갈 수 있는 요소는 제거해야 한다.
- 자신을 위한 시간을 확보하라. 자신이 즐길 수 있는 활동을 위한 시간을 내도록 한다. 그것은 단순한 휴식에서부터 특정한 활동에 이르기까지 다양할 수 있다. 이러한 시간은 낭비가 아니라 자신을 충전시키는 소중한 시간이 될 것이다.
- 목표를 달성하면 자신에게 보상하라. 목표를 성취했으면 자신에게도 특별한 보상을 한다. 새 신발을 구입하거나 영화를 관람하는 등의 자신의 노력에 대하여 칭찬으로 보상을 하도록 한다.

▶ 출처 : Powers & Dodd, 『건강한 삶을 위한 운동처방기초』, 장경태 · 이정숙 옮김, 2005.

제6장

체중 관리와 건강 상담

현대 사회에 들어서면서 신체 활동량이 줄어들고 열량 섭취가 과다하게 이루어지는 생활 습관의 변화로 인하여 과체중 또는 비만인 사람의 비율이 높아지고 있다. 비만은 여러 질환의 원인이 되어 개인의 건강과 관련된 심각한 문제인 동시에 전 세계의 거의 모든 국가가 비만과의 전쟁을 선포할 정도로 심각한 사회 문제로 인식되고 있다.

영국의 일간지 가디언의 보도에 따르면 영국 인구의 50% 정도가 앞으로 25년 안에 비만화될 것으로 예측했다. 또한 2050년까지 비만 관련 질병으로 인한 생산력 손실과 치료비로 1년에 약 84조 원이 소비될 것으로 전망하고 있다. 미국도 비만으로 발생되는 건강 문제를 다루는 시스템에 연간 1,000억 달러에 가까운 비용을 지출하고 있다(Wolf & Colditz, 1996). 우리나라의 경우에도 비만 인구가 급격하게 증가하여 이와 관련된 보건의료비의 증가가 국민 경제의 부담을 가중시키고 있다.

다른 한편으로는 비만 인구의 증가 못지않게 자신의 체중에 과도하게 민감한 반응을 보여 정상적인 체중보다 훨씬 적은 저체중으로 생활하고 있는 사람의 비율도 적지 않다. 이는 날씬한 외모를 선호하는 경향이 커지면서 생기는 현상으로 저체중으로 인한 건강 문제도 심각하게 받아들여지고 있다. 특히 우리나라 여성들은 정상 체중이거나 저체중임에도 불구하고 날씬한 외모에 대한 지나친 관심으로 자신이 비만하다고 생각하는 경향이 강하다(Park & Yoon, 2005). 실제로 미국, 독일, 일본을 비롯한 22개국 중에서 체중을 감량하고자 노력하고 있는 여자 대학생의 비율이 77%로 가장 높게 나타났다. 그러나 비만도를 나타내는 체질량지수BMI는 평균 19.3으로 가장 낮은 것으로 나타났다(Wardle, Haase, & Steptoe, 2006). 이는 체중에 대한 잘못된 인식과 올바른 체중 관리 방법을 실천하지 못하고 있는 것에서 비롯된 것으로 볼 수 있다.

체중은 건강과 직접적인 관련이 있다. 그러나 남녀노소를 불문하고 자신의 몸매와 체형에 대한 관심이 매우 높아지고 있기 때문에 체중 조절이 건강을 유지하기 위함이 아니라 단순히 몸매나 외모와 관련된 미적 추구의 목적으로 이루어지고 있는 경향이 크다. 그러나 이러한 경우에 오히려 건강에 문제를 일으키는 원인이 되기도 한다. 따라서 자신의 정상 체중을 올바르게 인식하고 건강한 체중 관리 방법을 알고 실천하는 것이 중요하다.

1. 에너지 균형

체중을 조절하는 것은 간단하게 말하면 에너지의 균형을 맞추는 것이다. 즉 음식을 통해서 섭취하는 에너지와 다양한 활동을 통해서 소비하는 에너지 간의 관계를 통해서 체중을 조절할 수 있다. 그림 6-1과 같이 섭취 에너지와 소비 에너지가 같으면 체중은 유지되지만, 그렇지 않은 경우에 체중의 변화가 일어난다. 만약 섭취 에너지가 소비 에너지보다 많아 양성 칼로리 균형이 이루어지면 신체 지방량이 증가하여 결국 체중이 증가하게 되며, 섭취 에너지보다 더 많은 에너지를 소비하게 되어 음성 칼로리 균형이 오면 체중이 줄어들게 된다. 따라서 체중을 적절하게 조절하기 위해서는 섭취하는 에너지와 소비하는 에너지의 양을 정확하게 알고 적절히 균형을 맞추어야 한다.

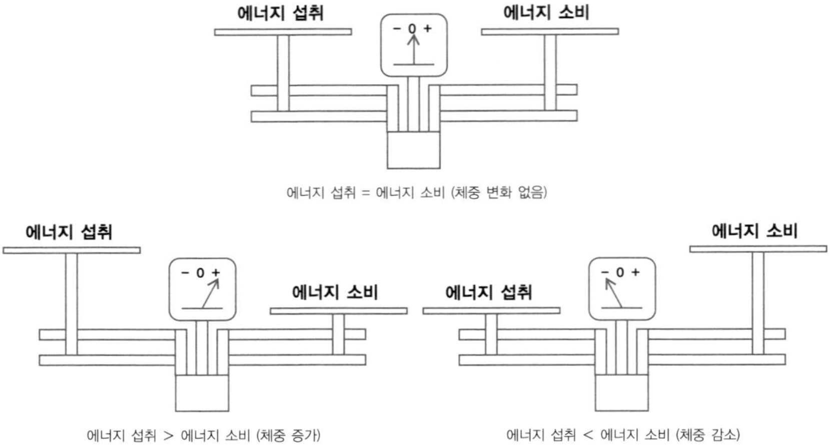

그림 6-1 섭취 에너지와 소비 에너지의 관계에 따른 체중의 변화

에너지 섭취

에너지 균형 관계를 통해서 체중을 관리하기 위해서는 하루의 에너지 섭취량을 정확하게 알아야 한다. 에너지 섭취는 음식을 통해서 이루어지기 때문에 자신이 주로 먹는 음식의 열량에 대한 기본적인 지식을 가지고 있어야 한다. 또한 활동에 의한 에너지 소비량에 따라서 적절하게 섭취량을 조절할 수 있는 올바른 방법을 알고 이를 실천할 수 있는 의지력을 갖는 것이 중요하다.

에너지 균형 원리에 의해서 과도하게 많은 양의 에너지를 섭취하면 체중이 증가하게 된다. 특히 음식의 지방은 탄수화물이나 단백질보다 신체 내에 지방으로 쉽게 축적된다. 만약 에너지의 과도한 섭취가 탄수화물이나 단백질에 의한 것이라면, 이는 많은 양의 인체 조직을 복원시키거나 탄수화물 저장량을 보충하고, 인체가 사용할 에너지로 활용되기 때문에 인체 지방으로 저장될 가능성이 낮다(Powers & Dodd, 2003). 그러나 에너지 섭취가 주로 지방에 의한 것이라면 지방은 에너지 원료로 빠르게 사용되지 않기 때문에 그만큼 인체의 지방으로 축적될 가능성이 높다(Jequier, 1993).

따라서 체중을 조절하기 위해서는 섭취와 소비의 에너지 균형뿐만 아니라 지방의 섭취와 대사의 균형 관계를 이해하는 것이 중요하다. 구체적인 영양소와 열량에 대한 내용은 본 장의 〈6. 영양과 건강〉에서 다룰 것이다.

에너지 소비

하루의 에너지 소비량은 크게 휴식 시 소비하는 에너지와 활동 시 소비하는 에너지로 구분하여 계산될 수 있다. 전자는 휴식대사량resting metabolic rate: RMR이라고 하며, 이는 기초대사량을 포함하여 앉아 있거나 독서 또는 TV 시청과 같이 활동하지 않은 상태에서 소비하는 에너지의 총량을 의미한다. 여기서 기초대사량이란 12~15시간 동안 음식물을 섭취하지 않고 깨어 있는 상태에서 조용히 누워 있을 때 소모되는 에너지 양으로 인체의 기능을 유지하여 생명을 유지하는 데 필요한 최소한의 에너지를 말한다. 일반적으로 기초대사량은 성별이나 나이에 따라 차이가 있는데, 남성이 여성보다 기초대사량이 9% 정도 높고(남성: 약 1,600~1,800kcal, 여성: 약 1,200~1,450kcal), 성장기일 때가 성인보다 높다. 또한 나이가 들수록 기초대사량은 점차 감소한다. 활동량이 적은 사람인 경우에는 휴식대사율이 하루 전체 에너지 소비량의 90%에 해당할 정도로 많은 비율을 차지한다(Poehlman, 1989).

반면에 활동 시 소비하는 에너지는 모든 신체 활동이 일어나는 동안 소비하는 에너지로, 운동대사율exercise metabolic rate: EMR이라고 한다. 이는 일상 속에서 신체 활동을 수행하는 데 필요한 에너지와 '운동' 할 때 소비하는 에너지를 포함한다. 따라서 매일 정기적으로 운동을 실천하게 되면 운동대사율이 증가하여 에너지 소비가 커지게 된다. 활동적인 사람은 하루의 운동대사율이 전체 에너지 소비량의 20~40%를 차지할 정도로 높으며, 이는 비활동적인 사람에 비하여 2~4배 높은 수치에 해당한다(Poehlman, 1989).

2. 비만

인간의 정상적인 몸은 수분 60%, 단백질 17%, 무기질 5%, 그리고 지방이 18% 비율로 이루어져 있다. 보통 임상학적으로 남성은 10~20%, 여성은 15~25%를 최적의 체지방 범위로 간주하고 있으며(Powers & Dodd, 2003), 일반적으로 여성이 남성보다 지방의 비율이 높다.

비만은 몸 안에 체지방이 위에서 제시한 정상 범위 이상으로 과잉 축적되어 있는 상태를 말한다. 일반적으로 남성은 25% 이상, 여성은 30% 이상으로 체지방이 증가하게 되면 이를 비만으로 정의하고 있다(ACSM, 1993).

21세기에 들어서 전 세계적으로 비만 인구는 급격하게 증가하고 있다. 국제비만특별조사위원회IOTF의 조사에 따르면 세계에서 과체중 또는 비만인 사람은 약 17억 명에 이른다고 한다. 이는 전 세계 인구의 약 27%에 해당하는 수치이다. 미국의 경우에도 성인의 약 61%가 과체중 또는 비만 인구로 추정되고 있다(Field, Barnoya, & Colditz, 2002). 세계보건기구WHO에서 추정하기로 우리나라도 2010년에 성인 남자의 59.8%, 여성의 55.6%가 과체중 또는 비만일 것으로 보고했다.

최근의 보건복지부 조사에 따르면 우리나라 비만 남성은 늘어나는 반면, 비만 여성은 약간 감소의 경향을 보이고 있다. 2005년 비만 남성의 비율은 약 35.2%로, 1998년 조사 결과인 26%보다 크게 늘어났으나, 여성은 1998년의 26.5%에서 2001년 29.4%, 2005년 28.3%로, 2000년대 들어 약간 감소했다. 이러한 결과에 대하여 여러 원인을 들 수 있겠지만, 여성의 경우 다이어트, 몸매관리 등과 관련된 시대적 흐름이 하나의 원인이 된 것은 분명한 듯하다.

비만은 단순히 외모적인 측면에서만 문제가 되는 것이 아니라, 건강 및 수명과 직접적인 관련이 있다. 이에 1997년 세계보건기구에서는 비만을 만성적 질병 중의 하나로 정의하고, 이에 대한 치료가 필요하다고 규정했다(WHO, 1998). 초기에 체지방이 약간 증가하는 현상을 소홀히 여기는 경향이 있으나, 지방은 에너지원으로 소비되는 비율이 상대적으로 낮기 때문에 체지방이 많을수록 그만큼 에너지 소비량이 적어져 급속도로 지방의 비율이 늘어날 수 있다. 따라서 초기에 경증 비만이었던 사람이 적절한 치료를 받지 않게 되면 곧 중증 비만이 되는 경우가 많다.

중증 비만은 개인의 건강한 생활을 위협하는 원인으로, 당뇨, 고혈압, 심장 혈관계 질환 등의 많은 신체 질환과 밀접한 관련이 있다(Zamboni et al., 2005). 2005년「국민건강영양조사」결과에서도 20세 이상의 성인 중에 비만 유병률이 남자 35.2%, 여자 28.3%로 전체 31.8%에 해당한다. 세계보건기구의 보고에서도 2002년에 연간 250만 명이 체중 관련 질환으로 사망했고, 2020년에는 그 수가 500만 명에 이를 것으로 추정하고 있다.

비만의 종류

비만은 비만을 구분하는 기준에 따라서 몇 가지 종류로 설명할 수 있다. 우선, 비만의 발생 원인에 따라서 단순 비만과 증후성 비만으로 구분된다. 단순 비만은 대부분의 비만과 관련이 있는 것으로 흔히 우리가 알고 있는 운동 부족과 과식 등이 원인이 된다. 반면에 증후성 비만은 유전, 내분비, 전두엽 및 대사성, 시상하부성 등의 질환이 원인이 되는 것으로 전체 비만증의 1% 이하로 비교적 드물다. 증후성 비만의 경우에는 그 원인을 정확하게 알고 치료하면 완치가 가능하다.

비만은 발생 시기를 기준으로 구분할 수 있다. 성장기에 시작된 비만을 소아 비만이라 하고, 성장기가 멈춘 이후 성인기에 시작된 비만을 성인 비만이라 한다. 최근 들어 소아 비만이 사회적 문제로 인식되고 있는데, 이는 성인 비만보다 해결하기가 훨씬 어렵기 때문이다. 소아 비만은 대부분 지방세포의 수가 증가하는 지방세포 증식형의 형태를 띤다. 그래서 성인이 되어 적절한 운동과 식이 요법을 실천하더라도 세포의 수는 줄어들지 않기 때문에 비만 중재 프로그램의 효과가 적거나, 또는 다시 원래의 비만 상태로 돌아가기가 쉽다. 반면에 성인 비만은 지방세포 비대형으로 세포의 크기가 증가하는 것으로 나타나기 때문에 소아 비만보다 비만 문제를 해결하는 것이 쉽고 그 효과도 크다.

지방 분포에 따른 체형을 기준으로 상체 비만과 하체 비만으로 구분할 수 있다. 사람마다 인체 부위에 따라 지방을 저장하는 형태가 다르다. 남성의 경우 주로 상체에 지방세포가 많기 때문에 상체, 특히 복부에 많은 양의 지방이 축적되게 된다. 이에 상체 비만을 남성형 비만 또는 그 인체 모양을 비유하여 사과형 비만이라고도 한다. 반면에 여성은 하체에 지방세포가 많기 때문에 주로 엉덩이, 허벅지 등의 부위에 지방이 많이 축적된다. 이에 하체 비만을 여성형 비만 또는 서양배형 비만이라고 한다. 일반적으로 상체 비만이 하체 비만보다 당뇨병이나 심장 질환에 걸릴 위험성이 높은 것으로 알려져 있다.

마지막으로 복부 지방의 위치에 따라 내장지방형과 피하지방형으로 나눌 수 있다. 이는 단층 촬영을 통해서 알 수 있는데, 일반적으로 내장지방형이 외형적으로는 잘 인식하지 못한다. 내장지방은 혈중 중성지방 수치를 올리고 체내 인슐린의 활동을 방해하며, 심장이나 간 등으로 지방세포가 이동하기 쉬워서 피하지방형보다 건강상 더욱 문제가 되고 있다(김선효 외, 2013).

소아 비만

소아 비만은 주로 유아기부터 사춘기까지의 비만을 말한다. 최근 「2007 국민체력 실태조사」에 따르면 초등학교 1학년 남자 어린이들의 체지방률이 2004년 8.7%에서 10%로 높아지는 등 남녀 초등학교 1~4학년의 체중이 1989년 「체력실태조사」를 실시한 이래로 가장 높게 나타났다는 결과를 보고하고 있으며, 그 수치가 15% 이상이라고 한다.

대부분이 과식이나 폭식, 그리고 운동 부족이 그 원인으로 작용한다. 또한 불규칙적인 생활 습관도 비만의 원인이 된다. 특히 일정하지 않은 수면 시간은 수면 중에 분비되어야 할 성장호르몬을 줄어들게 하여 곧 비만의 원인이 될 수 있다. 성장호르몬은 새벽 1시~3시에 많이 분비되는데 키가 크는 것뿐만 아니라 비만을 막아주는 역할을 하기 때문에 중요하다.

유아 및 아동 시기에 발생하는 비만은 운동 능력 저하, 심리적 자신감 결여, 신체적 자기 개념 저하 등의 결과를 초래하게 된다. 또한 이 시기에 발생하는 비만의 60% 이상이 성인 비만으로 이어진다는 데 더 큰 문제가 있다. 따라서 조기 발견과 적절한 치료, 그리고 무엇보다도 사전에 비만을 예방할 수 있는 생활 습관과 운동 습관을 갖는 것이 중요하다.

비만의 원인

지금까지 비만의 정확한 원인이 무엇이고 어떤 것이 가장 중요한 요인으로 작용하는지는 명확하게 밝혀지지 않았다. 그러나 일반적으로 비만의 원인을 크게 개인적 요인, 생물학적 요인, 환경적 요인으로 구분할 수 있다(Horgen & Brownell, 2002).

개인적 요인에서 가장 중요한 것은 식습관이다. 과식과 과음은 물론 불규칙적인 식사나 음식 섭취 방법의 문제 등도 비만의 근본적인 원인이 된다. 또한 평소에 잘 움직이려 하지 않는 소극적인 생활 습관으로 인한 신체 활동량 부족도 에너지 불균형을 야기해 비만의 원인이 된다.

생물학적 요인은 선천적인 유전 요인이 대표적이다. 최근 연구에 의하면 유전적인 요인에 의해서 체중의 33%가 조절된다고 한다(조성일, 2004). 통계적으로 비만인 아동의 60% 이상이 부모 중 한 명 또는 두 명 모두가 비만인 것으로 알려져 있다. 반면에 부모 모두가 마른 체형인 경우에 자식이 비만일 가능성은 10% 미만이라고 한다. 물론 이러한 가족력은 단순히 유전 등의 체질적 성향뿐만 아니라 가족의 식생활 습관 등의 문제도 복합적으로 작용한다. 예를 들어, 비만인 부모에게서는 과식이나 급하게 식사하는 잘못된 식습관을 자연스럽게 배우게 될 가능성이 높다.

환경적 요인은 경제 성장으로 인한 신체 활동량 감소와 패스트푸드와 같은 고지방 · 고열량 음식 문화의 변화 등 사회 요인을 말한다. 또한 경제적 요인도 비만에 영향을 주는데, 최근의 미국과 영국의 경우 소득이 낮은 여성이 경제적인 여유가 있는 여성보다 비만 정도가 훨씬 큰 것으로 조사되었다.

이 외에도 각종 질환이 비만의 원인으로 작용한다. 예를 들어, 중추신경계에 이상이 나타나면 자율신경에 의해 에너지 섭취량을 조절하는 기전에 문제가 생겨 음식 섭취에 대한 억제가 안 되고 이로 인하여 과잉으로 에너지를 섭취하게 되어 비만이 발생하게 된다. 또한 사회 적응에 문제가 있거나 각종 심한 스트레스를 받아 심리적 장애를 갖는 경우, 이러한 불만을 해소하기 위한 수단으로 음식을 섭취하게 되어 비만이 발생하기도 한다. 예를 들어, 신경성 폭식증 binge eating disorder이나 야간섭취 증후군night eating syndrome 등이 이에 해당한다.

비만은 위에서 제시한 원인들 중 어느 하나에 의해서만 나타나는 것이 아니라 여러 요인이 복합적으로 작용하여 생기게 된다. 과거에는 주로 개인적인 요인에 초점을 두었으나 비만 중재 프로그램의 효과가 충분하게 나타나지 않아, 최근에는 개인적 요인뿐만 아니라 생물학적 요인이나 환경적 요인에도 초점을 두어 중재 프로그램을 계획해야 한다는 목소리가 커지고 있다(Sperry, Lewis, Carlson, & Englar-Carlson, 2005).

비만과 건강

비만은 성인병의 전조 증상으로 거의 모든 성인병의 원인으로 작용하여 최소 26가지의 질병이 발병할 위험성을 높이는 것으로 알려져 있다. 이처럼 비만은 그 자체도 문제지만 비만으로부터 야기되는 합병증이 더 큰 문제가 된다. 그중에서 가장 심각한 것은 심장 질환, 고혈압, 당뇨병, 관절염 등이며(Williams, 1996), 고지혈증, 각종 암이나 성기능 장애, 여성의 경우에는 월경불순이나 불임이 올 수 있다.

비만은 심장 질환 및 심장 발작의 위험성을 약 60배 이상 증가시킨다는 연구결과가 있다. 또한 제II형 당뇨병 환자의 80% 이상이 비만인 것으로 보고되었다(Atkinson, 1992). 뿐만 아니라 비만이 오면 관절에 부담을 주어 허리나 무릎에 통증이 발생하기 쉽고, 지방의 대사 작용을 통해 생기는 요산 물질이 관절에 축적되면 통풍이라는 관절통이 오게 된다. 그리고 과도한 식이 요법으로 인한 영양 부족으로 골다공증이 유발되며 이는 골절의 위험성을 높이게 된다.

비만은 신체적인 측면뿐만 아니라 정신적인 측면에서도 많은 문제를 야기한다. 예를 들어, 외모에 대한 열등감으로 인하여 모든 일에 대한 자신감이 떨어지고, 이는 곧 사회생활의 문제로 이어지게 되고 급기야는 대인기피증이나 우울증과 같은 정신 질환을 겪게 된다.

3. 체중 조절을 위한 사전 평가

과거의 체중 변화에 대한 인지

개인의 체중이 그동안 어떻게 변화해왔는지를 아는 것, 다시 말하면 체중이 이상체중을 넘어 과체중으로 증가한 시점이 언제였는가는 체중 조절 프로그램을 처치하기 위하여 중요한 사전 정보가 된다(Sperry, Lewis, Carlson, & Englar-Carlson, 2005). 이는 어느 시기에서부터 비만 현상이 나타났는가에 따라서 체중 조절 프로그램의 효과가 달라질 수 있기 때문이다. 만약 비만이 유아나 아동기부터 발생했다면 지방세포의 수가 많아진 것이 비만의 원인이 되기 때문에 성인이 되어서도 이상적인 체중으로 회복되는 것이 쉽지 않다. 또는 회복되었다고 할지라도 체중이 다시 늘어나는 문제가 발생하기 쉽다. 반면에 아동기에는 정상적인 체중이었으나 성인이 되면서 비만이 나타났다면 이는 지방세포의 수가 아니라 지방세포의 크기와 관련이 있기 때문에 에너지 섭취와 소비의 관계를 적절하게 조절하면 정상적인 체중으로 돌아가는 것이 비교적 어렵지 않다. 이러한 사실은 유아기와 아동기 비만이 전 생애적인 측면에서 볼 때 얼마나 큰 문제가 될 수 있는지를 알려주고 있는 사실이기도 하다.

이러한 체중의 변화뿐만 아니라 자신이 체중 조절을 위하여 어떠한 노력을 했는지를 되돌아보는 것도 중요하다. 경험했던 노력의 성과에 따라서 앞으로의 체중 조절 프로그램 계획이 결정될 수 있기 때문이다. 특히 기존에 경험한 체중 조절 프로그램을 통해서 유의한 효과를 얻지 못했다면, 운동, 식이 요법, 행동 수정 등의 과정 분석을 통하여 새로운 프로그램을 계획해야 할 것이다.

비만도 평가

비만도는 체지방을 측정하거나 신체지수를 이용, 지수를 계산하여 판단할 수 있다. 표 6-1은 각 방법의 원리와 기준을 정리하여 제시한 것이다.

체지방량 측정법

체지방을 측정하는 방법에는 수중체중 측정법, 피부두께 측정법, 생체전기저항 측정법 등이 있다. 수중체중 측정법은 가장 정확한 방법으로 지방 조직이 제지방 조직보다 비중이 크다는 원리를 이용하여 체지방률을 측정하는 것이다. 그러나 수중 조건을 만들어야 하고, 폐 속에 남아 있는 공기에 대한 측정이 어렵다는 등 측정 방법상 여러 문제로 연구 목적 이외에는 잘 활용되고 있지 않다.

피부두께 측정법은 피하지방량이 체지방량을 반영할 수 있다는 가정을 가지고, 남자는 가슴, 복부, 대퇴 부위를, 여자는 상완 삼두근, 상장골, 대퇴 부위를 선택하여 피부 두께를 측정하고, 계산 공식에 의해서 체지방량을 결정한다.

생체전기저항 측정법은 일반 병원에서 비만을 평가하는 데 가장 많이 사용하고 있는 방법으로, 지방 조직이 전기 저항이 높아 전도율이 낮은 것을 활용하여 체지방량을 측정한다. 그러나 측정에 필요한 장비가 비싸기 때문에 전문기관이 아니면 이용하기가 쉽지 않다.

신체지수를 이용한 간접 측정법

비만도를 가장 쉽게 평가할 수 있는 방법은 신체질량지수BMI를 계산하는 것이다. 신체질량지수는 신장(m)과 체중(kg)을 이용하여 비만을 판정하는 것으로 정확성은 다소 떨어지지만 가장 많이 활용되고 있는 방법이다. 신체질량지수는 19세에서 70세 사이 연령대의 사람들의 비만도를 측정하는 데 주로 사용하지만, 소아나 청소년, 임산부, 그리고 70세 이상의 노인 등에게는 사용하지 않는다.

두 번째 방법은 이상체중을 계산하여 현재 체중과 비교하여 비만도를 평가하는 것이다. 이상체중은 브로카법을 변형하여 계산할 수 있다(표 6-1 참조). 이 방법도 신체질량지수만큼 간편하게 활용할 수 있지만, 이상체중에 대한 기준 설정이 어렵다는 단점이 있다.

표 6-1 비만 측정 방법

<table>
<tr><th>종류</th><th>측정법</th><th>원리</th><th>평가</th><th>기준</th></tr>
<tr><td rowspan="3">체지방
측정</td><td>수중
측정법</td><td>제지방 조직과 지방 조직의 비중의 차이 이용</td><td rowspan="3">아주 높다
높다
약간 높다
최적
낮다</td><td rowspan="3">남 31% 초과, 여 35% 초과
남 25~31%, 여 31~35%
남 17~24.9%, 여 26~30%
남 10~20%, 여 15~25%
남 10% 미만, 여 15% 미만
※ 출처: Lohman(1987)</td></tr>
<tr><td>피부두께
측정법</td><td>피하지방의 두께로 체지방량 추정</td></tr>
<tr><td>전기
저항법</td><td>지방 조직이 전기전도율이 낮은 것을 이용</td></tr>
<tr><td rowspan="2">간접
측정법</td><td>신체질량
지수</td><td>BMI = 체중(kg)/키(m)^2</td><td>비만 III군
비만 II군
비만 I군
과체중
정상
저체중</td><td>40.0 이상
35.0~39.9
30.0~34.9
25.0~29.9
18.5~24.9
18.5 미만
※ ACSM(2000) 기준</td></tr>
<tr><td>이상체중
이용한
초과 비율</td><td>• 이상체중
〈키 160cm 이상〉
=[키(cm)−100]×0.9
〈키 150~160cm〉
=[키(cm)−150]×0.5 + 50
〈키 150cm 이하〉
=[키(cm)−100]
• 비만도(%)
=(현재 체중−이상체중)/이상체중×100</td><td>비만
체중 과다
정상
체중 미달
마름</td><td>+20% 이상
+10%~+19%
−10%~+10%
−10%~−19%
−20% 이하</td></tr>
</table>

▶ 인용 및 수정 : 장경자, 『건강한 체중조절을 위한 맞춤 영양 정보』(개정판), 2007.

체력 평가

체중 조절을 위한 운동 프로그램을 계획하기 위해서는 먼저 자신의 체력에 대한 정확한 평가가 이루어져야 한다. 다양한 방법으로 체력을 측정할 수 있지만, 가장 쉽고 간편한 방법으로 스텝 검사step test가 있다. 스텝 검사는 심폐 체력 수준을 평가하는 방법으로, 일정 높이의 디딤대를 3분의 시간 동안 메트로놈의 리듬에 맞춰 완전한 스텝으로 분당 30회(29세 이하) 또는 24회(30세 이상) 오르내리는 것을 반복하는 것이다. 이때 디딤대는 남자 13~29세는 40cm,

그 외의 연령대의 남자와 전 연령대의 여자는 모두 35cm 높이로 실시한다. 3분의 오르내리기 운동이 끝난 후에 의자에 앉아 휴식을 취하면서 운동 후 1분~1분 30초, 2분~2분 30초, 3분~3분 30초 사이에 심박수를 측정하고, 세 개의 심박수를 합하여 회복지수recovery index를 구한다. 표 6-2는 남녀 대학생(18~25세)의 심폐 체력 평가 기준을 제시한 것이다.

표 6-2 스텝 검사를 이용한 심폐 체력 평가 기준

평가	회복지수	
	남자	여자
최상	95 ~117	95 ~ 120
아주 좋음	118 ~132	121 ~ 135
좋음	133 ~ 147	136 ~ 153
보통	148 ~ 165	154 ~ 174
나쁨	166 ~ 192	175 ~ 204
아주 나쁨	193 ~ 217	205 ~ 233

▶ 출처 : Powers & Dodd, 『건강한 삶을 위한 운동처방기초』, 장경태 · 이정숙 옮김, 2005.

식이 패턴과 운동 행동 평가

앞에서 설명했듯이, 효과적인 체중 관리를 위해서는 에너지 섭취 및 소비량에 대한 자가 평가가 선행되어야 한다. 그러기 위하여 일주일 동안 섭취하는 보편적인 식단과 식이 행동, 그리고 운동 행동의 구체적인 사항을 정리하는 것이 필요하다. 여기에는 각 음식에 들어 있는 영양소와 열량뿐만 아니라 자신의 식이 습관 등도 포함되며, 일상생활을 수행하기 위한 모든 활동과 취미 활동, 운동 등 모든 신체 활동의 내용과 각 활동에 따른 에너지 추정량 등을 상세하게 기록하도록 한다. 표 6-3과 6-4는 각 신체 활동에 따른 에너지 소비량을 나타낸 것이다. 이를 참고하여 하루 평균 에너지 소비량을 계산하여 평가해보자.

표 6-3 신체 활동과 체중에 근거한 하루 에너지 소비량 추정

활동 수준	생활에서의 신체 활동	체중 0.45kg 당 24시간 동안 소비된 Kcal
1	아주 비활동적(집 안에만 머물러 있는 것과 같은 제한적인 움직임)	13
2	비활동적(가벼운 노동 또는 사무직)	14
3	중간 정도의 활동(약간의 신체 활동과 주말의 레크리에이션 활동)	15
4	매우 활동적(최소한 일주일에 3~4회의 활발한 신체 활동)	16
5	스포츠 경기에 참여하는 선수(매일 스포츠 종목에 참여)	17~18

▶ 출처 : Powers & Dodd, 『건강한 삶을 위한 운동처방기초』, 장경태 · 이정숙 옮김, 2005.

표 6-4 운동 형태에 따른 체중별 에너지 소비량

신체 활동	체중별 에너지 소비량(kcal/시간)		
	50kg	70kg	90kg
걷기(평지, 60m/분)	210~230	290~320	380~400
걷기(평지, 100m/분)	240~330	340~460	430~580
조깅(평지, 140m/분)	400~420	560~590	730~760
사이클링(평지, 15km/시)	150~400	210~560	270~720
등산	250~500	350~700	450~900
에어로빅 댄스	200~350	210~490	270~630
사교춤	150~350	210~490	270~630
줄넘기	450~600	630~840	810~1080
배드민턴	200~450	280~630	360~810
골프(전동 카트)	100~150	140~210	180~270
골프(클럽 운반)	200~350	280~490	360~630
볼링	100~200	140~280	180~360
수영	390~510	550~720	700~920
탁구	150~250	210~350	270~450
테니스	200~450	280~630	360~810
스키	250~400	350~560	450~720
수상스키	250~350	350~490	450~630

▶ 출처 : 이명천 · 김영수 · 차광수 · 조성숙, "일반인 및 운동선수의 에너지 소비량에 관한 문헌고찰", 『체육과학연구』, 1996.

4. 체중 관리 프로그램의 실천

최적의 체중과 목표 설정

체중을 갑자기 줄일 수 있는 방법은 없다. 설령 급격하게 체중이 감소했다 하더라도 이는 곧 급격하게 다시 체중이 증가할 수 있음을 의미한다. 따라서 체중 감소량의 목표를 적절하게 설정해야 한다.

목표를 세우기 위해서는 우선 자신의 이상적인 체중과 체지방량을 알아야 한다. 일반적으로 체지방률이 남자의 경우 10~20%, 여자의 경우 15~25% 범위에 해당하는 체중을 최적의 체중으로 간주한다(Howley & Franks, 1997; Corbin & Lindsey, 2000). 이처럼 최적의 체중을 일정 범위로 정의하고 있는 것은 개인 차이를 고려하기 위함이다.

자신의 최적의 체중은 다음과 같은 순서에 의해서 구할 수 있다. 먼저 자신의 체중과 체지방률을 측정한다. 그러고 나서 자신의 제지방lean body mass 비율과 무게를 계산한다. 여기서 제지방 무게는 체중에서 지방을 제외한 것으로 뼈나 기관, 근육 등이 차지하고 있는 무게를 말한다. 그 후 위에서 제시한 체지방률의 범위에 해당하는 체중을 계산한다. 다음의 예를 통해서 자신의 적정한 체중을 계산해보자.

▶ 체중이 60kg이고 체지방률이 30%인 여성의 경우 건강과 체력을 위한 바람직한 체중의 범위는 다음과 같이 계산할 수 있다.

- 제지방의 비율 = 100% - 30% = 70%
- 제지방의 무게 = 60kg × 70% = 42kg
- 최적의 체중 범위
  - 체지방률이 15%인 경우 : 42kg / (1 - 0.15) = 49.41kg
  - 체지방률이 25%인 경우 : 42kg / (1 - 0.25) = 56kg
- 이 여성의 최적의 체중 범위는 49.41kg ~ 56kg이다.

최적의 체중의 범위가 정해지면 현재의 자신의 체중에서 몇 kg을 줄여야 하는지를 알고, 체중 감소량을 정해야 한다. 일반적으로 일주일을 단위로 했을 때 권장하는 최대 체중 감소량은 약 0.45~0.9kg이다. 만약 1kg 이상 체중을 감소시키게 되면, 이는 제지방, 즉 근육과 신체 기관의 무게의 감소와 관련이 있을 수 있다. 일주일에 약 0.5kg의 체중을 줄이기 위해서 소비해야 하는 열량은 약 3,500kcal 정도이다. 이를 하루 단위로 계산하면 하루에 약 500kcal를 소비해야 함을 의미한다. 물론 이는 기초대사량을 제외한 에너지 소비량을 의미한다.

체중 관리 기법의 적용

체중을 줄이기 위해서는 무엇보다도 장기적인 계획과 꾸준한 실천 의지력이 요구된다. 이는 체중을 줄이는 과정이 능동적인 노력에 의해서 이루어지기 때문이다. 체중은 절대적으로 수동적으로 줄일 수 없다. 만약 아무런 노력을 하지 않았는데 체중이 저절로 준다면 이는 당뇨나 악성 종양, 신장 질환 등의 질병을 의심해보아야 하며, 반드시 전문가와 상담해야 한다.

능동적으로 체중을 조절하는 것은 운동 요법, 식이 요법, 행동 요법, 약물 요법, 수술 요법 등의 방법을 통하여 실천할 수 있다.

운동 요법

지방을 줄이기 위해서는 하루에 최소 30분 이상 낮은 강도의 유산소운동을 지속적으로 실시해야 한다는 것은 널리 알려져 있다. 이는 유산소운동을 시작하고 15분 정도가 지나야 운동을 하는 데 필요한 에너지원으로 지방이 사용되기 때문이다. 또한 저강도의 운동을 계속하게 되면 지방산이 에너지원으로 사용되는 비율이 높아지고, 강도를 높일수록 탄수화물의 사용 비율이 높아지기 때문이다. 이렇게 볼 때 운동의 강도와 시간 및 빈도를 적절하게 결정하는 것이 운동 프로그램의 효과를 높이는 데 중요하다.

지방을 줄이기 위하여 유산소운동과 함께 근력 운동도 필요하다. 많은 사람들이 유산소운동만이 지방을 제거하는 데 도움이 되는 것으로 알고 있지만, 장기적인 측면으로 볼 때 또는 인체의 기능적인 측면을 고려할 때 근력 운동을 통해 근육을 증가시키는 것이 지방을 줄이고 체중을 감소시키는 데 중요한 역할을 한다. 이러한 흐름은 최근 들어 저항성 근력 운동의 효과로 비만을 해소하려는 사람들이 많아지는 것으로 이어지고 있다.

근육이 발달하게 되면 기초대사량이 증가하고, 이것이 체중 감소에 중요한 역할을 한다(Broeder, Burrhus, Svanevik, & Wilmore, 1992). 기초대사량은 하루에 소모하는 에너지량의 약 70%에 해당된다. 그런데 이러한 기초대사량의 약 35% 정도를 근육이 소모한다. 따라서 근육이 발달하여 근육의 활동을 증가시키게 되면 기초대사량이 증가하고 이는 곧 전체적인 에너지 소비량를 증가시킬 수 있게 된다.

근육 강화가 필요한 이유는 이뿐만이 아니다. 지방을 줄여 체중을 감소시키기 위해서는 많은 신체 활동이 필요하다. 그런데 신체가 움직일 수 있는 것은 근육이 수축하기 때문이므로 근육의 기능이 원활하지 않게 되면 활동량이 줄어들고, 이는 곧 지방이 늘어나는 원인이 된다.

나이가 들수록 근력 운동은 더욱 필요하다. 나이가 들면 특별히 식사량이 많지 않은데 체중이 증가하는 경우를 자주 볼 수 있다. 그 이유는 전체적인 신체 활동량이 줄었기 때문이기도 하지만, 근육의 양이 감소하게 되면서 기초대사량이 낮아졌기 때문이다. 따라서 지속적인 근력 운동을 통해서 근육의 양과 기능을 유지하는 것이 필요하다.

이와 같이 체중을 조절함에 있어서 운동은 중요한 역할을 하며(Blair, 1993; Ross, Freeman, & Janssen, 2000), 운동의 형태나 강도, 빈도, 시간 등이 체중 조절의 효과를 결정하는 주요 요인임은 분명하다. 그러나 좋은 운동 프로그램이 있다고 하더라도 그것을 지속적으로 실천하고자 하는 본인의 의지가 없으면 아무 소용이 없다. 즉 체중을 조절하기 위한 운동에서 가장 중요한 것은 운동을 지속적으로 실시할 수 있는 자신의 실천 의지일 것이다.

식이 요법

앞에서도 설명했듯이, 체중 조절에서는 에너지의 균형을 맞추는 것이 중요하며 이를 위해서는 에너지 소비량을 고려하여 에너지 섭취량을 조절해야 한다. 식이 요법은 이러한 에너지 섭취량을 조절하여 체중을 감소시키는 것이다.

일반적으로 하루에 1,200~1,500kcal를 섭취하도록 하는 식이 요법 프로그램에서는 1개월에 약 2kg의 체중 감량(일주일에 0.5kg 감소)을 목표로 한다. 이 프로그램을 6개월 정도 진행하면 약 10~12kg의 체중 감량을 이끌 수 있다(Wilson & Brownell, 1980). 이와 같이 적정한 체중 감량 목표를 가지고 여러 식품을 골고루 섭취하게 되면 요요 현상yo-yo effect을 예방할 수 있다.

그러나 비만 정도가 심한 사람의 경우는 이 정도의 방법으로는 충분하지 않다. 이때 다음과 같은 두 가지의 감량 식이 요법, 즉 저열량식low calorie diet: LCD과 초저열량식very low calorie diet: VLCD을 적용할 필요가 있다.

저열량식 식이 요법은 하루에 섭취하는 열량을 약 800~1,200kcal 정도로 유지하도록 하는 것이다. 이는 건강에 무리가 가지 않는 범위 내에서 할 수 있는 식이 요법으로 그리 심하지 않은 비만에 적용할 수 있다. 반면에 초저열량식 식이 요법은 30kg 이상의 체중을 감량해야 하는 중증 비만자에 적용하는 것으로, 비만 치료를 위한 최후의 수단이라 할 수 있는 수술 요법을 실시하기 이전에 사용하는 치료 방법이다. 이는 하루 섭취 열량을 800kcal 이하로 낮추는 것으로 보통 300~600kcal 정도로까지 섭취 열량을 조절한다. 따라서 이 방법은 주로 전문가의 관리 하에 음식 대신 조제식을 섭취하게 하고 최대 3개월로 기간을 제한하여 적용한다. 초저열량식 식이 요법을 적용할 때 가장 중요한 것은 섭취하는 음식 또는 조제식의 영양분(예: 단백질, 비타민, 무기질)이 양질의 것이어야 하며, 수분을 충분히 섭취해야 한다는 것이다.

행동 수정 기법

행동 수정 기법은 간단하게 말하면 잘못된 식습관과 운동 습관 등 전체적인 생활 습관에 변화를 주는 것을 말한다. 행동 수정 기법은 그 자체만으로는 체중 관리의 효과가 높지 않지만, 운동 요법이나 식이 요법과는 달리 중도에 그만둘 가능성이 높지 않아 장기적인 측면에서는 요요 현상이 나타나지 않는 체중 관리 프로그램의 주요 구성 내용이다(장경자, 2007).

행동을 수정하기 위해서는 자기 관찰self-monitoring을 통해 자신의 섭식 행동과 운동 행동을 정확하게 알고 있어야 한다. 자기 관찰은 자신이 일상생활 속에서 보편적으로 먹는 음식의 종류와 섭식 행동, 그리고 그 행동에 영향을 주는 요인을 추적하는 과정으로, 먹는 장소나 시간, 또는 음식에 대한 자신의 마음가짐 등을 기록하는 것도 포함한다. 섭식 행동은 수많은 환경적 요인에 의해서 영향을 받기 때문에 가능한 한 주변적인 모든 요인들을 기록해두는 것이 좋다. 이와 같이 자기 관찰은 자신이 음식을 먹는 행동뿐만 아니라 운동 행동과 환경적 요인 등을 항상 즉각적으로 기록하여 스스로를 감시하기 때문에 행동 수정 기법에서 빠져서는 안 되는 필수적인 과정이다. 자기 관찰이 반드시 필요한 또 다른 이유는 자신의 행동 패턴이 무의식적으로 이루어지는 경우가 많기 때문에 이를 철저하게 의식적인 통제 하에 두기 위해서이다.

체중 관리를 위해서는 자기 관찰을 통해서 인지된 행동 패턴 중에 체중 관리에 방해가 되는 요소에 변화를 주어야 한다. 이러한 과정을 자극 조절stimulus control이라고 한다. 그 예로 가족이나 친구가 음식을 사오지 못하도록 하거나, 자신에게 음식을 제공하지 못하도록 하는 것, 음식을 어느 특정한 장소에만 두는 등 식품을 구매하는 것에서부터 섭식 행동을 계획하고 실행하는 것까지도 의식적으로 통제하는 것을 들 수 있다. 자신이 선호하는 음식이 맛있거나 다양한 음식이 제공되면 자극 조절을 하는 것이 쉽지 않다. 음식 종류의 수나 맛을 통제하는 것도 음식 섭취를 조절하는 데 도움을 줄 수 있다(Sperry, Lewis, Carlson, & Englar-Carlson, 2005).

특정한 행동은 여러 가지 사전 의도와 행동이 하나의 고리chain의 형태로 연결되어 연속적인 과정으로 나타난다. 이를 행동 연결고리behavior chain라고 한다. 그림 6-2는 행동 고리의 한 예를 보여주고 있다. 이러한 행동 연결고리의 관계를 충분하게 인식하고 분석할 수 있다면 잘못된 섭식 행동을 고치는 것이

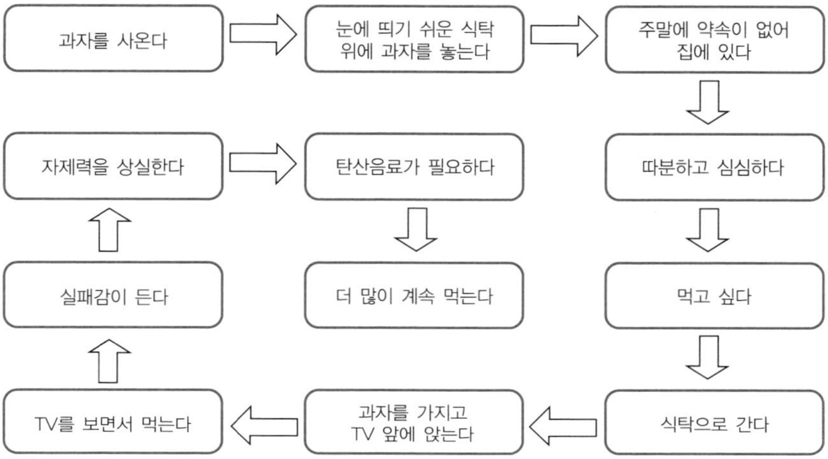

그림 6-2 행동 고리의 예

가능해진다. 가장 좋은 방법은 가능한 한 초기 단계의 행동 연결고리를 중단시키는 것이며, 빠르면 빠를수록 행동 수정이 보다 쉬워진다. 그림 6-2 예의 각 항목별로 어떠한 행동 수정이 가능할지를 생각해보자.

수술 요법

고도 비만(체질량지수 40 이상)이거나 혹은 비만으로 인하여 생명에 위협이 되는 경우에는 식이 요법과 운동 요법 등으로 치료하기에는 시간이 너무 오래 걸리기 때문에 수술 요법을 사용하는 것이 효과적이다. 하지만 그만큼 수술에 대한 위험성이나 부작용이 있기 때문에 수술 요법을 실시하기까지 신중한 결정이 필요하다.

수술 요법은 크게, 섭취하는 에너지의 양을 줄이는 방법과 이미 축적된 지방을 제거하는 방법으로 구분한다. 에너지 섭취량을 줄이는 방법으로 턱고정술, 위에 풍선을 삽입하는 방법, 위생술gastroplasty 등이 있다. 이는 인위적으로 음식 섭취를 제한하기 때문에 환자가 자신의 의지와는 관계없이 수동적으로 음식을 섭취하지 못하게 되므로 정신적인 장애가 수반될 가능성이 있다.

반면에 지방 조직을 제거하는 방법에는 지방제거술과 지방흡입술이 있다. 지방제거술은 특정 부분에 지방 조직이 많은 경우 국소적으로 피하지방을 제거하는 방법이다. 이 방법은 외과적으로 절개하여 보이는 지방을 제거하기 때문에 피부 주위의 작은 신경이나 혈관에 손상이 가해질 수 있다. 이와는 달리 지방흡입술은 지방이 축적된 부위에 작은 크기로 절개를 하고 관을 통해 지방을 흡입 제거하는 방법이다. 이는 어느 정도의 출혈이 예상되지만 지방제거술과는 달리 신경이나 혈관의 손상 정도가 적다.

5. 체중 증가를 위한 기초

지금까지의 체중 조절 문제는 주로 과체중이나 비만과 관련된 것이었다. 그러나 실제로는 너무 야위어서 자신의 신체에 대한 스트레스와 건강에 대한 문제를 안고 있는 사람들도 적지 않다.

저체중 역시 비만과 마찬가지로 건강에 부정적인 영향을 준다. 우선 기초대사량이 낮아지고 극심한 피로를 경험하며, 백혈구가 감소하여 저항력이 떨어지고, 그 결과 질병에 걸릴 위험성이 높아지게 된다. 또한 골다공증과 빈혈 등의 다양한 증상이 나타나게 된다. 따라서 이러한 사람들에게는 체중을 증가시키는 것이 하나의 과제가 된다. 그러나 체중을 증가시키는 것이 그리 단순한 문제는 아니다. 우선 자신의 체지방률이 어느 정도인지에 대한 확인이 필요하다. 왜냐하면 체지방률이 정상 범위에 있는지, 아니면 정상 범위보다 훨씬 낮은지에 따라서 그 방법에 차이가 있기 때문이다.

체지방률이 정상 범위보다 낮다면 우선 신체 지방을 증가시켜야 한다. 체지방률이 너무 낮으면 체내에 에너지 저장고로서의 역할을 할 수 없고 내장 기관을 보호하고 체온을 유지하는 보온 기능이 떨어지기 때문에 건강에 부정적인 영향을 줄 수 있다. 그러나 이러한 사람들은 체지방률을 증가시키는 일조차도 쉽지가 않다. 그 이유는 여러 가지가 있을 수 있으나 무엇보다도 생활 방식이나 습관에서 그 원인을 찾아볼 수 있다(Williams, 1996). 정상보다 지나치게 낮은 체지방률을 초래하는 원인에는 수면 부족이나 커피와 같은 카페인 음료의 과다 섭취, 또는 일정하지 않은 음식 섭취 등을 들 수 있다. 수면 시간이 부족하다는 것은 그만큼 활동량이 많다는 것을 의미한다. 따라서 이는 소비에너지를 증가시켜 체지방률의 증가를 막을 수 있다. 또한 카페인은 식욕을 떨어뜨리는 효과가 있기 때문에 그만큼 섭취 에너지의 양이 줄어들게 된다. 끼니를 자주 거르는 등의 규칙적이지 않은 음식 섭취도 음성 칼로리 균형을 초래하여 체지방량의 증가를 어렵게 한다.

기본적으로 체지방을 증가시키기 위하여 양성 칼로리 균형이 이루어지도록 전체 칼로리 섭취량을 증가시켜야 한다. 물론 이 양은 자신의 하루 에너지 소비량에 따라 결정되어야 하며, 보통 하루에 500kcal의 양성 칼로리 균형을 맞추도록 목표를 세우는 것이 적당하다. 이는 일주일에 약 0.45kg의 체중을 증가시킬 수 있는 수준이다(Powers & Dodd, 2003).

체지방률이 정상 범위 안에 있다면 이는 지방량의 문제가 아니다. 따라서 체중을 증가시키기 위해서는 지방이 아니라 근육을 증가시켜야 한다. 근육을 증가시키기 위해서는 적절한 웨이트 트레이닝이 필요하다.

또한 근육 증가를 위한 웨이트 트레이닝 자체가 상당한 에너지를 소모하는 활동이기 때문에 근육이 만들어지는 과정을 촉진시키기 위해서는 트레이닝에 필요한 에너지뿐만 아니라 근육 성장을 촉진하기 위한 부가적인 에너지도 필요하게 된다. 특히 새로운 근육을 형성하기 위한 단백질 섭취에 신경을 써야 한다. 그러나 너무 많은 에너지를 섭취하게 되면 체지방량을 증가시키는 원인이 되므로 적절한 에너지 섭취량의 조절 및 계획이 필요하다.

6. 영양과 건강

우리가 살아가는 데 필요한 영양소는 음식을 통해 섭취해야 한다. 영양소란 음식 속에 포함되어 있는 생명을 유지하는 데 필요한 성분을 말한다. 영양학적으로 섭취해야 하는 영양소는 탄수화물, 지방, 단백질, 비타민, 무기질, 물 등의 여섯 종류이다. 이 중에서 탄수화물, 지방, 단백질은 다량영양소macro-nutrients라 하며 3대 영양소로도 불린다. 이들은 일상적인 신체 활동을 수행하는 데 필요한 에너지를 공급해준다. 특히 탄수화물과 지방은 에너지를 만들어내는 1차적인 요소이며, 단백질은 조직tissue을 복원하는 데 필요하고 탄수화물이 부족하거나 과도한 스트레스를 받은 경우에는 에너지 연료로 사용되기도 한다. 반면에 비타민과 무기질은 미량영양소micro-nutrients로서, 세포의 기능을 조절하는 물질로 신체 구성에 중요한 역할을 한다.

탄수화물

탄수화물은 뇌와 신경세포에 필수 에너지원인 포도당을 공급해주고, 근육이 수축하는 데 필요한 에너지를 공급하기 때문에 매우 중요한 영양소이다. 탄수화물은 분자의 결합 형태에 따라 단순탄수화물과 복합탄수화물로 구분할 수 있다. 표 6-5는 단순탄수화물과 복합탄수화물이 포함되어 있는 식품을 나열한 것이다.

단순탄수화물에는 글루코스(포도당), 푸룩토오스(과당), 락토스(유당), 말토스(맥아당), 수크로오스(자당) 등이 포함된다. 단순탄수화물은 인체에 흡수되면 구조가 단순하기 때문에 분해가 수월하고 따라서 가장 빠른 에너지 공급원으로 활용된다. 또한 그만큼 활용되는 시간도 짧을 수밖에 없다. 반면에 복합탄수화물은 에너지를 공급하는 글루코스와 미량영양소 두 가지를 모두 제공하는 것으로, 전분과 섬유소 등이 이에 포함된다. 복합탄수화물은 구조가 복잡하여 분해되는 데 시간이 오래 걸리지만, 단순탄수화물과는 달리 안정적으로 에너지를 공급할 수 있다.

탄수화물이 부족하면 몸의 근육량이 줄어들고 쉽게 피로감을 느끼지만, 너무 많은 탄수화물을 섭취하게 되면 인슐린이 과도하게 분비되어 체내에 지방

표 6-5 탄수화물의 종류

구분		종류	식품
단순탄수화물	단당류	글루코스: 포도당 프룩토오스: 과당	과일, 꿀 과일, 꿀, 시럽, 채소
	이당류	락토스: 유당 말토스: 맥아당 수크로오스: 자당	우유, 유제품 맥아 설탕, 사탕수수
복합탄수화물	다당류	전분 식이섬유	곡류, 두류, 감자류 등 전곡, 과일, 채소 등

을 축적하여 비만을 초래하게 된다. 최근 탄수화물 중독증이라 하여 균형 잡힌 식사 대신에 빵이나 과자, 도넛 등 정제된 탄수화물에 중독되는 예가 종종 발견된다. 이러한 정제된 탄수화물은 영양 성분은 부족하고 열량만 높기 때문에 비만의 원인이 된다. 그러므로 과일이나 야채, 견과류, 콩류 등의 정제되지 않은 탄수화물을 섭취하도록 한다.

지방

지방의 큰 역할 중의 하나는 에너지를 효율적으로 저장한다는 것이다. 이는 동일한 양의 탄수화물(4kcal/g)이나 단백질(4kcal/g)보다 많은 양의 에너지(9kcal/g)를 가지고 있는 것으로도 알 수 있다. 또한 지방은 내장 기관을 보호하는 역할을 하며, 지용성 비타민인 A, D, E, K의 흡수, 운반, 저장에 도움을 준다. 지방에는 단순지방simple fat, 복합지방compound fat, 유도지방derived fat이 있다.

단순지방

단순지방은 음식에 들어 있는 지방의 약 95%를 차지하는 중성지방으로, 분해 과정을 통해서 근육이 수축하는 데 필요한 에너지를 제공한다. 중성지방의 기본 구조 단위를 지방산fatty acid이라 한다. 지방산은 에너지를 제공하는 차원뿐만 아니라 심혈관계 질환에 영향을 주기 때문에 영양학적으로 중요하다. 지방산에는 그 구조에 따라 불포화지방산, 오메가3지방산, 포화지방산, 전이지방산 등이 있다.

불포화지방산은 콩, 완두, 곡물 등의 식물성 식품에서 발견되는 것으로, 1980년대 초까지는 '나쁜 콜레스테롤'을 감소시키는 것으로 알려져 선호되었으나, 최근에는 '좋은 콜레스테롤'까지 감소시킬 수 있다는 결과가 나오고 있다. 오메가3지방산은 신선한 고등어, 참치, 연어 등에서 발견되는 것으로 혈액 콜레스테롤과 중성지방 수준을 모두 감소시키는 것으로 알려져 있다. 또한 심장 질환의 위험성도 낮출 수 있다는 연구 결과도 발표되고 있다(Von Schacky, Angerer, Wolfgang, Kothny, & Mudre, 1999). 포화지방산은 동물성 식품에서 발견되는 것으로, 실내 온도에서는 고체 상태이며 혈액 콜레스테롤을 높이는 주요 요인으로 알려져 있다. 따라서 심장 질환을 발생시키는 원인이 된다. 끝으로 전이지방산은 굽거나 튀긴 음식에 들어 있으며, 혈액 속의 전체 콜레스테롤 수준을 높인다.

복합지방

복합지방은 단백질, 중성지방, 콜레스테롤이 결합된 지질단백질로 건강과 매우 밀접한 관련이 있는 가장 중요한 형태이다. 특히 저밀도지질단백질(LDL 콜레스테롤)은 많은 양의 콜레스테롤을 포함하고 있기 때문에 심장 질환의 위험 요소이다. 반면에 고밀도지질단백질(HDL 콜레스테롤)은 주로 단백질로 구성되어 있어 심장 질환의 위험을 감소시키는 역할을 한다.

유도지방

유도지방은 실제로 지방을 포함하고 있지는 않지만, 물에 용해가 되지 않기 때문에 지방으로 분류된다. 콜레스테롤이 대표적인 유도지방이며 동물성 식품에 많이 들어 있다. 일부 콜레스테롤은 세포의 구성 물질이고, 남녀 성 호르몬과 같은 일부 호르몬 합성에 사용된다.

단백질

단백질은 인체를 구성하는 성분 중 수분 다음으로 함량이 높은 요소이다. 단백질의 가장 중요한 역할은 근육이나 뼈 등의 인체 조직을 구성하고 복원하는 것이며, 또한 뇌의 기능을 유지하고 면역, 영양소 저장 등 생명과 관련된 많은 일을 한다. 그렇지만 단백질은 탄수화물이나 지방과 같이 주요 에너지원으로는 작용하지 않는다. 다만 앞에서도 언급했듯이, 다이어트를 하고 있는 상황과 같이 탄수화물이 부족한 경우에는 단백질이 글루코스로 전환되어 에너지 연료로 사용될 수 있다(4kcal/g의 에너지를 저장하고 있다).

단백질에는 20종류의 다른 아미노산이 존재하는데, 이 중에서 9개의 아미노산은 인체 내에서 만들어지지 않기 때문에 반드시 음식을 통해 섭취해야 하며 이를 필수아미노산이라고 한다. 하루에 섭취해야 하는 단백질의 양은 남성과 여성 모두 체중 1kg당 1g이 안 된다(남성 0.9g/kg, 여성 0.8g/kg). 그러나 청소년 시기에는 성장이 빠르게 일어나기 때문에 단백질이 많이 필요하다. 이 시기에는 1g/kg의 단백질이 필요하다. 또한 임신한 여성의 경우에는 하루에 10g/kg의 단백질이 필요하며, 출산 이후에도 수유 기간 동안에는 하루에 12~15g/kg의 많은 양의 단백질이 필요하다.

하루에 필요한 단백질량은 하루에 섭취하는 음식으로 충분히 섭취할 수 있다. 따라서 단백질과 관련된 문제는 대부분 과잉으로 섭취하기 때문에 발생한다. 특히 단백질이 많이 포함되어 있는 동물성 식품은 지방도 많이 포함되어 있고 에너지양도 높아 비만이나 심장 질환 등의 질병의 위험성이 높아진다.

비타민과 무기질

비타민은 물질대사와 생리 기능을 조절하는 필수 영양소이다. 비록 많은 양이 필요하지는 않지만 인체 내에서 전혀 만들어지지 않거나 충분하게 만들어지지 않기 때문에 반드시 음식으로부터 섭취해야 한다. 그러나 음식 속에 있는 비타민은 음식을 만드는 과정에서 파괴되기 쉽기 때문에 비타민을 섭취하기 위해서는 특별히 신경을 써야 한다.

무기질은 식품이나 생물체에 포함되어 있는 원소 중에 산소, 수소, 탄소, 질소를 제외한 다른 원소를 통틀어 말하는 것으로, 인체 내에서 에너지원으로는 사용되지 않지만 근육 수축, 효소 작용, 수분 균형 유지 등의 인체 기능을 조절하는 데 중요한 역할을 한다. 가장 많이 알려진 무기질로는 칼슘과 철, 나트륨 등이 있다. 칼슘은 뼈를 형성하는 데 중요한 역할을 하며, 칼슘 부족이 골다공증의 원인이 된다. 그러나 너무 많이 섭취하게 되면 몸이 허약해지고 무기력한 증세가 나타난다. 반면에 철분이 부족하면 빈혈이 오며 만성적 피로를 겪게 된다. 하지만 과다 섭취하면 철침착증이 생긴다. 끝으로 나트륨은 과다한 경우 심장병, 고혈압과 관련이 있다.

수분

물은 인간이 살아가는 데 없어서는 안 될 필수 요소이다. 수분은 체온을 조절하고 혈액량을 유지하며 인체 내의 노폐물을 배출시키는 등 중요한 역할을 한다. 인체의 약 60~70%가 수분이기 때문에 수분이 부족하게 되면 인체 기능에 많은 문제를 초래하게 된다. 예를 들어, 5% 정도의 수분이 부족하면 집중력이 약해지고 피로를 느끼며 허약해진다. 수분의 양이 15% 정도 부족하면 이는 생명까지 위험해질 정도로 치명적일 수 있다.

개인의 생활 습관에 따라 크게 다를 수 있지만, 일반적으로 하루에 약 2.4~2.8리터 정도의 수분을 섭취해야 한다. 보통 음식을 통해서 섭취되는 수분의 양이 약 1.4리터 정도가 되므로, 최소한 하루에 1~1.4리터 정도의 물을 마시는 것이 좋다. 그러나 땀을 많이 흘리거나 설사 등의 수분을 많이 소모하는 상황에서는 더 많은 수분을 섭취해야 한다. 특히 강도가 높은 운동을 하는 경우에는 시간당 1~3리터 정도의 많은 양의 수분이 땀으로 배출되므로(Powers & Howley, 2001), 이에 대한 보충이 반드시 필요하다.

자신의 식단 계획하기

일반적으로 균형 잡힌 식단은 약 58%의 탄수화물, 약 30%의 지방, 약 12%의 단백질을 포함하고 있는 것을 말한다(Powers & Dodd, 2003). 그러나 하루에 모든 식단을 이러한 비율에 맞추는 것은 어려운 일이다. 따라서 자신의 건강을 지키기 위하여 필요한 영양소를 충분히 섭취할 수 있도록 계획적으로 식단을 구성하는 것이 필요하다. 앞에서 설명한 필요 영양소와 각 음식에 포함되어 있는 열량을 고려하여 자신의 식단을 구성해보자.

먼저 현재 자신의 생활 습관에 따라 일주일 동안 섭취하는 음식의 종류와 영양소, 열량 등을 기록해보고, 과다하거나 부족한 영양소가 무엇이고 어느 정도의 칼로리를 섭취하는지를 분석해보자. 그러고 난 후, 그림 6-3에서 제시한 식품구성탑을 고려하여 자신에게 맞는 식단을 구성해보자.

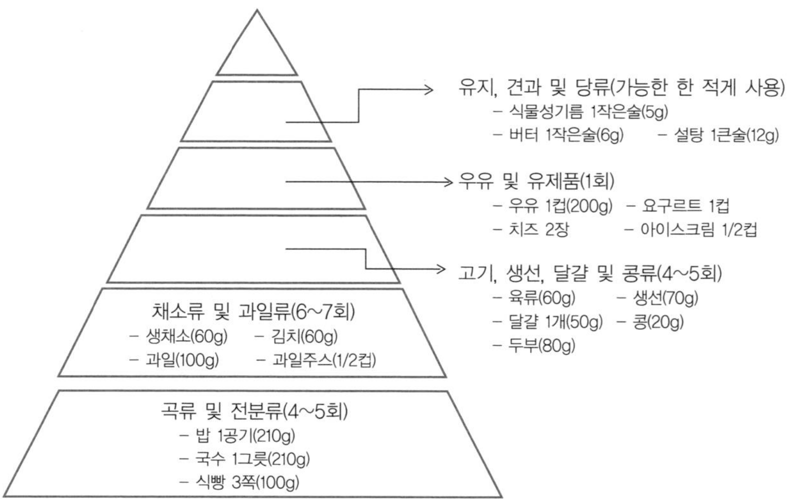

그림 6-3 식품구성탑

▶ 출처 : 한국인의 영양권장량(한국영양학회, 2000, 제7차 개정)

제7장

운동과 건강 상담

운동exercise은 우리의 일상적인 생활 속에서 누구나 자주 사용하는 용어이지만, 그 개념을 정의하는 것은 생각보다 쉽지 않다. 사람마다 다양한 의미로 사용할 뿐만 아니라 경우에 따라서는 그 개념이 상충되기도 하기 때문이다. 예를 들어, 운동은 모든 신체 활동을 뜻하기도 하지만, 때로는 체력적인 측면을 강화하기 위한 활동으로 국한지어 사용하기도 한다.

운동의 어원은 라틴어인 'exercitium(훈련하다)'에서 찾을 수 있다. ACSM (American College of Sport Medicine, 2006)에서는 운동을 "신체의 하나 또는 그 이상의 체력 요소를 향상시키거나 유지시키기 위해서 계획적이고 반복적으로 행해지는 신체 움직임"이라고 정의하고 있다. 또한 사전적 의미로 운동은 "신체적 건강을 유지하거나 증진시키기 위한 신체적 노력"(Merriam-Webster's Collegiate Dictionary, 2003)으로 정의할 수 있다.

운동에 대한 이러한 정의는 신체적인 체력 요소에 초점을 둔 경향이 있다. 그러나 실제로 운동은 단순히 신체적 건강이나 체력 요소를 향상시키는 활동만을 말하는 것은 아니다. 운동에 참여한 사람들은 체력 향상뿐만 아니라, 체중 감소, 외모 관리, 경쟁을 통한 친목 도모, 특정 스포츠 활동의 기술 향상, 사회적 관계 형성, 스트레스 해소나 정서 관리 등 다양한 목적을 가지고 있으며, 이에 대한 효과를 기대하고 있다.

운동의 개념은 다음과 같은 요소로 정리할 수 있다. 첫째, 반복적인 신체 움직임을 포함하는 근육의 활동이며, 둘째, 계획적으로 의도적이고 목적이 있는 신체 활동이며, 셋째, 건강이나 체력, 기술, 또는 경쟁 요소에 초점을 두는 활동이다(Berger, Pargman, & Weinberg, 2007). 따라서 운동은 걷기나 조깅, 요가, 수영 등과 같이 건강을 위한 활동뿐만 아니라 축구, 테니스, 농구 등과 같이 다양한 목적으로 이루어지는 스포츠 활동도 포함한다.

1. 운동과 삶의 질

삶의 질quality of life을 높이는 것은 모든 사람들이 추구하는 삶의 목표로, 다양한 요소 간의 매우 복잡한 상호 관계 속에서 그 삶의 질은 결정된다. 세계보건기구가 제안한 삶의 질의 개념적 구조를 살펴보면, 그 요소로 신체적 건강, 심리적인 상태, 독립성의 수준, 사회적 관계, 개인적인 신념, 환경 요소와의 관계 등을 포함하고 있다(WHO, 1995).

삶의 질은 생활 속에 나타나는 객관적인 상태보다는 개개인이 느끼는 주관적인 경험이나 요구 등에 의해서 결정된다(Diener, 1994; Mroczek & Kolarz, 1998). 다시 말해 사회적 지위나 위치, 경제적 · 교육적 수준 등 객관적으로 평가되는 자신의 현재 상태는 자신이 살아가는 환경과 가치 체계, 그리고 자신의 삶의 목표와 기대, 관심 등의 주관적인 기준에 의해서 다르게 평가될 수 있다는 것을 의미한다.

삶의 질을 구성하는 요소들 중에서 '건강한 삶'은 삶의 질을 결정하는 데 기본적인 주요 조건이며, 모든 사람들의 최대 관심 주제이다. 예전에는 건강을 질병이 없는 상태로 정의했으나, 1970년대 이후에 들어 건강에 대한 생각이 변화하여 단순히 질병이 없는 상태가 아니라 체력적 · 정서적 · 사회적으로 건강한 상태, 다시 말해 웰니스wellness라는 개념으로 건강을 설명하고 있다(Margen et al., 1992). 웰니스는 건강한 생활 방식을 실천함으로써 성취되는 최적의 건강 상태를 말한다. 웰니스는 다음과 같이 크게 다섯 가지 요소의 상호 작용 속에서 성취할 수 있다.

첫째, 신체적 건강은 질병이 없음은 물론이고 체력이 좋음을 의미한다. 앞으로 논의되겠지만, 체력은 질병의 위험성을 줄여주고 삶의 질을 향상시키기 위한 건강의 기본 요소이기 때문이다. 둘째, 정서적 건강은 사회적 관계 속에서 자신의 감정을 잘 조절하고 일상생활 속에서의 스트레스에 잘 대처할 수 있는 능력을 말한다. 흔히 정신 건강이라고도 한다. 셋째, 사회적 건강은 의미 있는 대인 관계를 통하여 사회 구성원 간의 연결망을 구성하는 것이다. 이를 통하여 사회적 자신감을 갖고 정서적으로 건강한 생활을 영위할 수 있다. 넷째, 지적 건강은 평생 학습 측면에서 꾸준히 지적 활동을 수행함으로써 상황에 대한 판단과 해결 능력을 증가시키는 것이다. 끝으로 영적 건강은 자신의 개인적 가치관을 갖는 것과도 관련이 있으며, 삶의 목표에 대한 이해, 희로애락을 경험하는 능력, 타인과 다른 생명체를 존중하는 능력 등을 포함한다(Williams, 1996).

건강한 생활과 운동은 밀접한 관련이 있다. 이미 많은 연구를 통해서 운동은 신체적 건강뿐만 아니라, 정신적·사회적 건강을 유지하거나 향상시키는 데 효과가 큰 것으로 보고되고 있다. 또한 이는 곧 운동이 전 생애에 걸쳐 개인의 삶의 질 향상에 영향을 주는 요인임을 의미하는 것이다(Berger & Tobar, 2006). 신체 활동과 건강에 대한 미국 보건총감의 보고서에서도 신체 활동과 운동이 건강 유지와 증진에 효과가 있다는 내용을 다양한 측면에서 보고했다(USDHHS, 1996).

그림 7-1은 규칙적인 운동의 효과를 간단히 정리한 것이다.

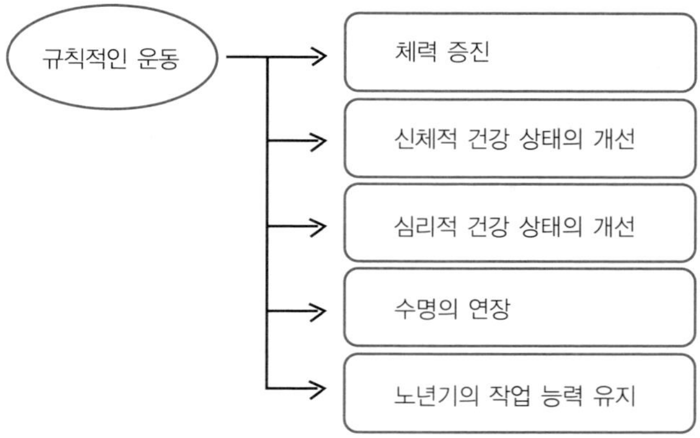

그림 7-1 규칙적인 운동의 효과

▶ 출처 : Powers & Dodd(2003)에서 인용 및 수정

2. 운동 참여

운동 참여의 목적

사람들은 왜 운동을 하는 것일까? 우리가 운동에 참여하는 이유는 의외로 간단할 수 있다. 그것은 우리가 운동을 통해서 유익함을 얻을 수 있고 또한 운동으로부터 긍정적인 효과를 기대하기 때문이다. 그렇지만 모든 사람이 동일한 유익함이나 효과를 원하지는 않는다. 어떤 사람들은 성인병과 같은 만성적인 질환의 위험성을 낮추며 건강을 유지하기 위하여 운동에 참여하는 반면, 어떤 사람들은 체중 조절과 몸매 가꾸기를 위하여, 혹은 일상생활로부터 겪는 많은 스트레스를 해소하고자 운동에 참여하는 등 그 이유가 다양하다.

건강과 체력 향상

운동이 신체적 건강과 체력을 유지하거나 향상시킬 수 있다는 것은 일반적인 상식이 되어 있다. 또한 건강과 체력에 대한 이러한 긍정적인 효과는 운동에 참여하게 되는 가장 큰 이유이기도 하다. 간단하게 말해서, 운동은 신체 시스템의 발달에 긍정적인 영향을 갖는다. 우선 청소년 시기의 골밀도가 증가하고 이는 노화가 진행되어도 골밀도를 유지시켜주어 골다공증을 예방해주는 기반이 된다. 뿐만 아니라 근육의 비대 현상muscle hypertrophy이 나타나 근력 및 근지구력이 증가하고, 휴식 시와 운동 상황에서 심박수와 혈압을 낮추며 혈류량도 증가시켜 순환 시스템의 발달을 가져온다.

또한 운동에 규칙적으로 참여하여 체력이 높아지면 만성적인 질환에 노출될 위험성이 낮아진다(Berger & Motl, 2001; Landers & Arent, 2001). 구체적으로 운동이 고혈압, 심장 질환, 골다공증, 당뇨병, 뇌졸중 등과 같은 질환의 가능성을 낮추는 데 긍정적인 효과가 있다. 이는 곧 논란의 소지가 있기는 하지만 운동이 수명을 연장시키는 것으로 보고되고 있다(Paffenbarger, Kampert, Lee, Hyde, Leung, & Wing, 1994; Lee & Paffenbarger, 2000; Franklin, 2001). Paffenbarger et al.(1994)의 연구에 따르면 규칙적인 운동에 참여하는 사람들이 비활동적인 생활 습관을 가진 사람들보다 사망률이 31% 낮은 것으로 나타났다. 또한 USDHHS(1996)가 운동과 심장병의 관계를 흡연과 심장병의 관계와 거의 동일한 것으로 보고할 정도로 운동은 영향력이 큰 것으로 간주되고 있다.

성인병을 앓고 있는 사람들에게는 운동이 치료나 재활의 목적으로 이루어진다. 이러한 경우에는 질환의 특성에 따라 운동의 강도나 형태 등을 신중하게 선택해야 하므로, 자신의 건강 상태와 체력 상태에 따라 적절한 운동 프로그램을 계획해야 한다.

즐거움

어렸을 때 친구들과 골목길에서 뛰어 놀던 기억은 누구나 다 가지고 있다. 누가 시켜서도 아니며 건강을 증진시킨다든지 스트레스를 해소한다든지 하는 특별한 목적이 있어서 그랬던 것은 아니다. 어린아이들이 매일매일 자발적으로 뛰어놀 수 있는 것은 바로 즐거움enjoyment 때문이다(Passer, 1982).

즐거움을 느끼거나 얻는다는 것은 말처럼 쉬운 게 아니다. 즐거움은 즐거운 마음이나 느낌을 말하는 것으로, 긍정적인 정서나 감정 상태로 볼 수 있다(Wankel, 1993). Wankel(1993)은 즐거움을 활동 자체에 대한 내적 동기에 영향을 주는 요인 중의 하나로 보고 있다. 또한 운동에 즐거움이 없으면 운동을 통해 얻을 수 있는 심리적인 긍정적 효과를 기대하기 어렵다는 것도 흥미로운 연구 결과이다(Berger & Owen, 1988; Motl, Berger, & Leuschen, 2000).

Wankel(1985)은 많은 사람들이 다양한 운동 프로그램에 참여할 때, 처음에는 즐거운 경험보다 '건강에 유익하니까' 혹은 '스트레스 해소에 도움이 되니까' 등의 목표에 우선순위를 둔다고 하면서, 이것이 결국 운동 참여 초기에 운동을 중단하게 되는 확률을 높이는 원인이 된다고 했다. 결국 운동 참여 초기에 즐거움이 없으면 아무리 좋은 프로그램이라 할지라도 지속적으로 참여하는 것이 쉽지 않다는 것을 의미한다.

즐거움은 내적 동기를 부여하는 가장 큰 요소이다. 외모를 가꾸거나 체중을 감소시키는 것과 같은 것은 일종의 외적 동기 요소라 할 수 있다. 실제로 운동을 처음 하고자 하는 사람들은 내적 요소보다는 외적 요소에 더 큰 가치를 두는 경향을 보인다. 뿐만 아니라 운동 처치를 상담하는 전문가들도 즉각적인 운동의 효과(예: 체중 감소나 근육 발달 등)를 위하여 즐거움이라는 중요한 요소를 간과하기 쉽다. 그러나 실제로 운동에 참여할 때 외적 동기 요소만을 강조하여 외적 가치만을 강조하게 되면 장기적인 측면에서 운동에 지속적으로 참여하는 가능성이 낮아지고 운동의 긍정적인 효과를 충분히 얻을 수 없다. 따라서 쉽지는 않겠지만, 동일한 운동 효과를 얻을 수 있으면서 즐거움이나 흥미를 경험할 수 있는 다양한 신체 활동으로 프로그램을 구성하는 것이 전문가의 역할일 것이다.

외모

많은 사람들은 자신의 체중이나 몸매에 불만을 갖거나 걱정을 하면서 체중 감소나 근육 강화를 위하여 운동에 참여한다. 운동은 체지방의 비율을 줄이고 제지방의 비율을 높이는 데 효과가 있으며, 다양한 저항 운동을 통해서 근육을 강화시킬 수 있다.

예전에는 여성이 남성보다 외모를 향상시키기 위하여 운동에 참여하는 비율이 높았으나 최근에는 남성들도 체중 조절뿐만 아니라 근육을 발달시켜 몸매를 가꾸는 데 관심이 많아졌다. 그러나 이러한 목적(특히 체중 감소)으로 운동에 참여하는 사람들 중에 특히 여성의 경우 자신의 신체에 대한 잘못된 인식을 갖고 있는 경우도 적지 않다. 예를 들어, 우리나라 여성의 경우 날씬함이나 외모에 대한 지나친 관심으로 정상 체중인 사람들뿐만 아니라 저체중인 사람들까지도 체중 감소를 위한 노력을 하고 있는 것이 현실이다(Park & Yoon, 2005). 이는 여성이 남성보다 자신의 체중을 더 과대평가하며 덜 만족하는 경향이 있기 때문이다(Franzoi & Koehler, 1998). 이에 심한 경우에는 잘못된 방법으로 체중을 감량하려는 시도를 하게 되고, 이는 결국 영양의 불균형 및 부족 등으로 인하여 자신의 건강을 해치게 된다. 따라서 건강 상담 전문가들은 이러한 사람들에게 자신의 신체를 정확하게 지각할 수 있도록 유도해야 하며, 올바른 목적으로 운동에 참여할 수 있도록 안내해야 할 책임이 있다.

심리적 효과

운동 이후에 샤워를 하고 난 느낌은 '기분이 좋다', '상쾌하다' 등의 단어로 표현될 수 있을 것이다. 이러한 운동 후의 느낌은 단순히 정서적인 기분의 변화만이 아니라 일상생활에서 겪는 긴장과 불안, 스트레스 등을 감소시키고 행복한 느낌을 갖게 해준다. 이처럼 규칙적인 운동은 일상생활을 수행함에 있어서 활력을 주고 기분을 좋게 만들며, 무엇보다도 운동을 통해 정신 건강을 증진시킬 수 있는 힘이 된다.

운동이 갖는 대표적인 심리적 효과 중의 하나는 자기 존중감self-esteem 또는 자기 개념self-concept이 향상되는 것이다(Sonstroem, 1997). 실제로 자기 존중감과 자기 개념은 자신의 가치에 대한 느낌이기 때문에 정신 건강을 위해서 매우 중요하다. 사실 운동을 하지 않던 사람이 운동을 시작하면 그 자체가 신체적 자기 존중감을 높여주기도 한다. 이는 자신이 하지 않았거나 하지 못했던 행동을 하기 시작하는 것에서 자신에 대한 가치를 느끼기 때문이다.

신체적 자기 존중감을 형성하는 데 긍정적인 영향을 주는 요인 중 하나가 신체 이미지body image이다. 신체 이미지는 자신의 신체적 외모에 대한 주관적인 지각을 말한다. 일반적으로 체력과 자신의 능력이 좋아지면 신체에 대한 이미지나 자신에 대한 가치를 지각하는 것이 긍정적으로 변하게 된다(Fox, 2000).

사회 관계 형성

일반적으로 운동을 하게 되면 새로운 사람들을 만날 수 있는 기회가 늘어나고, 이는 곧 건전한 사회적 관계를 맺는 데 좋은 장이 될 수 있다. 현대 사회에 들어 많은 일들이 온라인상에서 이루어지고 있기 때문에 이러한 오프라인에서의 만남은 단순한 만남 이상의 의미를 갖는다.

운동에 참여하는 사람들 중 거의 90%가 혼자가 아닌 파트너와의 운동 또는 그룹 운동을 선호하는 것으로 나타났다(Berger, Pargman, & Weinberg, 2007). 또한 운동을 같이 하는 사람들과의 사회적 관계가 실제로 운동에 지속적으로 참여하는 비율을 높이는 것으로 보고되고 있다(Willis & Campbell, 1992).

이와 같이 함께 운동하는 과정을 통해서 서로 친근해지고 상호 존경하게 되는 등 다양한 사회성을 갖게 된다. 특히 청소년기에는 친구들과의 사회적 유대감을 형성하는 데 운동과 신체 활동이 절대적인 역할을 한다. 다시 말하면 새로운 친구를 사귀고, 지속적으로 만나고 싶어하는 등의 내적 동기가 운동을 통해서 발현될 수 있는 것이다. 이러한 경향은 청소년뿐만 아니라 성인에게도 동일하게 적용된다(Heitmann, 1986).

운동 참여 요인

미국에서도 최근 30년 동안 신체적 건강과 운동에 대한 관심이 눈에 띄게 증가했지만, 실제로 운동을 생활화하고 있는 사람들은 그리 많지 않다. 최근 조사에 따르면 규칙적으로 운동에 참여하고 있는 사람들은 전체 인구의 약 1/3에 불과하고, 이들마저도 운동의 최대 효과를 얻을 수 있을 만큼의 운동은 실천하고 있지 못한 것으로 보고되고 있다. 또한 CDC(Centers for Disease Control and Prevention, 2001)의 보고에 따르면 미국 성인의 약 75%가 비활동적이거나 충분하지 않은 신체 활동에 참여하고 있다.

문화체육관광부에서 실시한 「국민생활체육 참여실태조사」 결과가 그림 7-2에 나타나 있다. 주 2~3회 이상 규칙적으로 운동에 참여하고 있는 비율이 1997년 이후 2006년까지 점차 증가하는 경향을 보이다가 2008년에 다소 감소했지만, 2010년에는 다시 40% 이상의 운동참여율을 보이고 있다(1997년 38.8%, 2000년 33.4%, 2003년 39.8%, 2006년 44.1%, 2008년 34.2%, 2010년 41.5%). 반면, 운동에 전혀 참여하지 않고 있는 비율도 2008년 이후 증가하여 2010년 조사에서는 약 45%의 비율을 보였다.

위의 통계 조사는 현재 운동에 참여하고 있는 비율에 대한 것이다. 물론 운동 참여보다 더 중요한 것은 운동의 효과를 얻기 위해서 오랫동안 지속적으로 참여하는 것이다. 그러나 운동의 지속적인 실천은 생각보다 쉽지 않다. 한 연구에 따르면 운동 프로그램에 참여하기 시작한 사람들의 약 50%가 운동 시작 후 약 3~6개월 이내에 운동을 그만둔다고 보고하고 있다(Dishman, 1988). 특히 1개월이 채 안 되어 운동을 그만두는 경우도 많다. 운동의 효과가 장기간에

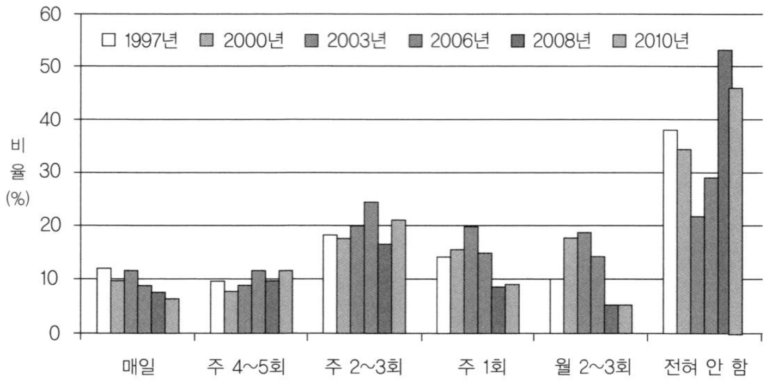

그림 7-2 생활체육 참여율

▶ 출처 : 문화체육관광부, 「국민생활체육 참여실태조사」, 2010.

걸쳐 나타난다는 측면을 고려할 때 지속적인 참여의 중요성을 알 수 있다. 표 7-1은 운동 프로그램의 지속적인 참여와 관련된 요인을 정리한 것이다.

표 7-1 운동 프로그램의 지속적인 참여와 관련된 요인

영역별 요인	긍정적 영향	부정적 영향	중성적 영향
개인적 요인			
과거 운동 프로그램에의 참가	V		
건강에 대한 믿음과 지식			V
자아-동기	V		
나이		V	
교육	V		
건강과 체력에 대한 견해	V		
정서 장애		V	
생리적 요인			
체중		V	
심폐계의 질환	V		
부상		V	
일반적인 의학상의 문제		V	
상황적 요인			
사회적 지지	V		
시설의 편리성	V		
시간 부족이라는 생각	V		
기후		V	
비용			V
가족 및 개인적인 문제		V	
일상생활의 혼란		V	
행동적 요인			
흡연		V	
사무적인 행동		V	
A형 행동		V	
프로그램 요인			
높은 운동 강도		V	
집단 프로그램	V		
지도자의 자질	V		
활동 선택에 대한 견해	V		

▶ 출처 : Weinberg & Gould, 『스포츠 운동심리학의 기초』, 이순천 외 옮김, 1998.

개인 배경 요인

개인의 배경 요인과 운동 참여 및 지속의 관계는 많은 연구를 통해서 유의미한 상관성이 있음이 제시되었다(김병준, 2006). 그리고 이러한 관계는 사회 문화적인 영향을 받기 때문에 국가별로 차이가 있다.

• **성별과 연령** : 2010년 「국민생활체육 참여실태조사」에 따르면, 남성이 여성보다 주 2~3회 규칙적으로 운동에 참여하는 비율이 전체적으로 높은 것을 알 수 있다(남성 평균 44.3%, 여성 평균 40.6%). 특히 10대와 70대 이상의 경우에는 남성이 여성보다 운동참여율이 월등히 높은 것으로 나타났으며, 40대와 50대에서는 여성이 남성보다 운동참여율이 다소 높은 것으로 나타났다(그림 7-3, 그림 7-4 참조).

연령대별로 비교한 결과에서는 주 2~3회 규칙적으로 운동에 참여하는 사람의 비율이 60대까지 점차적으로 증가하지만, 70대 이후에는 운동참여율이 낮아져 비참여율의 평균이 50%를 넘는 것을 알 수 있다. 특히 남성과 비교하여 여성의 경우에는 50대까지 운동참여율이 크게 증가하는 경향을 뚜렷하게 보였다(그림 7-3, 그림 7-4 참조).

고령일수록 운동에 참여하는 비율이 낮아진다는 것은 전 세계적으로 공통적으로 나타나는 현상 중의 하나로 알려져 있다(예: Ruuskanen & Puoppila, 1995). 고령이 되면 심혈관계 기능이 떨어지고 근력이 약화되는 등 건강 상태가 악화되는 것뿐만 아니라 사회생활로부터의 은퇴 또는 고립 등으로 인하여 운동에 참여하는 비율이 낮아지는 경향을 보였다.

성별에 따른 운동참여율의 차이는 많은 연구들(예: 청소년기 Fuchs et al., 1988; 성인기 Leslie et al., 2001; 노인기 Ruuskanen & Puoppila, 1995)에서도 잘 나타나 있다. 우리나라의 경우, 가족 및 사회 문화적 영향의 차이를 그 원인으로 들 수 있다(김경원, 2005). 그러나 최근 들어 여성의 사회 활동 참여 증가와 다이어트 및 건강에 대한 관심 증가로 인하여 여성의 운동참여율이 급격하게 증가하고 있는 추세에 있는 것은 틀림없는 사실이다.

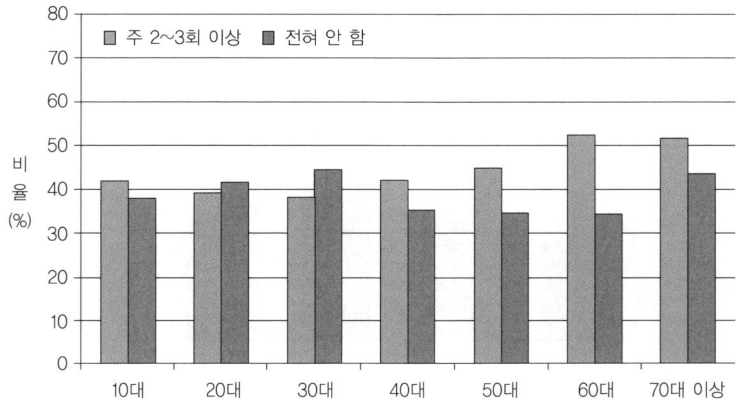

그림 7-3 연령대별 남성의 생활체육 참여율과 비참여율

▶ 출처 : 문화체육관광부, 「국민생활체육 참여실태조사」, 2010.

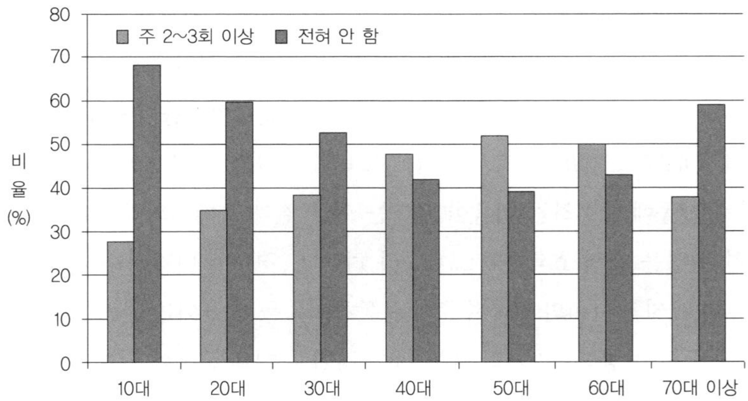

그림 7-4 연령대별 여성의 생활체육 참여율과 비참여율

▶ 출처 : 문화체육관광부, 「국민생활체육 참여실태조사」, 2010.

- **교육 수준** : 문화체육관광부 자료에 따르면 교육 수준이 높을수록 규칙적인 운동에 참여하는 비율이 높은 것으로 나타났다. 반면에 학력이 낮을수록 참여하지 않는 비율이 40% 이상 높게 나타났다(그림 7-5 참조). 이러한 경향은 미국의 경우에도 동일하게 나타난다. USDHHS(2000)의 조사 결과, 중학교 이하의 교육을 받은 사람들은 6% 정도가 규칙적인 운동에 참여하고 있으나, 대학 이상

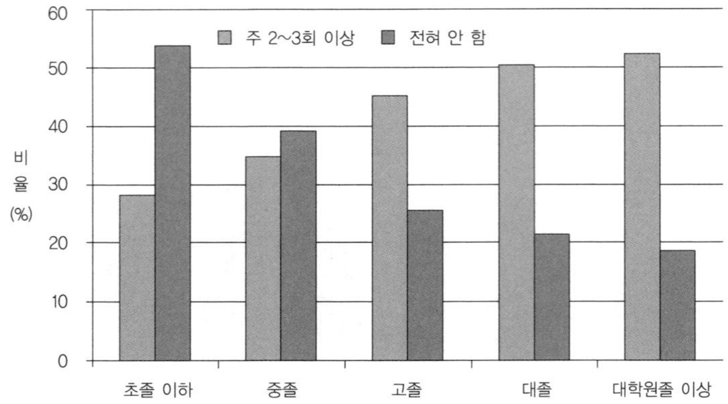

그림 7-5 교육 수준에 따른 생활체육 참여실태

▶ 출처 : 문화체육관광부, 「국민생활체육 참여실태조사」, 2006.

의 교육을 받은 사람들은 운동참여율이 32%에 이르는 것으로 나타났다. 교육 수준과 운동참여율의 관계는 부모 또는 지역 사회의 구성원에게도 적용된다. 다시 말하면 부모의 교육 수준이 높을수록 자녀의 운동참여율이 높고(Carron 외, 2004; USDHHS, 2000), 그 지역 사회에 교육 수준이 높은 사람의 비율이 높을수록 신체 활동에 참여하는 비율이 높다는 연구 결과가 제시되었다(Ross, 2000). 이러한 현상을 전염 효과contagion effect라 하는데, 경우에 따라서는 개인의 교육 수준보다도 지역 사회의 교육 수준이 운동참여율을 더 높이는 원인이 된다.

- **운동 참여 경력** : 과거의 운동 참여 경험은 현재 운동에 참여하고 있는지를 예측할 수 있는 가장 좋은 변인이다(Dishman, 1987). 다시 말해 어렸을 때 운동에 참여했었던 경험이 있는지에 따라 성인이 되어 운동에 참여하는 비율이 달라진다는 것이다. 성인이 되어 스포츠 활동에 참가하고 있는 사람들의 75%가 8세 이전의 아동 시기에 운동에 참여한 경험이 있는 것으로 나타났다.
- **자아 동기** : 자아 동기self-motivation는 특정 행동에 동기를 부여하는 외적 강화가 없는 상황에서 노력하는 경향(Dishman, 1981)으로 성실함과 유사한 개념이다. 자아 동기가 높으면 스스로를 강화하는 내적 동기가 강해 운동 목표를 세우고, 자기 관리 능력이 좋아 지속적으로 운동에 실천할 수 있는 가능성이

높아진다. 김병준(2002)은 운동 참여자가 꾸준히 운동을 지속적으로 실천할 수 있도록 운동 동기를 이끌어내는 방법을 표 7-2와 같이 제시하고 있다.

표 7-2 운동 동기를 이끌어내는 방법

• 예상되는 효과에 대해 설명해준다.	• 출석 상황표를 게시한다.
• 쉬운 것부터 점진적으로 지도한다.	• 포스터와 슬로건을 붙여둔다.
• 재미있게 지도한다.	• 좋은 시설과 장비를 갖춘다.
• 운동계약서를 작성한다.	• 출석률에 따른 보상을 해준다.
• 선택의 기회를 준다.	• 음악을 틀어준다.
• 구체적인 목표를 정해준다.	• 회원과 좋은 인간관계를 유지한다.
• 향상 정도에 대한 피드백을 준다.	• 지도자의 리더십을 키운다.
• 일지를 기록한다.	• 동반자와 함께 운동한다.
• 외적 집중을 돕는 환경을 만든다.	• 금전적 투자가 있어야 한다.

상황적 요인

사회적 지지social support는 다른 사람으로부터 받는 편안한 느낌, 사랑받고 있다는 인식, 도움이나 정보를 받는 것을 말한다(김병준, 2006). 운동 상황에서 사회적 지지는 다양한 형태로 나타날 수 있다. 예를 들어, 운동 방법을 알려주거나 운동 결과에 대한 피드백을 제공하는 것과 같이 운동 정보를 제공받거나, 서로 칭찬하고 격려하며 어려움이 있을 때 걱정해주는 것과 같이 정서적으로 도움을 받을 수 있다. 또한 함께 운동을 함으로써 피로나 지루함을 줄이고 운동에 대한 재미를 크게 할 수 있는 파트너로서의 도움을 받기도 한다.

이러한 다양한 형태로 나타나는 사회적 지지는 운동의 지속률 및 운동량과 긍정적인 관련이 있는 것으로 나타났다(Leslie et al., 1999; Duncan et al., 1993; Carron et al., 1996). 다시 말해 사회적 지지가 높은 사람들이 그렇지 않은 사람들보다 운동실천율이 높고 충분한 양의 운동을 즐기고 있는 것으로 나타났다(Leslie et al., 1999). 특히 Duncan et al.(1993)은 여러 형태의 사회적 지지 중에서 정서적으로 도움을 받는 것이 가장 중요하다고 했다. 또한 남성보다 여성이 자기 존중감과 관련된 정서적 도움을 중요하게 생각하는 것으로 나타났다.

사람들은 다른 사람이 자신을 주목하고 있다고 생각하면 노력을 더 많이 하여 수행이 향상되는 경향을 보인다. 이를 사회 촉진social facilitation이라 하는데, 운동 상황에서도 이러한 현상이 적용될 수 있다. 예를 들어, 옆에서 누군가가 트레드밀을 뛰거나 웨이트 트레이닝을 하고 있다면 그 사람으로부터 자극을 받아 자신의 체력 수준이 더 높다는 인상을 주기 위하여 운동 강도와 시간을 늘리기도 하는 등 좀더 열심히 운동에 참여하게 된다. 이때 주관적으로 느끼는 운동 강도는 실제 강도보다 낮게 지각하는 경향을 보인다.

프로그램 요인

운동 프로그램은 운동 강도와 빈도, 그리고 지속시간에 따라 다르게 설정된다. 이러한 프로그램의 구성 요소의 특성에 따라 지속적으로 운동에 참여하는 비율이 달라진다는 결과가 많이 제시되고 있다.

Dishman(1994)은 고강도 운동에서 중도에 운동 참여를 포기하는 사람들의 비율이 약 50%에 달하는 것으로 보고했으나, Sallis et al.(1986)은 중강도 운동에서 중도포기율이 Dishman(1994)의 연구 결과보다 낮은 30% 정도로 보고했다. 이를 통해 운동 강도가 너무 높으면 지속적으로 운동에 참여하는 비율이 낮아질 수 있다는 것을 간접적으로 알 수 있다. 대체로 일반 성인들은 고강도의 운동보다 중강도의 운동을 선호한다는 사실도 이와 연관이 있을 것이다.

최근에 ACSM에서 발표한 건강 운동에 대한 지침에서 한 번에 최소 20~30분 이상의 시간 동안 운동하는 것과 짧게 여러 번 운동하는 것은 그 효과에 차이가 없다고 발표하면서, 오히려 후자의 방법을 권장하고 있다. 이는 운동의 효과와도 관련이 있지만, 운동에 지속적으로 참여하게 하는 문제와도 관련이 있다. Jakicic, Wing, Butler, & Robertson(1995)의 연구에서 좌업 생활에 익숙한 여성의 경우 하루에 30분간 1회 운동한 사람들보다 10분간의 운동을 여러 번 실시한 사람들이 운동에 지속적으로 참여하는 기간이 길었음을 보고했다.

- **집단의 응집성** : 운동에 참여하는 방법에는 개인적으로 혼자 운동하는 것과 특정 활동의 강좌를 수강하거나 팀을 이루어 여러 사람이 함께 운동하는 경

우가 있다. 이러한 경우에 함께 하는 사람들 간의 응집력이 좋을수록 운동을 지속적으로 실천할 수 있는 가능성이 높아진다는 연구 결과가 제시되고 있다(Carron et al., 1988; Spink & Carron, 1992). 이러한 결과는 노인을 대상으로 한 연구(Estabrooks & Carron, 1999, 2000)에서도 동일한 결과가 발표되었다. 특히 노인의 경우 중도에 운동 참여를 포기하는 이유 중의 하나가 함께 할 수 있는 사람이 없다는 것이라는 점을 상기해볼 때, 이는 노인의 운동 프로그램을 설계할 때 중요한 고려 사항이 된다.

• **운동 지도자** : 운동에 지속적으로 참여하는 데에는 지도자의 역할이 절대적이다. 실제로 환경적인 요인 중에 지도자 요소가 가장 중요한 요인으로 간주되기도 한다(Franklin, 1988). 만약 지도자의 문제로 인하여 운동 참여자가 중도에 포기한다면 이는 정말로 안타까운 문제가 아닐 수 없다. 우선적으로 운동 지도자가 배치되어 있는 경우가 그렇지 않은 경우보다 운동에 지속적으로 참여하는 비율이 2배 이상 높은 것으로 나타났다(Jeffery et al., 1998). 뿐만 아니라 지도자가 어떠한 행동을 하고 어떠한 스타일로 지도하는가 또한 운동 참여자의 정서 및 실천에 영향을 준다(김병준, 2006). 이와 관련하여 몇몇 학자들은 지도자의 리더십과 운동 프로그램의 재등록 의도 간의 관계를 조사했다(Fox et al., 2000; Martin & Fox, 2001). 그 결과 리더십이 높은 지도자의 경우 운동 참여자가 느끼는 재미가 크고 정서나 자기 효능감이 긍정적으로 높게 나타났으며, 그 결과 재등록의 의도가 높은 것으로 나타났다.

또한 Fox et al.(2000)은 운동에 대한 즐거움이 지도자의 리더십뿐만 아니라 운동 집단의 환경과도 관계가 높음을 제시했다. 즉 지도자의 리더십이 좋고, 좋은 집단 환경에서 이루어지는 운동 프로그램을 선호하는 것이다. 또한 집단 환경이 좋은 경우 지도자의 리더십의 좋고 나쁨과 관계없이 운동 프로그램 재등록 의도가 높은 것으로 나타났다.

이러한 결과로 볼 때, 운동 지도자의 자질이 참여자의 재미에 영향을 주고, 재미를 느끼는 참여자가 스스로 조성하는 분위기가 결국 좋은 집단 환경을 만들어 운동에 지속적으로 참여할 수 있도록 하는 순환적인 관계임을 알 수 있다.

운동에 참여하지 않는 이유

Goodwin & Goodwin(1984)은 토마토 효과tomato effect라는 용어를 처음으로 사용했다. 토마토 효과란 효과가 매우 높지만 사람들이 그 효과를 무시하거나 거부하는 현상을 말한다. 건강에 대한 운동의 효과가 높지만 사람들이 운동을 규칙적으로 실천하는 참여 비율이 생각보다 높지 않은 것은 토마토 효과에 비유할 만하다.

앞에서 설명했듯이, 운동에 참여하는 사람들은 각자 자신만의 이유를 갖고 있다. 그리고 이러한 이유는 운동이 자신의 신체적 · 정신적 · 사회적 측면에서 긍정적인 효과가 있다는 믿음에서 온다. 그렇다면 현재 운동에 참여하지 않고 있는 사람들은 그 이유가 무엇일까? 이들은 정말로 운동의 긍정적인 측면을 모르고 있거나 믿지 않는 것일까?

Godin, Cox, & Shepherd(1984)는 운동에 참가하는 사람과 참가하지 않는 사람의 운동의 효과에 대한 생각을 정리했다. 그 결과는 다음 표 7-3에 나타나 있다. 표 7-3에서 볼 수 있듯이, 참가 여부와 관계없이 모든 사람들은 운동의 긍정적인 효과를 믿고 있는 것을 알 수 있다. 그렇다면 왜 운동의 효과를 알고 있으면서도 운동에 참여하지 않는 것일까?

운동에 참여하지 않는 가장 큰 이유는 '시간 부족'이다. 이는 자신의 일상적인 생활이 너무 바쁘기 때문에 운동에 투자할 시간이 없다는 것이다. 실제로 2010년 「국민생활체육 참여실태조사」 결과, 운동을 전혀 하지 않는 사람들의 이유 중에 '시간이 없어서'가 응답자의 55.2%로 가장 많았다. 캐나다인을 대상을 한 연구에서도 응답자 중 69%가 시간이 부족해서 신체 활동에 참여하지 않는다고 했다(Canadian Fitness and Lifestyle Research Institute, 1996). 그렇다면 실제로 그들에게 시간이 없는 것일까? 물론 그렇지 않은 경우가 많다. 시간 부족의 문제는 시간 관리의 문제이며, 또한 우선순위의 문제이다. 자신의 하루 또는 일주일의 시간을 효율적으로 관리하는 방법을 알게 되면 운동할 수 있는 짬을 낼 수 있다. 모든 사람들은 자신이 즐거움을 찾을 수 있는 일들을 한다.

표 7-3 운동 참가자와 비참가자의 운동에 관한 신념 비교

내용	조사 결과
1. 운동은 체중 조절에 도움이 된다.	참가자, 비참가자 모두 동의
2. 운동은 건강 증진에 좋다.	참가자, 비참가자 모두 동의
3. 운동은 신체에 손상을 준다.	참가자, 비참가자 모두 동의하지 않음
4. 운동은 긴장을 줄여준다.	참가자, 비참가자 모두 동의
5. 운동은 외모를 좋게 해준다.	참가자, 비참가자 모두 동의
6. 운동은 기분을 좋게 만든다.	참가자, 비참가자 모두 동의
7. 운동은 시간 투자가 요구된다.	참가자, 비참가자 모두 동의
8. 운동을 통해서 다른 사람들과 사귈 수 있다.	참가자, 비참가자 모두 동의
9. 운동은 정신적 능력을 높여준다.	참가자, 비참가자 모두 동의 수준이 높음
10. 운동은 체력을 향상시킨다.	참가자, 비참가자 모두 동의 수준이 높음
11. 운동은 여가 선용에 좋다.	참가자, 비참가자 모두 동의 수준이 높음

▶ 출처 : Carron, Hausenblas & Estabrooks, 『운동심리학』, 김성옥 외 옮김, 2004.

아마도 TV를 보거나 술을 먹는 등의 일이 해당될 것이다. 그렇다면 운동에서 즐거움을 찾을 수 있다면 어떻게 될까? 우선순위가 바뀔 것이다.

두 번째 이유는 '너무 피곤하다'는 것이다. 하루하루의 생활이 신체적으로뿐만 아니라 정신적으로 너무 힘들고 피로하기 때문에 하루 일과가 끝나고 나면 푹신한 소파에 몸을 담그고 TV를 켜게 되는 것이다. 이러한 사람들은 운동을 하나의 일로 치부하는 경향이 크다.

운동에 대한 지식이 부족한 것 또한 운동에 참여하지 않는 이유 중의 하나이다. 다시 말하면 자신에게 맞는 운동의 형태가 무엇이고, 운동을 실시하는 방법이 어떠한지 등에 대한 정보가 부족한 것이다. 이러한 정보 부족은 운동을 시작하는 행동 자체를 망설이게 만드는 주요 원인이다. 반면에 정보화 시대인 만큼 우리 주변에는 의외로 거의 모든 사람들이 운동 전문가인 것처럼 말하는 것을 쉽게 접할 수 있다. 또한 온갖 매체로부터 운동에 대한 정보를 쉽게 얻을 수 있다. 그러나 이러한 정보가 얼마나 정확하고 객관적인가 하는 물음에 대한 답은 전문가가 아닌 이상 쉽게 판단할 수 없다. 따라서 운동에 대한 올바른 정보를 제공하는 것은 운동을 실천할 수 있는 길을 열어준다는 측면에서 매우 중

요하다.

생활 습관 또한 운동 참여에 영향을 줄 수 있다. 술이나 담배 등으로 인하여 생활 습관이 건강하지 못한 경우일수록 운동에 참여하는 비율이 낮은 것으로 보고되고 있다(2005년 「국민건강영양조사」). 하지만 흡연과 운동 수준 간의 상관관계가 없거나 낮다는 연구 결과(King, Blair, Bild et al., 1994)도 있어서 이는 분명하게 결론을 내리기가 쉽지 않다. 그러나 좋은 식습관은 운동 참여 수준과 정적 상관관계가 있는 것으로 보고되고 있다(Sallis & Owens, 1999).

또한 2005년 「국민건강영양조사」에 따르면 노년 인구에서는 운동을 실천하지 않는 이유로 '몸이 불편해 운동하기 어렵다'(55%)라는 응답이 가장 많았다. 오히려 '운동할 시간이 없어서'라고 응답한 사람은 8.3%에 불과했다. 이러한 결과로 알 수 있는 것은 젊은 시절에 자신의 건강을 위한 노력을 하지 않으면 노년기에 아무리 시간이 많아도 운동을 실천할 수 없으며, 이것이 다시 건강 악화로 연결되는 악순환 관계에 있다는 것이다.

3. 운동 중독

많은 사람들이 운동의 효과를 얻기 위하여 운동에 참여한다. 이러한 사람들은 운동이 삶의 질을 향상시키기 위한 하나의 요소라고 생각한다. 그러나 일부 사람들은 지나칠 정도로 운동을 하는 경우가 있다. 이 사람들은 삶의 목적 자체가 운동인 것이다(Morrow & Harvey, 1990).

이처럼 자신이 통제할 수 없을 정도로 지나치게 운동을 하는 경우를 운동 중독exercise addiction이라 한다. 운동 중독은 심리적 만족감이나 감각, 또는 즐거운 느낌 등을 얻기 위하여 운동에 심하게 의존하고 있는 것을 말하는 것으로 일반적으로 부정적인 측면에 초점을 둔 용어이다. 여기서 주의할 점은 단순히 매일 운동하거나 수년 동안 규칙적으로 운동을 하고 있다고 해서 운동 중독으로 판정해서는 안 된다는 것이다. 운동 중독은 외적으로 나타나는 운동 행동뿐만 아니라 행동을 일으키는 심리적인 이유에 의해서 결정되는 것이다.

운동 중독과 유사한 개념으로는 운동 의존성exercise dependence, 의무적 운동obligatory exercise, 과도한 운동excessive exercise, 강제적 운동compulsive exercise, 부정적 운동negative exercise, 만성적 운동chronic exercise, 습관적 운동habitual exercise, 강박적 운동obsessive exercise 등 다양한 용어가 사용된다.

운동 중독에 있는 사람들은 운동을 하는 이유를 건강에 유익하거나 즐거움이 아닌 '해야 하는 의무', 즉 강박 행동으로 생각하는 경향이 크다. 그렇기 때문에 운동 자체가 그들의 삶의 패턴을 좌우하게 된다. 또한 부상을 당했거나 신체적인 피로가 쌓여 있는 상황에서도 운동을 지속해야 한다는 의무감을 가지고 살아간다. 이는 결국 자신의 건강뿐만 아니라 심한 경우에는 자신의 가정이나 일상적인 업무에까지 부정적인 결과를 초래하게 된다.

Hausenblas & Symons Downs(2001)는 표 7-4에서 제시한 일곱 가지 기준 중에서 세 가지 이상에 해당되면 운동 중독으로 인한 장애나 스트레스를 받을 수 있다고 했다. 이러한 정의는 정신 장애 진단 및 통계 매뉴얼DSM-VI: Diagnostic and Statistical Manual for Mental Disorders(American Psychiatric Association, 1994)의 약물 중독의 기준을 토대로 하고 있다.

운동 중독의 사람들은 신체 활동의 욕구가 충족되지 않은 경우, 다시 말하면 운동을 할 수 없는 경우에 다양한 운동 금단 증상exercise withdrawal symptoms을 보

표 7-4 운동 중독의 일곱 가지 기준

- 내성 – 목표를 성취하기 위해서 운동 수준을 증가시킬 필요가 있으며, 동일 수준의 운동으로는 그 효과가 크게 감소하게 된다.
- 금단 – 운동의 중단은 부정적인 증상(예: 불안, 초조, 긴장 등)을 야기한다.
- 운동 강도 – 의도한 것보다 훨씬 높은 강도와 빈도, 지속시간으로 운동을 하게 된다.
- 통제 결여 – 운동을 줄이거나 통제하려는 마음은 가지고 있지만, 실제로 운동은 계속된다.
- 운동 시간 – 운동과 관련된 활동에 지나치게 많은 시간을 소비한다.
- 다른 활동의 감소 – 운동 이외의 다른 사회 활동이나 직업 활동 시간이 줄어들거나 없어진다.
- 운동 지속 – 부상 등과 같은 생리적 또는 심리적 문제가 있는 상태에서도 지속적으로 운동하게 된다.

▶ 출처 : Carron, Hausenblas & Estabrooks, 『운동심리학』, 김성옥 외 옮김, 2004.

인다(Morgan, 1979). 운동 금단 증상은 운동 중독을 판정하는 가장 기본적인 요소이다. 예를 들어, 운동을 중단하게 되면 죄책감, 우울, 짜증, 초조감, 긴장, 스트레스, 불안, 활력 상실 등의 증상이 나타난다(Szabo, Frenkl, & Caputo, 1997). 또한 자긍심이 떨어지고 적개심이 생기는 등의 많은 부정적인 정서 변화가 발생한다. 이뿐만 아니라 혼란, 집중력 감소, 수면 장애, 근육 통증, 피로, 위장 장애 등의 인지적 · 신체적 측면에서도 다양한 금단 증상이 나타난다. 이러한 증상으로 인하여 결국 사회적인 인간관계나 자신의 일상 업무에 해가 되는 사회성의 문제로 확대된다.

운동 중독을 치료하기 위해서는 다양한 접근이 필요하다. 그러나 많은 치료사들의 견해를 종합해보면 운동 중독 환자들과의 의사소통이 쉽지 않고, 그들로 하여금 운동을 중단하고 중재 프로그램에 참여하도록 하는 것이 어렵다고 한다. 운동 중독인 사람들에게는 우선 운동 중독으로 발생할 수 있는 부정적인 결과에 대한 교육이 필요하다. 또한 건강과 관련된 다양한 전문가의 도움을 받아 행동 수정이나 상담 등과 같은 심리적 전략도 활용해야 한다. 그리고 무엇보다도 운동 방법에 있어서 자신을 통제할 수 있도록 중재하는 것이 필요하다. 표 7-5는 운동 중독을 예방하거나 중재하기 위한 방법을 간단히 정리한 것이다(Berger, Pargman, & Weinberg, 2007).

표 7-5 운동 중독의 예방 및 중재 방법

- 일주일에 3~4회, 1회에 30~60분 정도의 운동 일정을 계획하도록 한다.
- 운동 강도를 날짜별로 조절하도록 한다. 예를 들어, 높은 강도와 낮은 강도를 격일로 계획하도록 한다.
- 운동을 함께 할 파트너를 찾도록 한다.
- 휴식일도 운동 스케줄의 일부임을 인식시킨다. 이는 부상이나 피로를 예방할 수 있게 해준다.
- 신체적인 부상이 있으면 운동을 다시 시작할 때까지 충분한 휴식으로 완전히 회복하도록 해야 한다.
- 현실적인 단기 목표와 장기 목표를 설정하도록 한다.

4. 운동과 건강

운동과 신체적 건강

건강한 생활을 영위하기 위하여 기본적으로 체력이 뒷받침되어야 한다. 특히 근력, 근지구력, 심폐지구력, 유연성 등은 건강과 밀접한 관련이 있으며, 이를 건강 체력 요소라 한다. 여기서는 운동의 건강 체력에 대한 효과를 알아보고 다양한 신체적 질환의 위험성 감소와의 관계를 살펴보도록 하자.

근력과 근지구력

근육은 신체의 형태를 구성하는 요소일 뿐만 아니라 우리의 몸을 움직이게 하는 기관이다. 따라서 근육의 기능이 좋을수록 우리의 몸은 효율적인 움직임을 수행할 수 있고, 이는 곧 건강한 생활과 연관된다.

근육이 수축할 때 발생하는 힘의 양을 근력muscle strength이라고 한다. 근력은 부하load를 가한 저항 훈련resistance training을 통해서 향상시킬 수 있다. 반면에 근지구력muscle endurance은 오랜 시간에 걸쳐 활동을 반복할 수 있는 근육의 능력을 말하는 것으로, 스포츠 활동뿐만 아니라 일상적인 생활을 원활하게 수행하는 데에도 필요하다.

근육을 강화하는 운동을 하게 되면 다양한 측면에서 긍정적인 효과를 볼 수 있다. 우선 근력이 좋아지고 근지구력이 향상되면 많은 일상생활을 수행하는 데 실질적으로 도움이 된다. 건강과 관련해서는 무엇보다도 활동량이 적은 사람들보다 근육의 기능이 감소하는 것을 막아주고, 근육과 관절의 부상 발생률을 줄일 수 있다(Stone, 1990; Kibler, Chandler, & Stracener, 1992). 또한 노화로 인한 근력 감소를 지연하고(Spirduso & Cronin, 2001), 뼈가 약해지는 원인인 골다공증도 예방할 수 있다(Snow-Harter & Marcus, 1991). 특히 허리와 복부 근육을 강화하게 되면 대부분의 성인이 겪는 요통을 약화시킬 수 있다(Mannion, Junge, Taimela, Muntener, Lorenzo, & Dvorak, 2001). 뿐만 아니라 근육 강화는 외모와 자긍심을 높이는 데에도 그 효과가 크다(Dunn, Trivedi, & O'Neal, 2001).

심폐 체력

인체를 구성하고 있는 세포는 영양분과 함께 산소를 필요로 한다. 이처럼 적절한 양의 산소를 공급하고 이산화탄소를 제거하는 심폐 순환계의 능력을 심폐 체력이라고 한다. 즉 운동하는 동안 산소가 풍부한 혈액을 지속적으로 근육에 공급할 수 있는 심장의 능력을 말한다.

심폐 체력을 향상시키기 위해서는 폐와 심장에 자극을 주는 운동이 필요하다. 일반적으로 달리기, 걷기, 사이클링, 수영 등과 같은 유산소운동이 효과적인 것으로 알려져 있다. 이와 같은 운동을 통해서 다양한 신체적 효과를 얻을 수 있다. 무엇보다도 우수한 심폐 체력을 소유하게 되면 심장 질환의 위험성이 낮아지며 오래 살 수 있는 가능성이 높아진다. 또한 II형 당뇨병의 위험성도 줄어들고, 혈압이 낮아지며 뼈의 밀도가 높아지는 효과를 기대할 수 있다(Kesaniemi, Danforth, Jensen, Kopelman, Lefebvre, & Reeder, 2001). 뿐만 아니라 피로를 느끼지 않고 보다 많은 일상생활을 수행할 수 있게 되며, 자긍심 향상에도 효과가 큰 것으로 나타났다(Dunn, Trivedi, & O'Neal, 2001).

유연성

유연성은 관절의 전체 동작 범위에 걸쳐 자유롭게 움직일 수 있는 능력으로 정의할 수 있다. 활동을 하지 않게 되면 이러한 관절의 가동 범위는 줄어든다. 나이가 들면 유연성은 감소하는데, 이는 단순히 노화로 인한 과정이 아니라 신체 활동량의 감소가 그 원인이다(Sperry, Lewis, Carlson, & Englar-Carlson, 2005). 연구 결과에서도 정기적으로 운동에 참여하는 사람이 비활동적인 사람보다 유연성이 높은 것으로 나타났다(Cerney, Burton, & Armstrong, 2001).

유연성을 향상시키기 위해서는 스트레칭 운동이 가장 효과적이다. 유연성이 향상되면 다양한 효과를 얻을 수 있다. 우선 관절의 동작 범위가 증가하여 보다 효율적인 움직임이 가능하게 되고, 좋은 자세를 갖출 수 있게 된다((Kubo, Kanehisa, Kawakami, & Fukunaga, 2001; McGill, 2001; ACSM, 1998). 또한 유연성이 향상되면 요통을 예방하는 데 효과가 있다. 요통의 원인은 유연성이 부족하고 근육이 약해져 척추와 골반의 정렬이 잘못된 데 있기 때문이다.

운동과 정신 건강

운동을 통해서 정신 건강이 자연스럽게 좋아진다는 것은 일반적으로 알려진 상식이다(Glenister, 1996). 이는 운동이 가져오는 다양한 심리적 효과를 검증한 연구 결과가 뒷받침해주고 있다. 대부분의 연구 결과에 따르면 운동은 불안, 우울, 분노, 긴장, 스트레스, 자긍심 등을 조절하는 데 효과적이라는 것이다(Dubbert, 2002; Hansen, Stevens, & Coast, 2001).

그러나 아직은 운동이 정신 건강을 증진시키는 기전이 무엇인지는 정확하게 밝혀내지 못하고 있다(Dishman, 1994 ; Dunn & Dishman, 1991). 어떤 학자들은 생물학적인 측면에서 운동을 하면 신경 전달 물질인 노에피네프린norepinephrine과 세라토닌serotonin 등의 활동이 증가되어 정신 건강을 증진시킬 수 있다는 가설과, 통증과 기분에 관여하는 엔돌핀endorphin의 분비가 증가하여 심리적 효과를 얻을 수 있다는 가설 등을 제기하고 있다. 반면에 또 다른 학자들은 운동을 하면 사회적인 대인 관계가 넓어지고 그로 인해 심리사회적인 운동의 효과를 얻을 수 있다는 해석과 운동을 통해 자기 존중감이 증가하고 그 결과 정신 건강이 좋아진다는 가설 등 심리학적인 측면에서 그 기전을 설명하고 있다.

불안 감소를 위한 운동의 효과

심리학 분야에서 불안은 상상적인 위협에 대한 주관적인 느낌으로, 불쾌감 또는 짜증감을 동반하는 우울, 긴장, 흥분 상태로 정의한다(김승철, 2005). 불안 장애는 불안해할 필요가 없는 상황임에도 불구하고 불안해하거나 특정 상황에 대하여 지나치게 불안을 느끼는 경우를 말한다. 일반적으로 이 장애를 갖고 있는 환자들은 안절부절못하고 짜증을 잘 내며 예민하다. 또 닥치지도 않을 위험을 걱정하고 최악의 사태만을 상상하는 경향이 있다. 신체적인 증상으로는 심박동 증가, 소화 불량, 설사, 변비, 발한, 근육 긴장으로 인한 두통, 불면증 등이 나타난다.

이와 같은 불안 증상이 지속적으로 반복해서 나타나게 되면 질병이 유발할 수 있고 사회생활에 문제가 발생할 수 있다. 실제로 불안은 현대 사회에서 건강상의 심각한 문제를 초래하고 있다. 미국에서도 국민의 약 8%가 불안신경증으로 정신 건강에 문제를 가지고 있다고 보고되고 있다(Regier, Myers, & Kramer et al., 1984).

많은 학자들은 불안을 상태 불안state anxiety와 특성 불안trait anxiety으로 구분한다. 상태 불안은 일시적인 감정 상태로 한 개인이 어떤 특정한 시점이나 상황에 접하게 되면 순간적으로 경험하게 되는 불안 수준을 의미한다. 반면에 특성 불안은 성격적인 성향으로 상황과는 관계없이 개인이 가지고 있는 성격적인 성향을 말한다.

특성 불안이 성격적인 성향이기 때문에 상태 불안보다 변화를 일으키기가 쉽지 않다. 한 연구에 의하면, 특성 불안을 감소시키기 위해서는 최소 10주 이상의 장기간의 유산소운동이 효과적이라고 보고하고 있다(Petruzzello, Landers, Hatifield, Kubitz, & Salazar, 1991). 이 연구에서는 4~6주, 또는 7~9주 동안의 운동은 특성 불안 감소 효과가 크지 않은 것으로 나타났다.

이러한 특성 불안의 한 형태로, 자신의 신체에 대한 불안을 사회적 신체 불안social physique anxiety이라 한다. 이는 다른 사람들이 자신의 신체를 평가하고 있다는 것을 느낄 때 겪게 되는 사회적 불안을 말한다. 과체중이거나 비만인 사람이 공공 장소에서 운동하기를 꺼려하는 이유 중의 하나가 바로 이러한 사회적 신체 불안 때문이다(Bain, Wilson, & Chaikind, 1989). 따라서 이 문제를 해결하지 않고서는 그 사람을 지속적으로 운동에 참여시키기란 쉽지 않다.

반면에 상태 불안은 운동을 하게 되면 즉각적인 변화를 기대할 수 있다. 일반적으로 운동을 하고 난 이후 약 2시간 정도 상태 불안 감소의 지속 효과를 얻을 수 있다고 한다(Landers & Petruzzello, 1994). 또한 상태 불안을 감소시키는 데 무산소운동보다 유산소운동이 효과가 큰 것으로 나타났다. Petruzzello et al.(1991)의 연구에서 웨이트 트레이닝과 같은 무산소운동은 상태 불안에 효과가 없는 것으로 나타났다. 이때 유산소운동에는 걷기, 조깅, 수영, 자전거 타기 등 다양한 형태의 운동이 포함될 수 있다.

우울증 감소를 위한 운동의 효과

우울증은 일시적으로 우울한 기분을 느끼는 것과 다르게 우울하고 슬픈 감정과 의욕 저하, 다양한 신체적인 증상이 함께 나타나 지속되는 것을 말한다. 국내에서는 대략 1년에 320만 명 정도 발병하며 여성이 남성에 비해 발병 빈도가 2~3배 정도 높은 것으로 알려져 있다. 또한 일생 동안 세 명 중에 한 명은 우울증을 겪을 가능성이 있는 것으로 발병률이 높은 증상이다(Ernst, Rand, & Stevinson, 1998).

일상생활에서 겪게 되는 가벼운 우울증은 전문적인 의학적 치료가 필요하지 않지만, 심각한 우울 증세는 자살로 이어질 확률이 높은 만큼 전문적인 상담과 치료가 필요하다. 그러나 실제로 심각함에도 불구하고 충분히 치료를 받는 경우는 10% 정도에 불과하다(Buckworth & Dishman, 2002).

우울증은 그 정도에 따라서 치료 방법이 다르겠지만, 주로 약물 치료나 심리 치료 또는 행동 중재 치료 등을 통해서 이루어진다. 그러나 Morgan(1969, 1970)은 우울증 환자들의 체력 수준이 정상인에 비하여 유의하게 낮은 것에 관심을 가지고 운동에 대한 효과를 발표했다. 특히 달리기가 우울증 감소에 효과가 있다고 하여, 달리기를 효과가 높은 약물과 비교하기도 했다.

또한 USDHHS(1996)에서도 운동이 우울증을 감소시키는 데 긍정적인 효과가 있는 것으로 결론내리고 있다. 실제로 의학적 치료 과정이나 심리 재활 과정에서 우울증을 겪고 있는 사람들에게도 운동이 항우울증 효과가 큰 것으로 나타났다(North, McCullagh, & Vu Tran, 1990; Craft & Landers, 1998). 특히 North et al.(1990)은 메타 분석 연구에서 특히 장기간 이루어지는 운동이 즐거운 레저 활동이나 이완 기법 등보다 우울증을 감소시키는 데 효과가 크다고 발표했다. 또한 운동과 심리 치료를 병행하는 것이 우울증 감소에 가장 큰 효과를 기대할 수 있다고 보고했다.

Craft & Landers(1998)도 모든 운동을 통해 우울증 감소 효과를 보았으며, 운동 기간은 길수록 효과가 더 커지는 것으로 보고했다. 그리고 우울증 증세가 심한 사람에게서 운동의 효과가 더 큰 것으로 결론내리고 있다.

그 외에도 운동이 우울증 감소에 긍정적인 영향을 준다는 연구 결과가 지속적으로 발표되고 있다. 예를 들어, 신체 활동이 포함된 여가 활동의 효과(Stephens, 1988), 규칙적인 운동의 효과(Weyerer, 1992), 운동량의 수준과 우울증 위험성의 관계(Camacho, Roberts, Lazarus, Kaplan, & Cohen, 1991), 유산소 운동의 효과(Martinsen & Stephens, 1994) 등에 대한 연구가 진행되었다.

류호상(2005)은 우울증에 대한 운동의 효과를 다음과 같이 요약하고 있다.

- 항우울증 효과는 연령, 건강 상태, 성별, 체력 수준에 관계없이 나타난다.
- 운동은 심리 치료의 효과와 수준이 비슷하다.
- 운동 프로그램이 적어도 9주 이상 지속될 때 그 효과가 크다.
- 유산소운동과 무산소운동 모두 효과가 있다.

운동과 정서의 변화

운동을 통해서 정서의 일시적인 변화가 나타난다. 운동을 하고 난 이후에 많은 사람들은 불안, 우울, 분노, 피로 등이 감소하고 활력이 증가한다고 보고하고 있다(Berger, 1996). 이러한 일시적인 효과는 운동 이후에 2시간에서 4시간 정도 지속된다고 알려져 있다.

긍정적인 정서 상태는 개인의 사회적 관계에 영향을 준다. 사회적 관계는 우리의 일상적인 생활이나 업무를 수행함에 있어서 중요한 부분이므로 이는 우리의 삶 자체를 긍정적 또는 부정적으로 이끌 수 있다. 그런데 운동이 정서 상태를 긍정적으로 변화시킬 수 있으므로, 운동 효과의 의미가 크다 하겠다.

그러나 운동 이후에 항상 이러한 긍정적인 정서 변화가 오는 것은 아니다.

운동 강도가 지나치게 높거나, 혹은 너무 오랜 시간 운동을 하게 되면 오히려 정서적으로 부정적인 효과를 얻을 수도 있다. 따라서 자신의 운동 강도와 시간을 조절하여 실천하는 것이 중요하다.

정서의 변화를 측정할 수 있는 대표적인 검사 도구로 기분상태검사지(POMS: Profile of Mood States, McNair, Lorr, & Droppleman, 1971; McNair & Heuchert, 2003/2005)가 있다. 이 검사지는 자기 보고 형식의 도구로 원래는 심리 치료 환자를 위해서 개발된 것이지만 현재에는 성인과 대학생들을 대상으로 광범위하게 사용되고 있다(McNair, Lorr, & Droppleman, 1971). 이 검사를 이용하여 Morgan(1980)은 가장 바람직한 정서의 상태를 빙산형 프로파일 iceberg profile로 표현했다. 빙산형 프로파일은 정서의 하위 요인의 점수를 연결한 그림의 형태가 빙산과 유사하다고 하여 붙여진 이름이다.

그림 7-6은 요가와 수영 프로그램에 참여하기 전과 후의 POMS 점수를 비교한 것이다(Berger & Owen, 1992). 여기서 알 수 있듯이, 운동에 참여한 이후에 긴장, 우울, 분노, 피로, 혼동 등의 부정적인 정서는 감소하고, 활력이 증가하여 운동의 긍정적인 효과가 있음을 알 수 있다.

자기 존중감과 자기 개념 향상에 대한 운동의 효과

자기 존중감은 행복한 삶을 위해 중요한 심리적 가치이다. 자기 존중감이 높

런너스 하이 runner's high

운동 중에 체험하는 편안함이나 행복감, 또는 시공간을 초월한 느낌이나 신체가 저절로 움직이는 듯한 느낌 등의 말로 형언하기 어려운 독특한 상태를 말한다. 이 상태는 최상의 운동 수행 상태이며, 그 상황에 몰입flow되어 있는 것을 의미하는 것이기도 하다. 런너스 하이를 경험할 수 있는가는 예상하기 어렵지만, 이는 매우 긍정적인 정서 상태를 의미하기 때문에 운동을 실천하는 내적 동기를 높여주는 데 큰 역할을 한다. 또한 Sachs(1984)에 의하면, 달리는 동안에 경험하는 행복감을 런너스 하이라고 하면서, 웰빙에 대한 느낌과 시공간적 감각의 초월 현상으로 정의하고 있다.

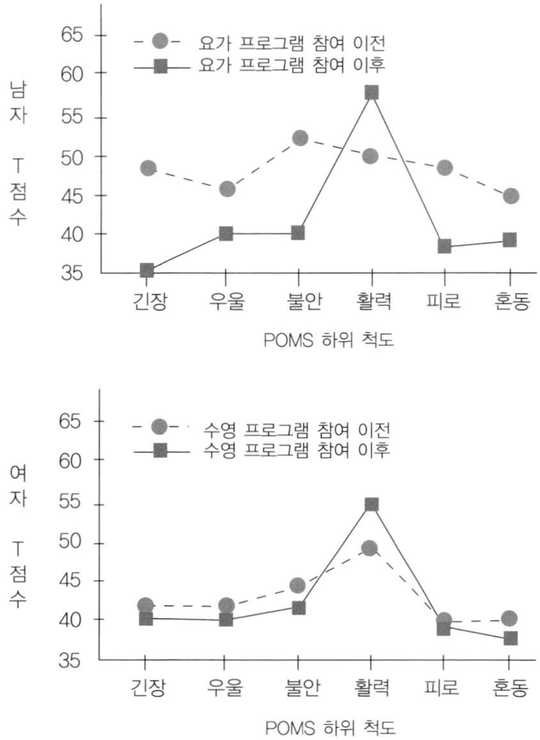

그림 7-6 요가(a) 및 수영(b) 프로그램 참여 전후의 정서 상태 변화

▶ 출처 : Berger & Owen, "Mood alteration with yoga and swimming: Aerobic exercise may not be necessary," *Perceptual and Motor Skills*, *75*, 1331-1343, 1992.

을수록 독립심이 강해지고, 적응력이 우수하며, 스트레스에 대한 저항력도 강해진다(Wylie, 1989). 또한 학업이나 직무 수행력이나 대인 관계에도 긍정적인 영향을 준다. 반면에 자기 존중감이 낮으면 우울증이나 불안 등의 정신적 문제를 겪을 가능성이 높게 된다(김병준, 2006).

앞에서도 설명했듯이, 자기 존중감을 갖는 데 중요한 역할을 하는 것 중의 하나가 신체 이미지이다. 현대 사회에서 자신의 신체에 대한 관심이 높아지면서 그만큼 신체적 자기 가치가 중요한 요소가 되었다. 일반적으로 여성이 남성보다 실제와는 관계없이 자신의 신체에 대한 불만이 더 높으며(Waaler Loland,

1998), 여성은 자신의 체격을 과대평가하고(Drewnowski & Yee, 1987; McDonald & Thomson, 1992), 남성은 오히려 실제 체격보다 작은 것으로 평가하는 경향이 있다(Cash & Brown, 1989; Gray, 1977). 이러한 잘못된 신체 이미지에 대한 인식이 오히려 운동에 적극적으로 참여하게 하는 동기로 작용하기도 하지만, 잘못된 인식으로 인하여 잘못된 운동 목표와 방법을 갖게 하여 결국에는 건강상의 문제를 야기하기도 한다.

자기 존중감에 대한 운동의 효과를 살펴보면, 먼저 운동에 참여한 초기 기간 동안 자기 존중감이 두드러지게 변화하는 것으로 나타났다. Gruber(1986)는 최소한의 지속시간(4주 이하) 동안 운동을 하고 난 이후에 자기 존중감의 변화가 나타났지만, 그보다 더 오랫동안 운동을 지속해도 그 효과가 더 커지지 않았다고 했다. Fox(2007)는 자신에 대한 지각 변화에 웨이트 트레이닝이 가장 빠른 효과를 보인다고 했다. 또한 모든 연령층의 남성과 여성에게 운동의 효과가 있지만, 그중에서도 어린이와 중년층에게서 그 효과가 가장 크다고 했다.

5. 운동 중재

모든 사람들은 각자 생활 방식이 다르며 건강과 운동에 대한 인식 또한 다르다. 그렇지만 그 방식과 생각이 올바르고, 생각으로만 그치는 것이 아니라 지속적인 실천으로 이어질 수 있다면 건강 관리의 성과를 거둘 수 있을 것이다. 그러나 운동과 건강에 대해 올바르지 못한 인식을 갖고 있거나, 그로 인해 잘못된 방법으로 실천하고 있거나, 혹은 정보의 부재로 운동에 관심이 없거나 운동 실천을 어떻게 시작해야 할지 모른다면 건강 관리에 문제가 생길 수 있다.

이러한 측면에서 중재란 구체적인 목표를 가지고 건강과 관련된 태도나 기준을 갖게 하고, 건강 행동을 시작하게 하거나 유지 관리하는 것을 목적으로 건강 관리 전문가로 구성된 팀에 의해 이루어지는 건강 증진 활동을 말한다(Carron, Hausenblas, & Estabrooks, 2002; Gauvin, Levesque, & Richard,

2001). Dishman & Buckworth(1996)는 중재 전략을 통해서 운동지속율이 50%에서 88%로 향상되었다는 연구 결과를 통해서 중재의 중요성을 강조했다.

실질적으로 개개인의 건강과 체력 수준, 운동에 참여하는 목적에 따라 운동 형태, 강도, 빈도, 시간 등을 달리하여 개개인에 맞는 운동을 수행할 수 있도록 안내하는 것을 운동 처방exercise prescription이라 한다. 운동 처방의 기본적인 목적은 신체 활동을 습관화하여 개인의 건강 행동에 변화를 가져오는 것으로, 만성적인 운동 부족chronic hypokinetics으로부터 발생하는 제반 문제를 해소하고 인간 본래의 생리 기능을 정상적으로 유지 또는 증진시키는 것이다(Pate, 1991).

일반적인 운동 처방의 과정이 그림 7-7에 나타나 있다.

사전 검사 설문지 또는 면담	설문지나 면담을 통해 개인의 생활 방식이나 식습관, 흡연 및 음주 등의 다양한 정보를 수집한다.
⇩	
의학 검사 병원 또는 보건소	현재 가지고 있는 병력이나 가족력, 의학적 질환 유무, 약물 복용 유무 등을 조사한다.
⇩	
운동 부하 검사	안정시에서부터 운동 후 회복기까지의 전 과정에서 나타나는 혈압, 심박수, 심전도의 변화 등을 측정하여 운동 유발 부정맥 등의 잠재성 질환의 유무를 판단하고 심혈관계의 기능적 능력을 평가한다.
⇩	
체력 검사	근력, 근지구력, 심폐지구력, 유연성, 순발력, 민첩성, 평형성 등의 현재 체력 상태를 측정한다.
⇩	
운동 처방	개개인에 맞는 운동 형태, 운동 강도, 운동 빈도, 운동 시간, 운동 기간 등을 결정한다.
⇩	
운동 프로그램 적용	즐겁게 운동을 실천하여 자신의 목적을 성취할 수 있도록 지도하며, 적절한 피드백으로 운동의 동기 부여가 될 수 있도록 한다.

그림 7-7 운동 처방의 과정

운동의 가이드라인

ACSM(1978)은 건강한 체력을 기르는 목적으로, 특히 심폐지구력을 향상시키고 건강 증진을 목적으로 하는 운동의 가이드라인을 발표했다. 그 내용은 일주일에 3~5회의 운동 빈도, 최대심박수의 60~90%의 운동 강도, 하루에 최소 20~90분의 운동 지속시간을 갖는 것이다.

그 후 ACSM과 CDC(1995)가 공동으로 건강과 신체 활동을 위한 새로운 권장 사항을 제시했는데, 이는 이전에 ACSM(1978)이 발표한 내용보다 운동 강도를 낮추고 빈도를 높인 것이다. 즉 중간 강도(예: 빠르게 걷기, 여가 활동으로의 수영, 테니스 복식, 바닥 청소 등)의 운동을 30분 이상 실시하고 일주일에 5회 이상(거의 매일) 운동할 것을 권하고 있다. 그리고 하루 운동을 실시할 때 30분 이상을 연속해서 실시하거나 15분씩 2회, 또는 10분씩 3회로 나누어 실시해도 운동 효과는 동일하다고 제시하고 있다. 이러한 가이드라인의 변화는 이것이 운동을 지속적으로 실천할 수 있는 비율을 높일 수 있다는 사실을 근거로 한 것이다. 반면에 과체중이나 비만으로 인하여 체중 조절을 목적으로 하는 경우에는 위에서 제시한 가이드라인보다 운동 시간을 늘려 최소 하루에 90분 이상의 운동이 필요하다고 제시하고 있다.

운동의 일반적 원리

운동의 효과를 높이기 위해서는 운동의 방법(강도, 빈도, 지속시간 등)을 개인의 체력 수준에 따라 다르게 적용해야 한다. 그러나 모든 사람들에게 공통적으로 적용해야 하는 운동의 일반적 원리가 있다. 대표적인 원리로 과부하의 원리, 점진성의 원리, 특수성의 원리, 가역성의 원리가 있다.

첫째, 과부하의 원리는 모든 체력 운동 프로그램의 핵심이 되는 원리이다. 이 원리는 체력을 증가시키기 위해서는 항상 과부하에 의한 자극이 필요하다는 것이다. 예를 들어, 일상생활에서 흔히 겪는 정도의 운동 부하로는 체력을 향상시킬 수 없다. 따라서 체력을 향상시키기 위해서는 평상시에 접하는 무게보다 무거운 부하로 운동을 하거나, 평상시의 활동 시간보다 긴 운동 지속시간을 유지해야 한다. 또한 자신이 움직일 수 있는 관절의 범위보다 더 크게 스트레칭을 해야 유연성이 향상될 수 있다.

둘째, 점진성의 원리는 운동 프로그램을 수행자의 체력 수준에 따라 점차적으로 적용해야 한다는 것이다. 운동을 처음 시작하거나 시작한 지 얼마 안 된 사람은 점진적으로 증가시키는 비율을 상대적으로 낮게 해야 하며, 정해진 비율로 수주 이상 지속해야 한다. 특히 평소에 신체 활동량이 많지 않은 사람인 경우에는 더욱 그렇다. 이는 짧은 시간에 일어나는 신체적 변화가 근육에 통증을 유발하거나 상황에 따라서 상해를 일으키기 때문이다. 따라서 너무 빠르고 무리하게 운동의 부하를 늘려나가면 상해는 물론 운동에 대한 흥미도 상실될 수 있다.

셋째, 특수성의 원리는 운동 프로그램의 효과가 사용된 신체 부위에서만 나타난다는 것이다. 예를 들어, 상체의 근육을 발달시키기 위해서는 조깅보다는 상체의 특정 근육을 강화하는 프로그램이 필요하다. 또한 운동 형태에 따른 효과도 특수성 원리를 따른다. 다시 말해, 근력 운동을 하면서 근지구력이나 유연성이 함께 향상될 것으로 기대하는 것은 무리이다. 물론 근력 운동을 하면 근지구력도 다소 증가하지만 근지구력 운동보다는 그 효과가 극히 작다.

넷째, 운동 효과의 가역성 원리는 중도에 운동을 중단하거나 그만두게 되면 체력 수준은 저하된다는 것이다. 다시 말해 운동의 효과는 저장되는 것이 아니라 항상 운동을 통해서 관리되어야 한다는 것이다. 특히 근지구력이나 심폐지구력의 경우는 근력보다 그 효과가 사라지는 속도가 빠르게 진행되기 때문에 (Coyle, Martin, Sinacore, Joyner, Hagberg, & Holloszy, 1984), 꾸준한 관리가 필요하다. 이러한 원리를 통해서 운동을 지속적으로 실천해야 하는 이유를 설명할 수 있다.

운동 실천을 위한 계획

아무리 잘 계획된 운동 프로그램이라 할지라도 참여하는 사람들이 운동의 효과를 얻기 이전에 운동을 그만둔다면 아무 소용이 없다. 그러나 실제로 중간에 운동을 포기하고 그만두는 경우를 쉽게 볼 수 있다. 일반적으로 운동의 효과는 최소한 2~6개월의 운동을 지속적으로 실시했을 때 나타나지만, 성인의 60% 이상이 한 달을 채우지 못하고 운동을 중단한다(Dishman, 1988). 이를 다르게 표현하면 2~6개월 이상 운동을 지속적으로 하게 되면 운동 효과를 경험하고, 이는 곧 평생 운동을 실천할 수 있는 습관을 유지할 가능성이 높아짐을 의미한다. 이처럼 운동을 지속적으로 실천하기 위해서는 실천에 대한 의지와 활동적인 생활 습관으로의 전환 등이 필요하며, 다음과 같은 요소를 고려한 운동 설계가 필요하다.

운동 목표 설정

운동 목표는 자신의 건강 수준에 대한 정확한 진단과 운동에 대한 개인적인 필요성과 욕구 등을 근거로 설정되어야 한다. 이러한 목표는 규칙적인 운동 습관을 지속적으로 유지시켜줄 동기를 제공한다는 측면에서 중요하다.

목표를 설정할 때에는 현실적이면서도 약간 어려운 목표를 설정하는 것이 바람직하다. 또한 장기 목표뿐만 아니라 중간 점검이 수월하도록 단기 목표를 설정하는 것도 중요하다. 이와 더불어 측정이 가능하여 목표 성취 여부를 정확하게 판단할 수 있도록 해야 한다. 그리고 시간이 지남에 따라 달라지는 운동의 필요성에 따라서 목표를 수정해나갈 수 있는 자세 또한 필요하다.

자신에게 적합한 신체 활동 선택

앞 장에서도 언급한 것과 같이 운동에 참여하는 여러 이유가 있지만 그중에서 중요한 것은 즐거움, 다시 말해 운동이 재미있어야 한다. 그러나 즐거움이 있는 운동이라고 해서 운동을 통해서 얻고자 하는 효과나 목표를 달성할 수 있는 것은 아니다. 여기에 운동을 지속적으로 실천하는 것에 어려움이 있다.

또한 현실적으로 실행 가능한 활동을 선택하도록 한다. 예를 들어, 자신의 일상적인 생활 속에서 허용되기 어려운 시간에 운동을 계획하거나 자신의 생활권에서 너무 먼 거리에 있는 시설을 이용하려 하면 아무래도 운동을 지속적으로 실천하기 어려울 것이다.

그리고 가능한 한 다양한 신체 활동을 즐기도록 한다. 한 가지 형태의 운동으로는 운동의 모든 효과를 얻을 수 없다. 또한 다양한 운동 형태로 구성되어 있는 프로그램에 참여할 때 중간에 포기하는 비율이 낮아지고 보다 즐겁게 운동에 참여할 수 있다(Glaros & Janelle, 2001).

개인의 성향에 따라서 혼자 운동하거나 또는 여럿이 함께 운동하는 것을 선호하는 정도가 다를 수 있다. 함께 운동을 하면 혼자 할 때보다 운동에 대한 지루함을 없애고 즐거움을 높여 운동에 대한 의도와 동기를 높일 수 있는 장점이 있다. 하지만 여럿에게 동일한 프로그램을 제공했을 때 각기 다른 체력 수준이나 운동 능력에 따른 차이를 반영하지 못할 수 있기 때문에 유의해야 한다.

운동 계획하기

운동 형태가 결정되었다면, 실제로 운동을 실천하기 위한 구체적인 계획을 세워야 한다. 이를 위해서는 1일 프로그램 내용뿐만 아니라 장기적인 운동 내용을 계획해야 한다.

1일 프로그램은 기본적으로 준비 운동, 본 운동, 정리 운동의 3단계로 계획한다. 준비 운동은 신체의 모든 기능을 안정적인 상태로부터 운동에 적합한 상태로 천천히 이끌어가는 과정으로, 운동 상해를 예방하는 데 중요한 역할을 한다. 운동을 하게 되면 혈압과 혈류량이 갑자기 증가하고 호흡계 및 자율신경계 등에 급격한 변화가 나타나는데 이러한 변화가 상해를 유발할 수 있다. 준비 운동으로는 가벼운 정도의 달리기와 스트레칭 등이 좋으며, 5~15분 정도 실시하는 것이 적당하다. 본 운동은 근력, 근지구력, 심폐지구력, 유연성 등의 운동 목적에 따라 다르게 계획할 수 있다. 이와 관련된 내용은 다음 부분에서 구체적으로 다루도록 하겠다. 끝으로 정리 운동은 신체의 모든 기능을 다시 안정된 상태로 되돌리는 과정이다. 따라서 본 운동의 강도를 서서히 낮추면서 마무리하고 스트레칭을 실시하는 것이 효과적이다. 정리 운동의 시간은 준비 운동과 마찬가지로 5~15분이 적당하다.

장기적인 운동 프로그램은 자신의 건강이나 체력 수준, 그리고 운동 경험에 따라 다르게 계획해야 한다. 일반적으로 초기 단계, 점진적 진전 단계, 유지 단계 등의 과정으로 계획하는 것이 바람직하다.

운동 초기 단계는 신체가 운동에 점차 적응하도록 하는 것을 목적으로 한다. 대부분의 사람들은 초기에 체력 향상과 체중 감소에 대한 기대를 갖는다. 그러다 보면 지나치게 열심히 운동을 하게 되어 오히려 근육의 통증이나 피로 현상을 경험하게 되고, 결국 중도에 운동을 그만두게 되는 경우도 발생할 수 있다.

점진적 진전 단계는 자신의 신체 적응과 체력 향상 수준에 따라 운동 빈도, 강도, 지속시간 등을 점치 늘려가는 단계이다. 이러한 과정을 통해서 자신의 목표를 달성할 수 있다. 그러나 운동으로 인하여 부상이 발생했을 경우에는 부상 정도에 따라서 운동 수준을 조절해야 한다.

끝으로 유지 단계는 점진적 진전 단계를 통해서 성취된 자신의 체력 목표를 유지하는 단계로, 운동량을 늘리는 것에 더 이상 관심이 없는 상태이다. 그러나 체력은 저장되는 것이 아니기 때문에 규칙적인 운동을 통해서 현재의 체력 수준을 유지할 수 있는 정도의 운동 계획이 필요하다.

평가하기

운동 프로그램에 참여하기 이전에 자신의 체력 수준을 확인하는 것도 중요하지만, 운동을 실천하는 과정에서 체력 상태를 평가하는 것도 중요하다. 이는 단순히 상태를 아는 것뿐만 아니라 앞으로의 운동 계획에 대한 새로운 기준이 되기 때문이다. 체력 상태를 확인하기 위해서는 운동 일지를 쓰거나 정기적으로 체력 검사를 실시하도록 한다. 운동 일지에는 하루하루 실시한 운동 강도나 소모한 전체 열량, 그리고 체중의 변화 등을 기록하도록 한다.

운동할 때 발생하는 문제

운동을 할 때 발생하는 문제는 여러 원인에 의해서 나타난다. 예를 들어, 자신의 수준에 맞지 않는 빈도와 강도의 과도한 운동을 하거나, 지나치게 오랜 시간 동안 운동을 하거나, 또는 몸 상태가 좋지 않음에도 불구하고 무리하게 운동을 실시하는 경우 등이 해당한다.

가장 흔한 증상 중의 하나가 피로fatigue이다. 피로한 상태에서 운동을 계속하게 되면 상해가 발생할 가능성이 매우 높아진다. 이는 피로하면 정상적인 신체 상태일 때보다 근력이나 민첩성, 근신경의 협응 수준 등이 저하되기 때문이다. 특히 운동을 처음 시작하거나 시작한 지 얼마 안 된 사람의 경우에는 운동 후에 피로가 나타나게 마련이다. 이때 피로가 오랫동안 지속되면 운동을 잠시 쉬면서 신체가 정상적인 상태로 회복된 이후에 운동을 재개하는 것이 좋다.

운동을 과도하게 하면 약간의 통증soreness이 수반되는 경우가 많다. 통증은 특정한 신체 부위에만 올 수도 있고 몸 전체에서 느낄 수도 있다. 특히 체력이 약하고 신체 활동량이 적은 사람, 그리고 나이가 많을수록 통증의 강도가 높고 오랫동안 지속된다. 통증이 오면 가벼운 정도의 운동을 실시하거나 두 가지 이상의 다른 형태의 운동을 번갈아 실시하는 것이 좋다.

그러나 경우에 따라서 국부적으로 고통이 심한 동통sharp pain이 발생하기도 한다. 이러한 경우에는 운동을 중단하는 것이 바람직하다. 그리고 그 원인이 무엇인지를 알아내어 전문가의 도움으로 적절하게 처리해야 한다.

운동 상해는 항상 발생할 수 있다. 특히 운동을 시작하여 초기 몇 개월 사이에는 그 가능성이 더욱 높다. 대부분의 운동 초보자들은 자신에게 맞는 운동의 형태와 빈도, 강도, 시간 등에 대한 정보가 부족하고, 그렇기 때문에 적절한 운동 방법을 계획하는 것이 어렵다. 또한 자신의 체력 수준이나 몸 상태를 고려하지 않고 운동에 참여하는 경우가 대부분이기 때문에 상해의 위험성은 더욱 높아지는 것이다. 따라서 운동 초보자일수록 운동에 대한 상담이 반드시 필요하며, 개인의 수준과 성향에 맞은 운동 프로그램을 제공받아야 한다.

6. 운동 상담

체력 요소별 운동 상담

본 장에서는 건강 관련 체력 요소인 근력 및 근지구력, 심폐지구력, 그리고 유연성을 향상시키기 위한 운동 상담 내용을 살펴보도록 하자.

근력 및 근지구력 향상 운동

근력 강화와 근지구력 강화 운동의 차이점은 반복 횟수와 들어 올리는 무게에 있다. 무거운 무게로 적은 반복 횟수의 운동을 하는 것이 근력 향상에 효과적이다. 반면에 가벼운 무게로 여러 번 반복 횟수의 운동을 하면 근지구력 향상에 도움이 된다.

근력 운동에서의 운동 강도는 최대반복횟수repetition maximum: RM로 결정할 수 있다. 예를 들어, 1RM이란 1회 들어 올릴 수 있는 최대의 무게이며, 6RM은 6회 들어 올릴 수 있는 최대 무게를 말한다. 따라서 1RM이 6RM보다 더 무거운 부하이다. 일반적으로 근력을 향상시키기 위해서는 6RM으로 3세트(set: 휴식 없이 계속하여 실행하는 반복 횟수)의 운동을, 근지구력 운동은 18~20RM의 4~6세트의 운동을 권장하고 있다(Powers & Dodd, 2003).

근력 및 근지구력 운동은 점진성의 원리를 따라야 그 효과가 커진다. 근력 향상을 위해서는 근력이 향상됨에 따라 반복 횟수보다는 사용하는 무게의 양을 점차로 증가시키는 것이 효과적이다. 많은 연구에서 4세트 이상 반복하게 되면 과훈련으로 인하여 효과가 오히려 감소한다는 결과도 보고하고 있다. 반면에 근지구력 훈련은 점차적으로 무게를 증가시킬 수도 있고 동일한 무게로 실시하는 반복 횟수를 증가시킴으로써 점진성의 원리를 따를 수도 있다. 또한 근력 및 근지구력 운동은 목표로 하는 신체 부위의 근육에서만 그 효과를 볼 수 있다(특수성의 원리). 따라서 분명한 목적을 가지고 그 신체 부위에 맞는 운동 방법을 선택해야 한다.

어느 정도 높은 수준의 근력을 가지고 있는 사람보다 그렇지 못한 사람이 운동의 효과를 더 빨리 얻을 수 있다. 이러한 점은 체력이 낮은 사람이 운동을 지속할 수 있는 하나의 동기가 될 수 있다. 그러나 보통 많은 사람들이 웨이트 트레이닝을 재미없어한다. 이러한 점이 운동을 중단하게 만드는 가장 큰 원인 중의 하나이다. 따라서 사람들이 기분 좋은 분위기에서 좋은 운동 파트너와 함께 자신의 체력 수준에 맞고 즐길 수 있는 프로그램으로 운동을 실시할 수 있도록 하는 것이 전문가의 역할이다.

심폐지구력 향상 운동

일반적으로 심폐 체력을 유지 또는 향상시키기 위해서는 일주일에 3~5회 빈도의 운동을 권장하고 있다. 물론 심폐 체력은 일주일에 최소 2회의 운동으로도 향상시킬 수 있지만, 그 효과를 높이기 위해서는 부상이 발생할 가능성이 높지 않은 범위에서 최대 5회까지 늘릴 수 있다(ACSM, 2001).

운동 강도는 최대산소섭취량 VO_2max의 50~85%의 강도를 권장하고 있다. 그러나 최대산소섭취량은 현실적으로 측정하기 어렵기 때문에 최대심박수를 활용하여 간접적으로 운동 강도를 정한다. 이를 위하여 심폐지구력을 향상시키기에 적절한 심박수의 범위를 결정해야 하는데, 이를 목표심박수target heart rate라 한다. 목표심박수는 최대심박수의 70~90% 범위에서 자신의 나이에 따라 다르게 계산해야 한다. 이는 연령이 높아짐에 따라 최대심박수가 낮아지고 결국 목표심박수 또한 낮아짐을 의미한다. 표 7-6은 20세 성인의 목표심박수와 최대산소섭취량의 백분율 관계를 나타낸 것이다.

- 최대심박수HRmax = 220 － 나이
- 목표심박수의 범위 = HRmax × 0.70 ~ HRmax × 0.90

운동 지속시간을 결정하기 위해서는 몇 가지 고려해야 할 사항이 있다. 심폐 체력을 향상시키기 위한 운동 지속시간은 일반적으로 20분에서 60분으로 알

표 7-6 20세 성인의 목표심박수와 최대산소섭취량의 백분율 관계

목표심박수	% 최대산소섭취량	% 최대심박수
186	90	93
180	85	90
173	80	87
166	75	83
160	70	80
153	65	76
146	60	73
149	55	70
134	49	67

▶ 출처 : Powers & Dodd, 「건강한 삶을 위한 운동처방기초」, 장경태 · 이정숙 옮김, 2005.

려져 있다. 그러나 이러한 지속시간은 개인의 체력 수준과 운동 강도에 따라서 달라져야 한다. 예를 들어, 체력 수준이 낮은 사람의 지속시간은 체력이 좋은 사람보다 짧아야 하며, 운동 강도가 낮은 경우에는 강도가 높을 때보다 운동 지속시간을 길게 해야 한다.

일반적으로 심폐 체력 운동 프로그램에 참여하는 사람들 중에 초기 6개월 이내에 운동을 그만두는 경우가 많다(Mullineaux, Barnes, & Barnes, 2001). 그 이유 중의 하나는 시간이 부족하다는 것이다. 그러나 5장에서도 설명했듯이 효율적인 시간 관리를 통해서 운동 시간을 충분히 확보할 수 있을 것이다. 심폐 체력 향상을 위해 필요한 시간은 최소 일주일에 3회, 하루에 30분 정도의 시간이면 된다.

유연성 향상 운동

유연성은 관절의 가동 범위로서, 동작을 수행함에 있어서 관절이 움직일 수 있는 능력이다. 유연성도 근력이나 심폐지구력과 같이 개인마다 그 특성과 능력 정도가 다르며, 운동 유무에 따라서 그 능력이 향상되기도 하고 감소되기도 한다.

유연성을 향상시킬 수 있는 대표적인 운동은 스트레칭으로, 정적 스트레칭

을 가장 많이 추천한다. 이는 움직임이 제한되는 지점까지 근육의 길이를 천천히 늘린 다음 일정 시간(약 20~30초) 동안 그 자세를 유지하는 것이다(3~4회 반복)(Powers & Dodd, 2003). 정적 스트레칭은 다른 기법보다 부상의 위험성이 낮으며, 이 기법을 준비 운동과 정리 운동에 결합하여 실시하게 되면 운동 중에 발생할 수 있는 부상의 위험성을 줄이고 운동 이후에 발생하는 근육의 경직 등을 예방할 수 있다(ACSM, 1998).

스트레칭은 일주일에 2~5일, 그리고 하루에 10~30분 정도를 실천하는 것이 좋다(Powers & Dodd, 2003). 초기 단계에는 5분 정도의 지속시간으로 시작하고, 운동을 계속함에 따라 빈도와 지속시간을 늘려가도록 하며, 또한 스트레칭 자세의 지속시간도 늘려가도록 한다. 스트레칭의 강도는 불편함을 가볍게 느낄 정도가 바람직하며 그 이상의 강도로 근육이나 신체 부위를 늘려서는 안 된다.

스트레칭도 상해의 위험성을 수반한다. 상해를 입지 않기 위해서는 다음과 같은 몇 가지 사항을 주의하도록 한다.

- 스트레칭을 하는 동안 호흡을 멈추지 않는다.
- 무릎이나 목을 완전히 굽히거나 펴는 동작은 피한다.
- 복부 근육과 같이 이미 신장되어 있는 부위는 스트레칭하지 않는다.
- 아픔을 느끼는 강도로 스트레칭하지 않는다.
- 보조자의 도움을 받을 경우에는 특히 스트레칭 강도에 주의한다.

대상별 운동 상담

여기에서는 어린이와 청소년, 임산부, 그리고 노인의 운동 상담에 필요한 내용을 살펴보도록 하자.

어린이와 청소년

일반적으로 어린이나 청소년들도 성인들에게 적용되는 운동 지침을 따를 것을 권장하고 있다. 그러나 성인과 신체적인 능력과 특성에 차이가 있기 때문에 몇 가지 주의해야 할 사항이 있다.

어린이와 청소년기에도 중량을 이용한 근력 운동을 통해 근력을 향상시키는 것이 필요하다. 그러나 과도하게 무거운 중량 운동은 뼈의 성장을 방해하고, 뼈와 관절 등에 상해를 일으킬 수 있기 때문에 주의해야 한다. 따라서 성인 지도자의 도움으로 일주일에 2~3회, 매회 20~30분 동안 운동을 실시하는 것이 좋으며, 근력 향상 운동은 체력 전반을 향상시킬 수 있는 프로그램의 한 부분으로 계획하는 것이 바람직하다(Nieman, 1997). 표 7-7은 어린이의 근력 운동의 지침을 제시한 것이다(ACSM, 1995).

어린이들은 성인에 비하여 열 손실의 위험성이 높다. 따라서 수중 운동을 할 경우에 어린이들은 체온을 빨리 빼앗겨 저체온증을 일으키는 경우가 많다. 그렇기 때문에 수영 등을 할 때에는 주기적으로 물 밖으로 나와 몸을 따뜻하게 하며 휴식을 취해야 하고, 너무 차가운 물에서는 운동을 삼가해야 한다.

또한 어린이들은 성인에 비하여 발한 능력이 부족하기 때문에 강도 높은 운동을 하게 되면 더 많은 열을 내며 탈수 현상이 올 수 있다. 따라서 운동 중에 수분을 자주 섭취해야 하며 너무 더운 환경에서는 운동을 삼가해야 한다.

어린이와 청소년들이 규칙적으로 운동을 해야 하는 이유 중의 하나가 적은 신체 활동으로 인한 비만을 예방하기 위함이다. 6장에서 설명했듯이, 어린 시절의 비만은 결국 성인기까지 이어져 성인병의 원인이 되고 있기 때문에 심각하게 다루어야 한다. 또한 비만인 어린이들은 자신의 신체 상태를 부끄러워하

표 7-7 어린이의 근력 운동 지침

- 어린이의 체격에 아무리 크다 할지라도 심리적으로 미성숙하다는 것을 명심하라.
- 운동을 빠르고 갑작스러운 동작을 피하면서 속도가 통제되는 방식으로 수행해야 한다.
- 어떤 상황에서도 8RM보다 무거운 무게를 사용해서는 안 된다.
- 주요 근육군이 포함된 8~10개의 운동을 세트당 8~12회로 1~2세트 수행한다.
- 1주일에 2회로 근력 운동 빈도를 제한하고 신체 전 범위의 다관절 운동을 수행한다.
- 최대 무게로 골격과 관절 구조에 과부하를 주지 않도록 한다.
- 반드시 지도자의 관리 하에 진행하도록 한다.

▶ 출처 : 체육과학연구원, 『전문가를 위한 최신운동처방론』, 1999.

며 친구들과 어울리기를 꺼려하는 경향이 크기 때문에 이러한 심리적인 문제를 포함한 특별한 프로그램의 계획이 요구된다.

어린이들은 성인과는 달리 신체 활동에 대한 욕구를 스스로 충분히 가지고 있기 때문에 특별한 동기 부여가 요구되지는 않는다. 그리고 근본적으로는 특정한 운동 프로그램도 중요하지만 신체 활동이 주가 되는 놀이나 즐거운 스포츠 활동이 주가 되어야 한다. 이러한 활동을 통해서 평생 운동에 대한 동기 부여를 스스로 하여 운동 습관을 갖게 하는 것이 중요하다.

임산부

임신 중에 실시하는 적절한 운동은 임산부의 건강을 유지시키고, 태아가 안전하고 건강하게 성장할 수 있는 환경을 만들어줄 수 있다. 그러나 운동 형태와 강도 등에 주의를 기울여야 하므로 전문가와의 상담이 반드시 필요하다.

임산부가 운동을 하게 되면 태아도 함께 운동하는 효과가 있다. 그러나 임산부가 강도 높게 운동을 하거나, 강도가 적절하다 할지라도 장시간 동안 운동을 하게 되면 태아에게 산소부족증을 초래할 수 있기 때문에 위험하다. 일반적으로 약 10분에서 20분 정도의 짧은 시간 동안 낮은 강도의 운동을 하면 임산부와 태아의 건강에 해를 주지 않으면서 운동의 효과를 볼 수 있다고 보고되고 있다(Clapp, 2000).

임산부에게 적절한 운동으로는 집 안에서도 쉽고 안전하게 할 수 있는 걷기나 임산부 체조, 그리고 수영이나 수중 에어로빅 등의 수중 운동이 있다. 특히 수중 운동의 경우에는 운동으로 인한 태아의 건강 관련 문제가 주로 임산부의 체온 상승이 원인이 된다는 점을 고려할 때 체온 상승을 막는다는 측면에서 좋다. 이외에도 운동량이 적은 산보나 골프 등의 운동과 임신 이전에 시작했다면 테니스나 라켓볼 등도 권할 만하다. 그러나 신체에 충격이 크게 가해지거나 신체 접촉이 요구되는 경쟁적인 신체 활동은 임산부와 태아에 위험하므로 반드시 피해야 한다.

임산부에게 운동은 임신으로 인한 신체적 변화, 신체적 불편함, 생활 속의 스트레스 변화 등의 다양한 심리적인 상태에 대처할 수 있는 효과를 갖는다. 이러한 심리적인 안정은 태아에게도 간접적인 효과를 기대할 수 있다.

임산부는 운동을 할 때 다음과 같은 사항을 반드시 준수해야 한다(Powers & Dodd, 2003).

- 주치의와 반드시 상담한다.
- 임신 이전에 실시했던 운동량보다 높은 강도로 운동하지 않는다.
- 부상 위험성이 높은 운동은 피해야 한다.
- 5분 이상 등을 대고 누워야 하는 운동을 하지 않는다.
- 균형 유지가 중요한 운동을 하지 않는다.
- 임신 7~8개월 이후에는 빠르고 갑작스러운 동작이 포함된 운동을 하지 않는다.
- 더운 장소에서 운동을 하지 않는다.
- 목표심박수보다 낮은 수준의 운동 강도를 선택해야 한다.
- 충분한 양의 수분을 섭취한다.
- 숨이 찬 경우, 어지러움을 느낀 경우, 손발이 무감각해지는 경우, 복부에 통증이 오는 경우, 자궁 출혈이 있는 경우 등에는 즉시 운동을 중단하고 주치의에게 알린다.

출산 이후에도 적당한 운동은 필요한데, 중요한 문제는 출산 후 운동을 다시 시작할 때까지의 시간 간격이다. 일반적으로 출산 후 1~2주 동안에는 활발한 운동을 실시하지 않는 것이 바람직하다고 알려져 있다. 그러나 개인차가 있어 각자의 운동에 대한 생리적 반응이 다르게 나타난다는 것도 고려해야 한다.

노인

노인학 분야의 학자들은 건강한 노령화를 위한 근본 요소로 규칙적인 운동을 들고 있다. 노인은 운동으로부터 가장 많은 혜택을 얻게 되는 연령층 중의 하나이다. 다시 말하면 노인이 겪는 많은 질병과 다양한 건강 문제의 위험도를 낮추는 데 규칙적인 운동이 매우 효과적인 것이다(Nieman, 1997).

노화가 나타나면 근골격계 기능과 심폐 기능이 저하되고 신체 지방이 증가한다. 이러한 결과는 여러 요인이 원인이 되지만, 신체 활동의 감소가 가장 큰 원인으로 작용한다(Vandervoot & Symons, 2001).

노인도 근력 운동 프로그램에 의해서 근력을 강화시킬 수 있으며, 90세가 넘어도 근력 운동의 효과를 얻을 수 있다는 연구 결과도 있다. 이는 평생 동안 근육을 강하게 유지하기 위한 노력을 기울여야 한다는 뜻이며, 노력을 기울인 만큼 운동의 효과를 볼 수 있다는 것이다. 일반적으로 근력은 45세 이후에 10년마다 약 5~10%씩 감소한다(Nieman, 1997). 이는 주로 근육량이 손실되기 때문인데 이러한 근력 약화는 곧바로 신체 활동 수행 능력의 감소를 초래하고, 이는 다시 근력 약화의 결과로 이어지는 악순환이 계속된다. 특히 하지 근력의 약화는 낙상으로 인한 골절의 가능성을 높인다.

노인에게는 심장과 폐 기능을 유지하고 향상시키기 위한 유산소운동 또한 중요하다. 그러나 노인에게 유산소운동 프로그램을 적용하기 위해서는 상해가 발생하지 않도록 주의를 기울여야 한다. 젊은 성인과 동일한 프로그램을 적용할 수는 있겠지만, 프로그램의 진행 속도를 늦추고 상해 가능성이 높은 형태의 운동은 피해야 한다. 예를 들어, 조깅이나 에어로빅과 같은 운동은 관절이 약한 노인에게는 적절하지 않은 운동 형태이다. 운동 시간과 빈도를 정할 때에도 10분 이상 운동을 하지 못할 경우에는 하루에 여러 차례 실시할 수도 있고, 일주일의 운동 빈도도 3~4회로 제한하는 등 신중을 기하여 결정해야 한다.

노인에게 운동을 처방할 때 가장 중요한 것은 부상 발생 위험성을 없애야 한다는 점이다. 특히 골격계 부상이 생기지 않도록 체중이 크게 실리는 운동은 가급적 피하고, 부득이한 경우에는 안전 장치를 반드시 설치하고 실시해야 한다.

질환별 운동 상담

본 장에서는 당뇨병, 고혈압, 골다공증, 수면 장애 등의 질환과 운동의 관계에 대하여 알아보도록 하자.

당뇨병과 운동

당뇨병은 인간의 역사에서 가장 오래된 질환 중의 하나로, 혈중 글루코스의 농도가 높아져서 나타나는 대사적 장애이다. 크게 두 가지 형태로 나타나는데, I형 당뇨병은 어린 나이에 발병하는 것으로 인슐린 의존성 당뇨병이라고도 한다. 이는 인슐린을 생산하는 췌장 세포의 기능이 문제가 되어 나타나는 것으로 알려져 있다. II형 당뇨병은 성인들에게서 나타나는 것으로 대개 과체중 이상의 중년기 사람들에게 많이 나타난다. II형 당뇨병은 인슐린의 기능에는 문제가 없으므로 인슐린 치료가 반드시 필요하지는 않다. 이를 인슐린 비의존성 당뇨병이라고도 한다.

당뇨병은 유전, 비만, 식사, 운동 부족, 노화, 내분비 장애 등 여러 원인에 의해서 발생한다. 이 중에서도 일상생활에서 우리가 주의 깊게 조절해야 하는 것이 음식 섭취와 운동이다. I형 당뇨병인 경우에는 인슐린의 치료가 반드시 필요하지만, II형 당뇨병인 경우에는 음식 섭취와 운동 요법을 통해서 조절하는 것이 바람직하다.

운동을 통해서 당뇨병으로 고생하는 사람들이 기대할 수 있는 효과는 다음과 같다. 첫째, 운동은 혈중에 있는 글루코스를 세포 내로 운반시키는 기능을 좋게 하여 인슐린의 요구량을 감소시킬 수 있다. 또한 II형 당뇨병 환자에게 있어서 운동을 통해 향상된 기능이 비교적 오랜 시간 동안 지속될 수 있다(Kelly & Goodpaster, 2001). 둘째, 당뇨병 원인 중의 하나인 과체중 또는 비만을 예방하기 위한 체중 조절에 도움이 된다(Tudor-Locke, Bell, & Meyers, 2000). 체중이 늘어나면 혈중 글루코스의 수준이 높아지고 혈압이 상승하기 때문에 당뇨병 환자들이 가장 신경 써야 하는 부분이다. 셋째, 당뇨병 환자들은 심장 질환의 위험성이 높아지는데, 운동은 이를 예방하거나 줄여줄 수 있다. 넷째, 심리적 · 사회적 측면으로 운동을 통해서 생활의 활력과 자신감을 얻고 이를 통해 건강한 사회생활을 영위하는 데 큰 도움을 줄 수 있다(Wing, Goldstein, & Acton, et al., 2001).

당뇨병 환자들의 운동 방법은 정상적인 일반인과 큰 차이는 없다. 다만 이들에게 가장 중요한 목표는 운동 중에 혈액의 글루코스의 수준을 어떻게 유지하는가이다. 특히 I형 당뇨병 환자들에게는 더욱 그렇다. 예를 들어, 운동이 인슐린과 함께 처치되면 혈액 글루코스 수준이 낮아져서 심한 경우에는 발작을 일으키거나 의식을 잃을 수도 있기 때문이다. 만약 혈중 글루코스의 수준이 잘 관리된다면 I형 당뇨병 환자들에게도 일반 정상인과 동일한 운동 방법이 적용될 수 있다. 다만 운동 프로그램에 참여하기 전에 반드시 철저한 건강 검진을 받아야 하고, 혼자서 운동을 해서는 안 되며, 운동 시작 1~3시간 전에 음식을 섭취하고, 늦은 저녁 시간에는 운동을 가급적 하지 말아야 하는 등 몇 가지 사항을 지키도록 한다(Powers & Dodd, 2003).

반면에 II형 당뇨병 환자에게 가장 중요한 것은 운동의 지속시간이다. 다시 말해 운동 초기가 지나 몇 주간의 운동을 하고 나면 점차 일주일에 5일, 그리고 40~60분 정도의 운동 지속시간을 갖는 것이 바람직하다. 그러나 부상의 위험을 줄이기 위해서 운동 강도는 목표 범위의 낮은 수준(40~60%)을 유지해야 한다(Tudor-Locke, Bell, & Meyers, 2000; Ruderman, Devlin, & Schneider, 2001).

고혈압과 운동

고혈압은 '침묵의 살인자'로 불릴 정도로 위험하지만, 사전 증상이 없으며 완전하게 치유될 수 없어 평생 조절이 필요한 질환이다. 고혈압은 관상동맥 심장 질환과 뇌졸중, 신부전증 등의 위험도를 높여 사망에 이르기까지 하며, 임상적으로 당뇨병보다도 많은 사람들이 관련되어 있다.

고혈압으로부터 벗어나기 위해서는 체중 조절, 염분 섭취의 적정 조절, 충분한 식이성 칼륨량 유지, 금주, 그리고 규칙적인 운동 등이 필요하다.

이 중에서 운동은 고혈압 치료에 큰 효과를 갖는다. 그러나 고혈압이 심한 사람인 경우에는 우선적으로 약물 요법을 통해서 혈압을 양호한 수준으로 조절하는 것이 중요하다.

ACSM(1993)은 규칙적인 유산소운동이 고혈압을 가지고 있는 사람들을 정상으로 되돌릴 수 있는 효과가 있으며, 이는 체중이나 식단과는 독립적으로 이루어질 수 있다고 했다. 물론 적절한 식단 조절이 결합되면 그 효과는 더 커질 수 있다.

ASCM에서는 혈압을 낮추는 최선의 운동으로 중간 강도의 유산소운동을 일주일에 3~5회, 매회 20~60분의 지속시간으로 실시하는 것을 추천하고 있다. 또한 웨이트 트레이닝과 같은 중량 운동은 가급적 고혈압 환자들에게는 권하지 않고 있다. 하지만 최대 부하가 아닌 10회에서 15회 반복할 수 있는 정도의 중량 운동을 유산소운동이 포함된 순환 운동(서킷 트레이닝)으로 권장하기도 한다(Nieman, 1997).

고혈압 환자들에게 운동이 필요한 또 하나의 이유는 그들이 체력이 약하기 때문이다. 일반적으로 정상 혈압을 가진 사람들보다 약 30% 정도 체력이 약한 것으로 보고되고 있다(Nieman, 1997). 또한 Blair et al.(1996)의 연구에 따르면 체력 수준이 높은 사람들은 비록 혈압이 높다 하더라도 정상 혈압이면서 체력 수준이 낮은 사람들보다 사망률이 낮다.

이처럼 고혈압 환자에게 유산소운동이나 약한 강도의 중량 운동이 포함된 순환 운동은 체력을 강화하고 심장 질환의 위험성도 낮추어 삶의 질을 높이는 데 중요한 역할을 한다.

골다공증과 운동

골다공증은 뼈의 생성과 소실의 불균형이 나타나면서 발생한다. 특히 30세 후반 이후의 여성의 경우, 뼈가 소실되는 것을 막아주는 역할을 하는 여성 호르몬 분비가 줄어들면서 골밀도가 감소하기 시작한다. 남성의 경우에도 여성보다는 골다공증의 발생 가능성이 적지만, 흡연이나 과음 등의 잘못된 생활 습관과 운동 부족 등이 원인이 되어 최근에 그 비율이 점차 높아지고 있다.

골다공증은 그 자체도 문제이지만, 이로 인하여 신체 활동량이 감소하고 낙상 등의 사건에 이은 골절이 쉽게 발생한다는 점에서 그 문제는 더 심각하다. 골다공증을 예방하거나 치료하기 위해서는 칼슘이 충분히 포함된 음식을 섭취하고 뼈에 자극이 가해질 수 있도록 중량 부하 운동을 실시하는 것이 바람직하다. 또한 낙상을 사전에 예방하기 위하여 자세 및 균형 유지 능력이나 유연성 등을 향상시킬 수 있는 프로그램을 병행하는 것도 필요하다. 그러나 골다공증 치료를 위해 운동을 실시할 때, 운동 참여자의 골밀도가 낮기 때문에 무리한 부하 운동은 운동 상해를 유발할 수 있으므로 극도로 주의해야 하며 전문가로부터 운동 프로그램을 처치 받는 것이 안전하다. 또한 수영 등과 같이 물속에서 이루어지는 운동은 골다공증 치료에 큰 도움이 되지 않으며, 테니스, 축구 등과 같이 순간적으로 갑작스런 움직임이 포함되고 충격이 크게 작용하여 상해가 발생하기 쉽고 넘어질 위험성이 높은 운동은 피하는 것이 바람직하다.

골다공증이 발생하게 되면 다시 원래 상태의 골밀도로 회복하는 것은 매우 어렵다. 따라서 영양 섭취와 충분한 운동으로 골다공증을 사전에 예방하는 것이 무엇보다도 중요하다.

수면 장애와 운동

Better Sleep Council(1990)은 불면증으로 인한 수면 장애를 신체와 정신에 엄청난 손실을 야기하는 현대의 질환으로 이야기하고 있다. 미국의 경우 성인의 20~40% 정도가 불면증을 겪고 있으며, 노인층에 있어서는 거의 절반 이상의 사람들이 수면 장애로 고생하고 있다(Nieman, 1997).

불면증을 겪고 있는 사람들은 일상 업무를 수행하는 데 집중력이 떨어지고 기억력이 저하되어 실수와 사고의 가능성이 높아지게 된다. 또한 수면 부족이 피로로 이어지게 되고, 불안감이나 우울증 등의 정신적인 문제도 발생하게 된다. 또한 더 많은 스트레스를 받게 되고 과민성이 나타나 결국 불면증을 더 심하게 만드는 악순환을 겪게 된다. 이러한 악순환은 만성적인 수면 장애로 이어지고, 이는 만성 피로는 물론 심혈관계 변화로 부정맥 등의 합병증을 초래할 수도 있다.

잠을 잘 자는 것은 생각보다 쉽지 않다. 숙면을 취하기 위해서는 규칙적인 시간 관리하기, 잠들기 6~8시간 전부터 자극적인 음식을 섭취하지 말기, 금연, 과도한 음주 삼가하기, 늦은 시간의 과식 금지 등의 올바른 생활 습관 및 식습관을 가져야 한다.

Better Sleep Council(1990)에서는 규칙적인 운동을 불면증을 해소하고 숙면을 취하기 위한 지침으로 제공하고 있으며, 운동이 신체와 정신을 이완시키고 업무 동안 발생한 긴장을 완화시켜 숙면을 취할 수 있게 해준다고 했다. 특히 늦은 오후나 초저녁에 행하는 운동은 긴장 완화와 휴식의 의미에서 그 효과가 더 크기 때문에 숙면을 위한 좋은 생활 지침이 된다. 운동을 하지 않는 사람과 비교하여 운동을 하는 사람들이 쉽게 잠들고 오랫동안 숙면을 취한다고 한다 (Kubitz, Landers, Petruzzello, & Han, 1996).

대체로 불면증을 겪고 있는 사람들은 항상 긴장하고 있는 경향이 있기 때문에 스트레칭을 통해서 긴장된 신체를 이완시키는 것도 수면에 도움을 줄 수 있다. 그러나 강도가 너무 높거나 장시간 지속되는 운동은 수면을 방해할 수 있으므로 운동 강도와 시간을 적절하게 조절해야 한다.

워크숍 6. 신체적 자기 개념 프로파일 만들기

표 7-8 한국판 신체적 자기 개념 척도(김병준, 2001; 이강헌 등, 2004)의 문항을 읽고 자신에게 해당하는 번호를 표시를 한 후, 다음의 10가지 하위 요인별 평균을 구한다(이때 R 표시 문항은 역으로 채점한다). 각 요인별 평균 점수를 아래의 그림에 표시해보자.

요인	문항 번호	요인	문항 번호
스포츠 유능감	1 ,11, 21, 31	자기 존중감	6(R), 16(R), 26(R), 36(R)
체지방(날씬함)	2(R), 12(R), 22(R), 32(R)	유연성	7, 17, 27, 37
외모	3, 13, 23, 33	지구력	8, 18, 28, 38
건강	4(R), 14(R), 24(R), 34(R)	근력	9, 19, 29, 39
신체 활동	5, 15,25, 35	신체 전반	10, 20, 30, 40

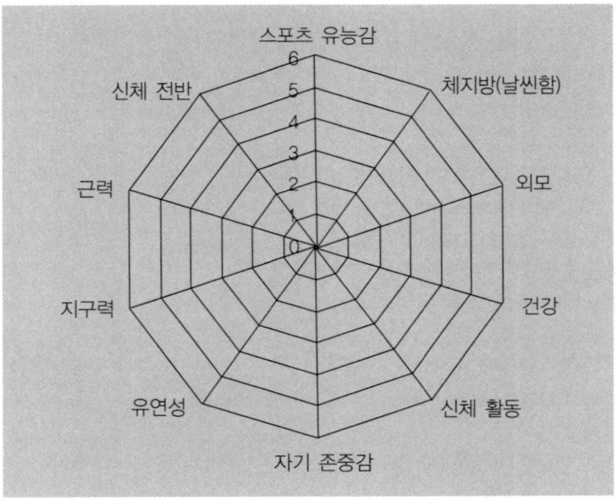

※ 그래프의 결과를 보고 자신의 신체적 자기 개념의 장점과 단점을 평가하고, 신체적 자기 개념을 균형 있게 발달시킬 수 있는 운동 프로그램을 계획해보자.

표 7-8 한국판 신체적 자기 개념 척도

	전혀 아니다	아닌 편이다		그런 편이다		매우 그렇다
1. 나는 또래 친구들보다 운동을 더 잘한다.	1	2	3	4	5	6
2. 나는 살이 많이 찐 편이다.(R)	1	2	3	4	5	6
3. 내 얼굴은 잘 생겼다.	1	2	3	4	5	6
4. 나는 병원이나 약국에 갈 정도로 자주 아프다.(R)	1	2	3	4	5	6
5. 일주일에 3~4회, 30분 이상 숨이 찰 정도로 운동한다.	1	2	3	4	5	6
6. 나는 인생의 실패자인 것 같다.(R)	1	2	3	4	5	6
7. 나는 내 몸을 여러 방향으로 잘 구부릴 수 있다.	1	2	3	4	5	6
8. 나는 먼 거리를 지치지 않고 달릴 수 있을 것 같다.	1	2	3	4	5	6
9. 나는 내 또래에 비해 힘이 센 편이다.	1	2	3	4	5	6
10. 내 자신과 내 체력에 대해 자부심을 느낀다.	1	2	3	4	5	6
11. 다른 사람들은 내가 운동을 잘한다고 생각한다.	1	2	3	4	5	6
12. 나는 너무 뚱뚱하다.(R)	1	2	3	4	5	6
13. 나는 내 또래에 비해 외모가 매력적이다.	1	2	3	4	5	6
14. 나는 자주 아픈 편이다.(R)	1	2	3	4	5	6
15. 나는 운동을 숨이 찰 정도로 자주 한다.	1	2	3	4	5	6
16. 했던 일 중에서 제대로 된 것은 전혀 없는 것 같다.(R)	1	2	3	4	5	6
17. 내 몸은 유연성이 있다.	1	2	3	4	5	6
18. 나는 쉬지 않고 오래 달릴 수 있다.	1	2	3	4	5	6
19. 나는 힘이 세다.	1	2	3	4	5	6
20. 나의 신체적 조건에 자부심을 느낀다.	1	2	3	4	5	6
21. 나는 여러 가지 운동을 잘한다.	1	2	3	4	5	6
22. 나는 체중이 너무 많이 나간다.(R)	1	2	3	4	5	6
23. 나는 잘생겼다.	1	2	3	4	5	6
24. 나는 한번 아프면 낫는 데 시간이 오래 걸린다.(R)	1	2	3	4	5	6
25. 나는 운동을 숨이 찰 정도로 일주일에 4~5번 한다.	1	2	3	4	5	6
26. 내 삶은 그다지 쓸모 없다고 생각한다.(R)	1	2	3	4	5	6
27. 나는 여러 운동에 필요한 유연성을 가지고 있다.	1	2	3	4	5	6
28. 나는 5km 정도를 쉬지 않고 달릴 수 있다.	1	2	3	4	5	6
29. 나는 파워가 넘친다.	1	2	3	4	5	6
30. 신체적으로 내 자신에 대해 자부심을 느낀다.	1	2	3	4	5	6
31. 아는 운동(스포츠)을 잘한다.	1	2	3	4	5	6
32. 내 허리는 너무 굵다.(R)	1	2	3	4	5	6
33. 나는 친구들보다 외모가 더 준수한 편이다.	1	2	3	4	5	6
34. 나는 병(예: 감기)이 유행할 때 잘 걸리는 편이다.(R)	1	2	3	4	5	6
35. 나는 거의 날마다 운동을 한다.	1	2	3	4	5	6
36. 나는 구제 불능의 인간이다.(R)	1	2	3	4	5	6
37. 나는 내 몸을 굽히거나 비틀거나 돌리는 동작을 잘한다.	1	2	3	4	5	6
38. 나는 지구력 검사에서 좋은 점수를 받을 것이다.	1	2	3	4	5	6
39. 나는 무거운 물건을 잘 들어올리는 편이다.	1	2	3	4	5	6
40. 나는 내 외모와 체력에 대해 자부심을 느낀다.	1	2	3	4	5	6

▶ 출처 : 김병준, "한국판 신체적 자기 개념 측정 도구 개발," 『한국스포츠심리학회지』, 12, 2, 69-90, 2001.

제 3 부

건강 상담의 실제

제8장

흡연과 건강 상담

흡연은 대표적인 기호 행동의 하나이지만 흡연자 자신뿐만 아니라 간접 흡연에 노출되는 주변 사람들에게까지 건강상의 해를 끼쳐 국가적으로 국민 건강 증진을 위협하는 주 원인이다. 이 때문에 선진국을 비롯한 세계 각국에서는 사회와 문화적 특성에 따라 다양한 방법으로 국민들의 흡연 행동을 감소시키고자 노력하고 있다. 우리나라에서는 전 국민을 대상으로 하는 대국민 금연 교육과 홍보 사업, 공공 장소에서의 흡연 금지 등을 실시하면서 2005년부터 전국 보건소에서 금연 상담사를 배치하고 금연 의지를 가진 흡연자들에게 금연 실천을 위한 맞춤형 상담 서비스를 제공하고 있다.

이에 따라 보건의료 종사자를 비롯한 관련 전공자들의 금연 상담에 대한 이해가 필요하게 되었는데, 흡연의 피해를 비롯하여 금연 행동에 대한 이론적 이해를 기반으로 실제 금연 상담의 과정과 세부 내용들을 전반적으로 학습하는 것은 흡연과 관련된 건강 증진 전략으로서 보건, 간호, 운동, 영양 중재를 수행하는 데 유용한 방법이 된다.

1. 흡연의 심각성과 실태

흡연의 심각성

흡연이 인체에 미치는 영향과 심각성은 이미 널리 알려져 있다. 흡연 과정에 300가지 이상의 독성 성분이 인체에 흡수되는데 이 중에 적어도 60여 종은 발암 물질로 알려져 있으며, 니코틴, 비소, 시안화물, 탄소, 페놀, 포름알데히드, 타르, 일산화탄소 등이 그 대표적인 성분이다. 흡연은 폐암을 비롯하여 구강암, 후두암, 식도암, 방광암, 췌장암, 위암, 간암, 자궁경부암 등 각종 암의 중요한 원인이 된다. 폐암에 대한 민감도가 특히 높은데, 흡연자가 폐암에 걸릴 확률은 비흡연자의 20배 이상이며 남자의 경우 폐암 사망의 90%, 여자 폐암 사망의 80%가 흡연 행동과 관련이 있는 것으로 알려져 있다.

흡연은 심혈관 질환 발생과도 관련이 있다. 동맥경화, 뇌졸중, 복부 대동맥류 등 심혈관 질환의 원인이 되어 흡연자가 심혈관 질환으로 사망할 확률은 비흡연자에 비해 4배 정도가 높은데, 담배의 유해 성분인 타르나 니코틴 함량이 낮다고 해서 흡연의 심혈관 질환에 대한 위험률을 낮추지 못한다. 흡연은 또한 호흡기 질환 발생과도 관련이 깊다. 만성폐쇄성 폐질환을 유발하는데, 생애 주기별로 임신 중 흡연은 태아의 폐를 손상시키고, 청소년기에는 폐의 성장을 지연시키며, 만성 기침이나 천식을 유발하기도 한다. 임신 및 태아와 관련하여 흡연은 전치 태반과 태반 조기 박리를 유발하고 그렇지 않다고 할지라도 태중 산소 공급을 원활하지 못하게 하기 때문에 임신 중 흡연은 저체중아 또는 조기 출산 가능성을 높인다. 이 밖에도 흡연은 건강 전반에 걸쳐 부정적인 영향을 미친다. 전반적인 건강 상태를 저하시켜서 결근율과 의료 이용도를 높인다. 백내장, 위궤양, 치주염, 고관절 골절 발생과도 관련이 있으며 여성 흡연의 경우는 폐경 후 골다공증의 원인이 되고, 남성의 성기능 장애와도 관련이 있다(보건복지부, 2006).

선진국의 경우 평균 전체 사망의 28%가 흡연에 기인하며, 전체 암 사망의

35%, 그리고 폐암 사망의 89%가 흡연에 기인하는 것으로 보고된 바 있다(Peto et al., 1994). 흡연량에 따라서 흡연의 심각성은 심화되는데, Spencer(1987)는 하루에 두 갑 이상의 담배를 피우는 흡연자의 경우 기대수명이 대략 8년가량 단축되며, 하루에 1~9개의 담배를 피우는 가벼운 흡연자 역시 약 4년 단축된다고 했다. 또한 흡연자는 비흡연자에 비해 질병 발생률 및 실업률이 22% 더 높으며, 질병으로부터 회복되는 시간이 10%가량 지연된다고 한다. 세계보건기구(2003)는 전체 질병 부담에서 담배가 차지하는 비중이 개발도상국에서는 4%, 선진국에서는 12% 내외에 이른다고 했으며, OECD 가입 국가들 중에서 남자 흡연율이 매우 높은 편에 속하는 우리나라의 경우 그 사회 경제적 손실이 조기 사망, 질병 발생, 화재, 간접 흡연까지 포함할 때 2007년 기준으로 5조 6천억 원으로 추정된다(정영호, 2009).

전 세계적으로 금연에 대한 사회적 지지가 강화됨에 따라 미국과 우리나라를 포함하여 선진국들을 중심으로 흡연 인구가 감소하고 있기는 하지만 매년 새로운 어린이와 청소년들이 흡연을 시작하고 있기 때문에 세대와 사회 문화적 변화에 유연한 금연 정책의 변화가 요구된다. 또한 금연은 금단 증상 때문에 재발률이 높은 특성이 있는데 흡연자의 금연 성공률이 평균적으로 약 25%에 그치고 있어서 금연 인구를 늘리는 데 걸림돌이 된다(Sperry, Lewis, Carlson, & Englar-Carlson, 2005). 이처럼 흡연 인구와 흡연으로 인한 피해 감소는 지체되고 있어서, 2030년에는 800만 명에 이를 것으로 전망되었다(WHO, 2009).

우리나라의 흡연 행동 실태

현재 전 세계 성인 3명 중 1명은 흡연자이고, 이중 80% 이상이 중진국이나 개발도상국에 거주하는 분포를 보인다. 일반적으로 개발도상국 남성의 흡연율은 50% 내외인 반면, 선진국은 평균 35% 정도를 유지하고 있는 것으로 알려져 있다(WHO, 2003).

우리나라는 1980년에 남성 흡연율이 79.3%로 최고점에 오른 이후 2007년까지 감소하다가 최근 약간씩 상승하는 경향을 보이고 있다. 특히 국민건강증진법 제정 이후 지난 10년간 15% 이상이 감소하여 2005년에는 50.3%에 이르렀지만 선진국과 비교한다면 여전히 높은 수준이다(질병관리본부, 2011). 최근에는 여자 청소년과 20대 여성의 흡연율이 증가 추세에 있어서 이에 대한 대비가 필요하다. 우리나라 중고등학교 청소년의 흡연율은 성인 남성과 마찬가지로 세계적으로 높은 수준이지만 국가적인 감소 정책으로 지난 10년간 지속적으로 감소하고 있다.

2010년 「국민건강영양조사」의 보건의식행태 조사결과에 의하면(그림 8-1 참조), 만 19세 이상 성인 중 현재흡연자 비율은 27.5%이고 이를 성별로 나누어 보면, 남자의 48.3%, 여자의 6.3%가 현재흡연자여서 아직도 남자 성인의 흡연율은 상당히 높은 수준이며, 여자의 흡연율은 상대적으로 낮은 수준인 것으로 나타났다(질병관리본부, 2011). 남자는 30세 이상 50세 미만 연령층에서 흡연율이 다른 연령층보다 높았고, 여자는 40세 이전에 상대적으로 높은 분포를 보였다. 그러나 남자의 경우 연령이 증가할수록 흡연율이 감소했으나 여자는 오히려 70세 이상에서 증가하는 분포를 보였다(그림 8-2 참조).

현재흡연자의 금연시도율에 대해서 19세 이상 성인의 경우 2007년에 60.8%

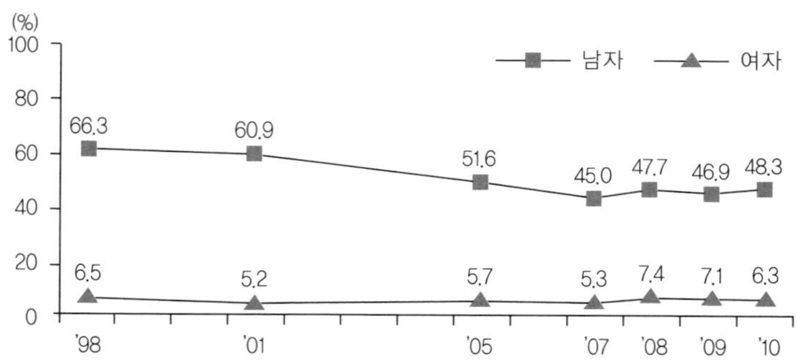

※ 현재흡연율 : 평생 담배 5갑(100개비 이상) 이상 피웠고 현재 피우는 분율, 만 19세 이상
※ '98년 만 20세 이상

그림 8-1 연도별 성인의 현재흡연율 추이

▶ 출처 : 질병관리본부, 「2010 국민건강통계-국민건강영양조사 제5기 1차년도(2010)」, 보건복지부, 2011.

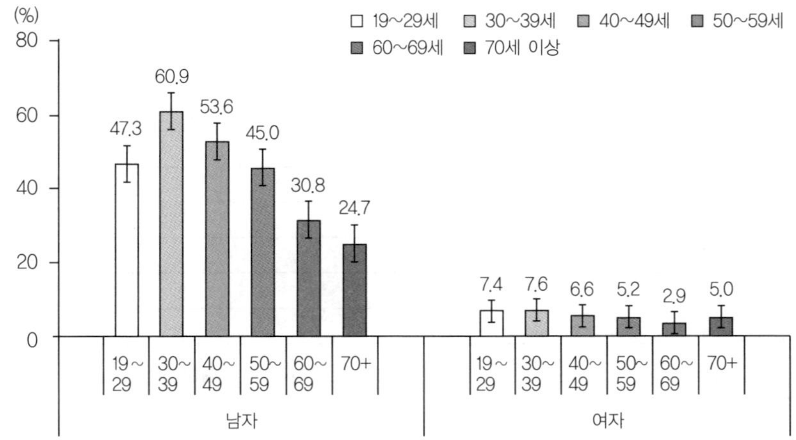

※ 현재흡연율 : 평생 담배 5갑(100개비 이상) 이상 피웠고 현재 피우는 분율, 만 19세 이상

그림 8-2 연령별 현재흡연율

▶ 출처 : 질병관리본부, 「2010 국민건강통계-국민건강영양조사 제5기 1차년도(2010)」, 보건복지부, 2011.

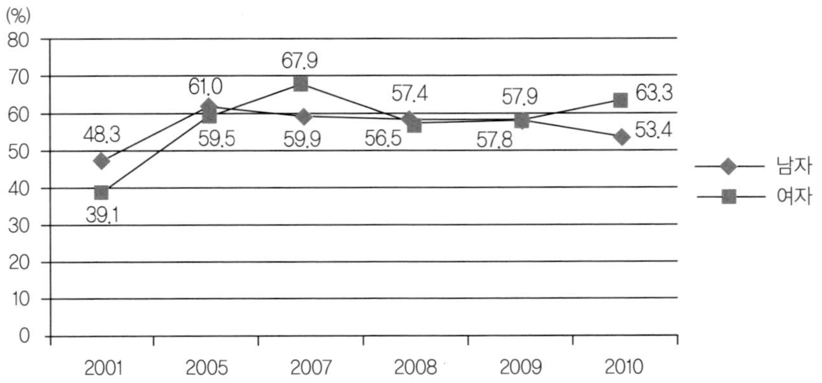

그림 8-3 현재흡연자의 금연시도율 추이 (만 19세 이상)

▶ 출처 : 질병관리본부, 「2010 국민건강통계-국민건강영양조사 제5기 1차년도(2010)」, 보건복지부, 2011.

이후 완만한 감소 경향을 보였다. 남자는 현재흡연자 금연시도율이 조금씩 감소했지만 여자는 일정한 경향을 발견하기 어려웠다(그림 8-3 참조). 따라서 다각적인 방법으로 금연 사업이 강화되어야 하겠다.

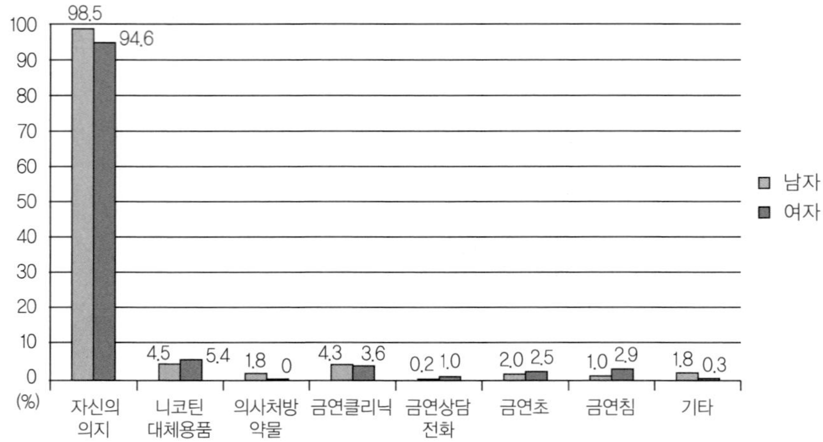

그림 8-4 과거흡연자의 금연 방법 (만 19세 이상, 복수 응답)

▶ 출처 : 질병관리본부, 「2010 국민건강통계-국민건강영양조사 제5기 1차년도(2010)」, 보건복지부, 2011.

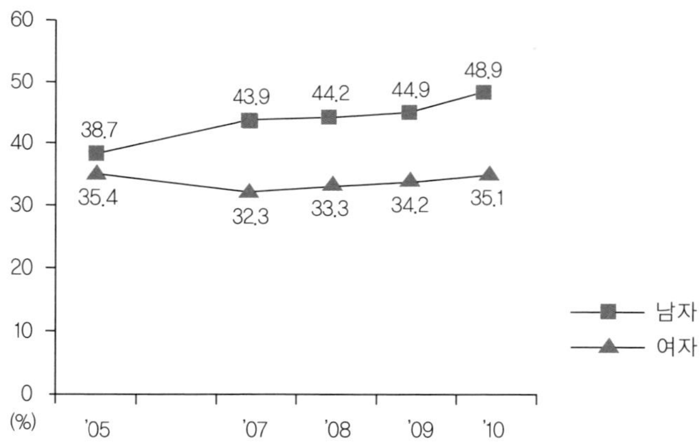

그림 8-5 현재 비흡연자의 간접 흡연 노출률 (만 19세 이상)

▶ 출처 : 질병관리본부, 「2010 국민건강통계-국민건강영양조사 제5기 1차년도(2010)」, 보건복지부, 2011.

금연 시도 방법에 있어서는 98.5%가 개인 단위로 '자신의 의지'에 의해서 금연 시도를 했고, 그 밖에 니코틴 대체용품, 금연클리닉, 의사처방 약물치료 등 의약학적 도움을 받아 금연 시도를 하는 것으로 나타났다. 실제 금연 시도자들

중에서 성공한 사람들과 실패한 사람들로 나누어 보면, 실패한 사람들에서 외부적인 약품에 의존했던 비율이 좀더 높고 의지를 이용한 비율이 낮은 것으로 나타나서 지속적인 금연 행동을 위해서는 개인의 의지와 주변 사람들의 지원 및 지지가 결정적인 역할을 한다(그림 8-4 참조).

최근 들어 정부의 금연 사업이 비흡연자의 간접 흡연 예방으로 비중이 증가되고 있는데 남녀 모두에서 완만하긴 하지만 간접 흡연 노출률이 증가하고 있어서 그 중요성이 부각된다(그림 8-5 참조).

2. 흡연 행동에 대한 이론적 이해

흡연 행동에 대한 이해는 이론적으로 크게 세 가지 측면에서 고찰할 수 있다. 심리사회적psychosocial, 심리적psychological, 생물학적biological 또는 약리학적 모델을 중심으로 흡연 행동을 이해할 수 있는데, 동일한 행동을 이해하는 시각이 서로 다르다기보다는 강조하는 부분에 차이가 있으므로 흡연 행동의 다양한 측면을 설명하는 데 상호 보완적이라고 이해하는 것이 좋다. 또한 흡연 행동의 종합적인 이해를 바탕으로 이론적 논리에 입각한 금연 계획을 수립할 수 있다.

심리사회적 모델

심리사회적 모델psychosocial model은 사회학적 시각에서 어떻게 사회적 · 문화적 압력이 흡연 행동 이행에 영향을 미치고, 어떻게 그러한 영향 요인들을 비흡연자의 흡연 행동을 예방하거나 흡연자의 금연 행동을 지지하는 데 활용할 수 있는지에 관여한다. 심리사회적 모델에서는 흡연 행동을 스트레스와 스트레스를 야기하는 일상생활 사건에 대한 대처 기제로 간주한다. 따라서 인구사회학적 특성에 따라 특정 집단이 다른 집단보다 흡연율이 높은 경향이 발견되곤 한다. 실제로 흡연을 통한 성공적인 대처는 오히려 건강에 유익한 영향을 미친다는 실험 연구 결과들도 있다. 흡연이 스트레스 상황 하에서 정신적 불안정 또는 감정의 변화를 감소시키며, 전기 쇼크와 같은 스트레스 유발 요인을 참는 데 있어 의미 있는 수단으로 작용하는 것으로 보고되었다. 비흡연자와 비교했을 때, 하루에 한 갑 이상의 담배를 피우는 흡연자의 경우, 만약 그들이 담배 피는 것을 금지당했을 때는 스트레스에 대한 인내력이 현저히 낮아지지만 다시 담배 피는 것을 허락받았을 때는 인내력의 향상을 보였다. 결론적으로 스트레스가 심한 상황에 있는 흡연자들에게 금연 시도는 상당한 어려움을 동반한다.

심리사회적 모델에서 흡연을 보는 또 다른 측면은 심리사회적 자산assets에 있다. 흡연이 심리사회적으로 일시적인 스트레스 완화 효과를 줄 수는 있으나 장기적으로 지속적인 스트레스 완화 효과를 가져올 수 있는지는 확실치 않으며 신체적 건강에 미치는 부정적인 영향이 매우 크다. 이보다는 더 만족스러운 장기 대처 메커니즘 개발에 있어 특별한 강점을 제공할지도 모르는 개인의 특성, 즉 심리사회적 가치를 활용하여 스트레스 완화와 정신 건강을 도모하는 것이 현명하다. 심리사회적 가치 개념에는 자기 효능감(Bandura, 1977), 내적 통제 수준(자아 통제), 강한 사회적 지지 네트워크 등이 포함된다. 이러한 개인적 가치는 높은 스트레스 상황 속에서도 개인적 조절 능력을 향상시키고 금연 가능성을 높일 수 있다.

심리학적 모델

심리사회학적 모델과 비슷한 맥락에서 심리적 모델psychological model은 흡연으로 인한 욕구, 충동, 감정적 영향에 초점을 둔다. 이 모델은 흡연 행동을 갈등, 화, 두려움, 부끄러움과 같은 부정적인 감정을 최소화하는 데 기여한다고 본다. 흡연은 이러한 감정을 회피하는 데 효과가 있기 때문에 강화되고 있는데(Sperry, Lewis, Carlson, Englar-Carlson, 2005), 이 모델은 단기적으로 흡연의 양과 부정적인 감정을 피하게 되는 것 사이에 관련성이 있다는 상당한 증거들을 발견해냈다. 그러나 장기적으로는 과다 흡연자는 경량 흡연자보다 오히려 더 많은 심리적 동요를 보인다고 보고했다.

생물학적 모델

생물학적 모델biological model에서는 흡연자들을 중독되게 만드는 담배의 구체적인 화학 성분을 찾는다. 가장 가능성이 높은 성분은 니코틴으로 나타났으며, 많은 수의 연구들이 이러한 가설을 지지했다. 관련 연구들은 담배 내 니코틴의 양이 감소되었을 때 사람들이 더 많이 담배를 피우며, 니코틴 껌 등을 활용하여 니코틴을 제공했을 때 흡연량이 감소함을 보여주었다. 이러한 패턴은 포괄적 금연 프로그램에 활용되기도 한다.

그러나 실제적인 측면에서 다양한 금연 프로그램을 평가하는 많은 연구들을 고찰해볼 때, 생물학적 접근의 연구들이 직면하는 방법론적 문제로는, ① 흡연 행동에 대한 자기 보고의 신뢰성 입증의 어려움, ② 금연 프로그램 평가에 있어 대조군의 부족, ③ 이전 흡연 수준 분류의 어려움/이전 흡연 감소 수준 분류의 어려움, ④ 추적 기간의 적정성에 대한 과학적 일관성 부족, ⑤ 금연 프로그램 결과 평가 방법의 차이 등이 있다.

3. 흡연과 금연의 단계

흡연 행동의 변화 단계

흡연 행동의 변화 단계는 일반적으로 준비preparation, 시작initiation, 습관화habituation, 금연과 절제abstinence, 또는 금연 실패와 재발relapse로 나누어서 설명되는데, 흡연과 관련된 생물학적 · 심리적 · 사회적 측면의 다양한 요인들은 흡연 행동의 변화 단계에 따라 그 중요성이나 관련성에 서로 차이가 있다. 흡연 준비는 매우 일찍, 그리고 주로 주변의 흡연자 관찰observation을 통해 시작된다. 관찰을 통해 얻어진 흡연에 대한 정보는 흡연의 특성, 흡연의 기능, 개인적 흡연 접근도, 흡연에 대한 긍정적 이미지 등 흡연에 대한 주관적 인식을 형성하는 데 기여한다. 친구나 동료로부터의 사회적 흡연 압력은 흡연 시도의 결정적인 원인 중 하나이다. 또한 가족 구성원, 친척, 친구 등 가까운 사람들의 흡연은 중요한 모델이 되어 최초 흡연 시도를 촉진하는 요인이 된다. 초기에 시도된 흡연의 특성은 불규칙적이지만 다양한 상황에 걸쳐서 그 빈도가 점진적으로 증가하게 된다(Colby et al., 2000).

Snyder(1989)는 청소년과 성인 흡연을 동일하게 5단계로 나누어 설명했다. 이 다섯 가지 단계는 준비preparation, 시도initiation, 습관화habituation, 금연stopping, 재흡연resuming으로 구성된다. 준비 단계는 최초 흡연 개시 이전 단계로서 '가깝고 의미 있는' 타인의 생각이나 행동에 의해 흡연의 기능과 흡연에 대한 긍정적 인식을 형성한다는 것으로, 이는 주로 심리학적 요인들과 결부되어 있다. 시도initiation 단계는 흡연을 유도하는 심리학적 요인들과 관련되어 친구(동료)의 압력, 담배 접근 가능성, 호기심, 흡연에 대한 긍정적인 이미지 등과 관련된 태도를 포함한다. 습관화habituation 단계는 흡연 행동을 유지시키는 심리학적·생물학적 요인들을 포함한다. 여기서는 니코틴과 감정 조절에 대한 욕구, 흡연 행동을 자극하는 환경적 요인 등이 관련된다. 부정적인 감정들이 흡연을 자극하고 흡연으로 인한 감정 완화 경험을 얻은 흡연자의 경우 흡연을 통한 스트레스 대처 반응이 습관화된다. 이 단계부터는 본인과 타인의 건강 문제가 야기되고, 타인의 흡연 행동에 영향을 미치며, 금연을 위해 사회적·환경적 지지와 자기 통제 등을 고려하기 시작한다.

흡연 개시 이후 지속적 흡연 또는 습관화로 가는 데 2~3년이 소요되는데, 이 기간 동안 흡연 담배 개수가 점진적으로 증가하면서 습관화되며 이때 생물학적으로 강한 중독성을 지닌 니코틴의 기여도는 결정적이다. 흡연의 습관화 이후, 흡연으로 인한 여러 가지 부정적인 문제들로 인해 금연을 시도하게 된다. 그러나 지속적인 사용으로 인해 흡연자의 몸은 생리적으로 일정량의 니코틴 유지를 요구하게 되며, 기대한 니코틴 양만큼 채워지지 않으면 흡연 욕구를 증가시켜 보충하도록 하기 때문에 니코틴 중단 증상(금단 현상)은 여러 가지 고통을 수반한다. 따라서 단기간 금연에 성공했다가도 다시 흡연 행동을 재개하는 재흡연relapse 단계로 돌아가기 쉽다. 재흡연 단계는 흡연 행위로 다시 돌아가려는 심리적 · 생물학적 요인들이 포함되는데, 이 단계에는 금단 증상, 증가된 스트레스와 다른 부정적 영향, 동료로부터의 사회적 압력 등이 함께 고려된다.

금연 행동의 변화 단계

위에서 살펴본 흡연 행동 변화 단계를 기초로 금연 행동의 변화 단계를 고찰해보자. 금연 행동의 변화 단계는 금연 상담에 있어서 실제적인 진단과 상담 계획에 도움을 준다. 인간의 행동 변화를 연속적인 단계 이론으로 소개한 Prochaska & DiClemente는 흡연자가 금연에 이르는 과정을 5단계로 설명했다.

고려전 단계

아직 담배를 끊고 싶은 생각이 전혀 없는 단계이다. 금연에 대한 조언이나 교육, 캠페인 등에 불만을 표하거나 주위의 건강을 염려하는 소리에 소심하다는 비판을 하기도 한다. 즉 '금연할 생각이 전혀 없다'의 상태이다. 이 단계의 사람에게는 흡연으로 인한 심각성을 깨달아 개별화하고 나아가 금연의 필요성을 인정하도록 하는 것이 우선적으로 필요하다. 당장은 아니더라도 막연하게나마 금연에 부담을 느끼는 수준으로 변화해가도록 유도하는 것이다.

고려 단계

흡연의 해로움을 인정하고, 흡연 행동 자체에 부정적인 태도를 가지게 되는 단계이다. 그러나 그 태도가 구체적이지 않고 막연한 상태로서 아직 지속해온 흡연에 미련이 많이 남아 있다. 즉 '언젠가는 담배를 끊어야겠다. 그러나 당분간은……' 이라는 식으로 구체적인 고려를 회피하는 단계이다. 이 단계의 내담자에게는 금연의 필요성과 이익을 강조하고 금연을 시도할 경우 지원을 받을 수 있는 내용들을 부각하여 금연에 대한 의지와 확신을 굳히도록 용기를 북돋워주는 것이 필요하다. 금연 성공으로 인해 얻을 수 있는 이익에는 다음과 같은 것이 있으며, 이를 상담 중에 내담자의 상황에 맞게 개별화하여 소개함으로써 금연 의지를 높일 수 있다.

- 총체적으로 건강 수준이 향상된다.
- 폐 기능이 향상되고 호흡이 편해진다.
- 가래가 생기거나 기침을 하는 경우가 줄어든다.
- 치아와 피부가 깨끗해진다.
- 각종 만성 질환 위험에 대한 부담에서부터 자유로워진다.
- 가슴이 답답하거나 숨이 차는 증상이 사라진다.
- 미각과 후각이 향상된다.
- 입냄새가 사라져서 대인 관계에 대한 부담이 적어진다.
- 옷차림이 깨끗하고 상쾌해진다.
- 이전보다 활기와 에너지가 증가한다.
- 피로감이 감소한다.
- 숙면을 취할 수 있다.
- 경제적 비용이 감소한다.
- 성취에 대한 자신감을 얻을 수 있다.
- 자기 신념 및 자기 존중감이 향상되어 의욕적이 된다.

준비 단계

이 단계는 매우 구체적으로 금연을 준비하고 있는 상태이다. 즉 '앞으로 한 달 이내에 금연을 시도해봐야겠다'의 상태이다. 이 단계부터는 금연을 개시하는 데 앞서 필요한 구체적인 정보를 수집하고 의지를 다지게 된다. 따라서 상담자는 내담자의 구체적인 금연 계획을 도와주고 필요한 정보들을 충분히 제공하며, 상담자를 포함하여 주변 사람들이 어떻게 내담자의 금연을 도울 것인지 등의 지원과 지지 기반을 확충하고 알린다.

실천 단계

금연에 돌입한 단계이다. '금연을 시작했고 계속하고 있다'의 단계이다. 일반적으로 금연 개시일로부터 6개월까지를 실천 단계로 보고 있다. 이 단계에는 중도에 포기하지 않도록 상담자는 계속 확인하고 지원하여 내담자의 자기효능감이 떨어지지 않도록 도와야 한다. 특히 실천 단계의 초기는 금단 현상에 당황하거나 적응하지 못해서 어려움이 심한 시기이므로 이에 대한 배려가 특히 중요하다.

유지 단계

'지난 6개월 동안 금연했고 지금도 금연하고 있다'의 단계이다. 일반적으로 금연 개시일로부터 6개월이 지나면 유지 단계에 접어든 것으로 본다. 재흡연의 가능성이 크게 줄고 금연 상태가 안정화되는 시기이지만 재흡연의 가능성은 여전히 있으므로 주의해야 한다.

재발 단계

금연에 실패하고 다시 흡연을 시작하는 단계이다. 실천 단계에서 바로 재발 단계로 돌아갈 수도 있고 유지 단계까지 계속 지속되면 재발 단계를 거치지 않을 수도 있다.

4. 금연 상담의 과정

금연 상담은 일반적으로 4주, 6주, 6개월 상담을 통해 금연성공률을 확인한다. 우리나라 보건소에서는 현재 6개월 9차 이상의 상담을 진행하고 있다(보건복지부, 2012). 상담과 교육을 통한 인지-행동적 접근 방법을 주로 사용하고 필요에 따라 약물 처방이 보조되는 것이 바람직하다. 이처럼 금연 상담에서는 인지-행동적 접근 방법이 주축이 되는데 미국공중보건서비스(USDHHS, 2000)

에서는 금연 상담 시 반드시 적용해야 할 '5As' 전략을 제안했다.

Ask

내담자의 최근 흡연 행동에 대해 질문한다. 내담자가 금연 상담을 위해 방문할 때마다 반드시 최근 내담자의 흡연 행동과 특성에 대해 구체적으로 질문한다. 그리고 그 내용과 특성을 내담자와 함께 토의하여 흡연 행동에 대한 이해를 높이는 것은 효과적인 중재 전략을 세우는 데 기반이 된다.

Advise

금연을 시도하도록 충분히 동기 부여한다. 금연으로부터 얻게 되는 이익들을 내담자의 사정과 특성에 맞게 필요한 부분을 강조하고 개별화하여 강조한다. 예를 들어, 내담자가 계단을 오를 때 숨이 차는 것을 호소한다면 이 증상과 관련된 질병 가능성을 소개하고 금연이 가져다줄 수 있는 폐 기능 향상 정도를 구체적으로 설명하여 금연 동기를 높인다.

Assess

금연 시도 의사를 사정한다. 내담자에게 이번에 또는 2~3주 내에 금연을 시도할 의사가 있는지를 질문한다. 그 반응이 부정적이라도 앞으로 희망적으로 전환될 수 있음을 말하고, 만일 긍정적으로 반응한다면 잠정적인 계획에 착수하도록 한다.

Assist

내담자의 금연 행동을 적극적으로 돕는다. 내담자와 구체적인 금연 계획을 세우고 그의 금연 개시일을 가까운 사람들에게 알리도록 한다. 금단 증상에 대해서 충분히 숙지하도록 하고, 특히 흡연에 대한 유혹이 심한 조건과 환경에 대한 설명과 대비도 충분히 해야 한다. 필요에 따라서는 니코틴 껌이나 패치와 같은 약물 사용도 미리 준비하고 계획하는 것이 좋다.

Arrange

실제적인 금연 상담과 지원을 제공한다. 금연 개시로 인해 변화하게 되는 주변 상황, 감정, 활동에 대해 실제적인 사례를 점검하고 흡연 유혹이 높은 사례에 대한 이해를 높이는 동시에 이에 대한 적절한 대처 방법을 가능한 한 구체적으로 제공한다.

이상의 미국공중보건서비스(2000)의 금연 상담 '5As' 전략을 기초로 6단계에 걸쳐 금연 상담의 단계별 내용을 구체적으로 살펴보는 것은 금연 상담의 실제적 활용 방법을 이해하는 데 도움이 된다.

금연 상담의 단계

우리나라 보건복지부가 지역 사회 보건소 단위에서 수행하고 있는 금연클릭닉 상담 사업을 참고로 하여 6단계 상담 과정으로 정리하면 다음과 같다. 각 단계별 주요 상담 과정에 따라 상담자와 내담자 간의 관계 목표와 행동 목표를 확인하고, 이를 중심으로 내담자의 상황에 따라 조정하여 개별화된 상담 프로그램을 계획하고 수행할 수 있다.

1단계 : 시작

상담자와 내담자 간의 관계를 수립하고 유지한다. 인사를 하고, 흡연 행동, 흡연력, 금연 의지, 건강 상태 등을 파악한다. 이 단계에서는 상담자와 흡연자 간의 신뢰 관계를 수립하는 것이 중요하다.

2단계 : 문제 확인

내담자가 가진 흡연의 특성과 문제점을 이해하고 규명한다. 본인이 고백하거나 또는 비언어적으로 표현되는 모든 정보들을 통합하여 상담자와 내담자 상호 간에 공동 이해를 도모하고 분명히 한다.

3단계 : 목표 설정

상담의 목적을 계획하고 결정한다. 흡연자가 흡연 때문에 가지고 있는 문제점들을 어떻게 해결할 수 있는지 결정하기 위하여 가능한 모든 방법을 고려한다.

4단계 : 세부 방안

변화가 필요한 흡연자의 행동 방향을 결정하고 행동 수행을 돕는 모든 정보를 제공한다. 행동 방향의 결정은 내담자 스스로 자율적으로 결정하도록 지원해주어야 한다.

5단계 : 실행

흡연자가 행동 변화를 일으키도록 자극한다. 내담자에게 흡연 행동을 결심할 수 있도록 금연에 대한 자기 효능감을 높이는 것이 중요하다. 내담자 자신의 통제 능력을 믿을 수 있도록 주변의 지원과 지지를 확보하고 이를 상기시킨다.

표 8-1 상담 과정별 관계 목표와 행동 목표

상담 단계	관계 목표	행동 목표
시작	상담자와 내담자 간에 상담 관계를 형성한다.	내담자의 흡연 특성와 문제에 대한 정보를 수집한다.
문제 확인	상담자와 내담자 간에 좀더 긴밀한 우호 관계를 형성한다.	내담자의 구체적인 문제들에 대해 서로 동의된 정의를 내린다.
목표 설정	상담자와 내담자 간에 우호적인 신뢰 관계를 유지한다.	상담자와 내담자가 함께 내담자가 달성할 수 있는 목표를 중심으로 목표를 재규정한다.
세부 방안	상담자와 내담자 간에 우호적인 신뢰 관계를 유지한다.	각 목표에 부합되는 실행 계획을 짜고 각 방법의 장점을 중심으로 최선의 계획을 수립한다.
실행	필요에 따라 지지나 직면의 방법을 사용하여 문제 해결을 위한 협조적인 관계를 유지한다.	수립한 행동 계획을 최대한 달성할 수 있도록 돕는다. 성공한 행동에 대해서도 유지할 수 있는 방법을 제안하고 활용하도록 독려한다.
평가/종결	상담자/내담자 관계를 종결짓는데 필요한 경우 다시 상담을 개시할 수 있는 여지를 남긴다.	수립한 목표가 달성되었는지를 평가하고 필요에 따라 계획을 수정, 보완한 후 1차 상담을 종결한다.

▶ 출처 : 보건복지부, 「2005년도 국가 흡연예방 및 금연사업 안내」, 2005.

6단계 : 평가/종결

상담 과정을 평가하고 추후 행동을 결정한다. 금연 행동을 개시하게 되면 계속적으로 내담자의 행동 상태를 확인하고 잘 되어진 부분은 충분히 칭찬해줌으로써 금연을 안정적으로 지속할 수 있도록 한다. 이때부터는 지원이나 전략이 변화하지 않기 때문에 면담 중에 다음 면담까지 할 일을 내담자와 함께 확인하고 결정하며, 중간중간 점검하도록 한다.

금연 상담의 내용

위에서 단계별로 제시한 금연 상담의 과정을 기반으로 우리나라 보건소에서 실시하고 있는 금연클리닉 상담 과정을 살펴보면, 보건소 금연 상담은 9차 상담을 기본 틀로 진행한다(보건복지부, 2012). 각 차수별로 상세한 상담 내용을 이해하는 것도 좋으나 3차 상담 이후부터는 중복되는 부분들이 많아서 상담 목표를 기준으로 크게 '대상자 등록(1차)', '금연 시작(2차)', '금연 지지(3~9차)'로 나누어 그 상담 내용을 이해하면 효과적이다.

〈보건소 금연 상담 차수별 주요 활동과 권장 주기〉

- 1차 상담 – 대상자 등록 – 금연 시작 전
- 2차 상담 – 금연 시작 – 금연 시작
- 3, 4차 상담 – 금연 지지 – 금연 1, 2주
- 5차 상담 – 금연 지지 및 4주 금연 성공 확인 – 금연 4주
- 6차 상담 – 금연 지지 및 6주 금연 성공 확인(만족도 조사) – 금연 6주
- 7, 8차 상담 – 금연 지지 – 금연 8, 12주
- 9차 상담 – 금연 지지 및 6개월 금연 성공 확인 – 금연 24주

〈대상자 등록〉 1차 상담

- 방문 동기 및 금연 의지 파악
- 금연클리닉 서비스 안내 및 등록

- 등록 기본 정보 확인
  - 인구사회학적 특성(성, 연령, 주소, 연락처 등)
  - 생활실태, 의료보장, 등록 동기, 금연 지지자 확인
- 건강 정보 확인
  - 건강 문제 확인(혈압, 신장, 체중, BMI, 질병력, 복용 중인 약물)

    ※ 약물 처방이 제한되는 경우

    - 부프로피온 처방 불가 : 간질 경험자
    - 니코틴 패치 또는 껌 처방 불가 : 협심증, 부정맥, 최근 시작된 심근경색증, 최근 시작된 중풍, 장기적 피부염, 니코틴 알레르기, 임산부, 수유부, 18세 이하
  - 건강 행태 확인(음주 문제, 음주 습관, 운동 여부, 운동 습관)
- 흡연 정보 확인 및 금연 결심일 결정
  - 호기일산화탄소 측정
  - 흡연력(시작 연령, 흡연 기간, 평균 흡연량 등)
  - 니코틴 의존도 평가(표 8-2 참조) 및 금연 결심일 결정

    ※ 금연 결심일 결정시 참고사항

    - 월초나 주초 등 확실히 구분되는 날을 정하는데 가족의 생일이나 결혼기념일 등 특별한 날을 정하는 것도 좋은 방법이다.
    - 금연을 결심한 지 2주 이내의 날짜로 정하고 스트레스가 가중되는 시기는 피하도록 권한다.
    - 금연 시작일을 정하면 주위 사람들에게 널리 알리도록 하는데, 특히 자녀와의 약속은 그 영향력이 크다.
    - 부프로피온을 사용하기로 했다면 1주 전부터 복용을 시작한다.
- 흡연자 평가
  - 지난 1년간 금연 시도 여부
  - 금연 시도 방법
  - 금연 실패 이유

표 8-2 니코틴 의존도 평가 항목

항목	응답 범주
1. 하루에 보통 몇 개비를 피웁니까?	ⓞ 10개비 이하 ① 11~20개비 ② 21~30개비 ③ 31개비 이상
2. 아침에 일어나 얼마 만에 첫 담배를 피웁니까?	ⓞ 1시간 이후 ① 31분~1시간 이내 ② 6~30분 이내 ③ 5분 이내
3. 금연 구역(도서관, 병원 등)에서 담배를 참기가 어렵습니까?	ⓞ 아니오 ① 예
4. 하루 중 담배맛이 가장 좋은 때는 언제입니까?	ⓞ 그 외의 담배 ① 아침 첫 담배
5. 오후에 저녁 시간보다 오전 중에 담배를 더 자주 피웁니까?	ⓞ 아니오 ① 예
6. 몸이 아파서 종일 누워 있을 때에도 담배를 피웁니까?	ⓞ 아니오 ① 예

평가 방법〉 10점 만점으로 6개 항목 점수를 합산한다.
판정 방법〉 0-3점: 낮음, 4-6점: 중간, 7-10점: 매우 높음
출처 : Heatherton, T. F., Kozlowski, L. T., Frecker, R. C., & Fagerstrom, K. (1991), "The Fagerstrom test for Nicotin dependence: A revision of the Fagerstom tolerance questionnaire," *British Journal of Addiction*, 86, 1119-1127.

- 금번 금연 시도 이유
- 흡연 욕구를 참기 힘든 상황
- 금연 자신감

- 흡연자 평가에 따른 금연 방법 결정 및 상담 실시
  - 니코틴보조제 사용, 약물 처방, 행동 요법 등 금연 방법 결정
- 다음 상담일 및 상담 방법 결정

〈금연 시작〉 2차 상담

- 금연 시작일에 금연이 시작되었는지 확인
- 건강 정보 확인
  - 건강 문제 확인(혈압, 체중)
  - 건강 행태 확인(음주, 운동)

- 흡연 정보 확인
  - 호기일산화탄소 측정
  - 흡연 욕구 및 금단 증상 확인
  - 금연 자신감 확인
- 금연 시작 시 흡연 욕구 조절 방법 안내
- 기타 금연 상담 서비스 제공
  - 금여 행동 지지, 금연 관련 지식 제공, 생활 습관 조절, 금연 후 변화 인지 확인 등
- 상담 결과에 따른 금연 방법 조정 및 상담 실시
- 다음 상담일 및 방법 조정

〈금연 지지〉 3~9차 상담

- 금연 시작일로부터 금연 지속 여부 확인
  - 금연 시작일로부터 최초 1개월은 금연 성공을 위한 집중 관리 기간이므로 상담 주기를 가능한 한 지키도록 하며 4주 동안 2개비 이내의 흡연은 실패 처리 하지 않고 금연 지속을 독려한다.
  - 5차 상담(금연 시작 4주)에 4주 금연 실천 여부 확인
  - 6차 상담(금연 시작 6주)에 6주 금연 실천 여부 확인
- 건강 정보 확인
  - 건강 문제 확인(혈압, 체중)
  - 건강 행태 확인(음주, 운동)
- 흡연 정보 확인
  - 호기일산화탄소 측정
  - 흡연 욕구 및 금단 증상 확인
  - 보조제 처방의 경우 부작용 확인
  - 금연 자신감 확인
- 금단 증상 대처 방법 안내(3차 상담시)

- 금연에 대한 잘못된 생각 바로잡기(4차 상담시)
- 금연의 중요성 강조(5차 상담시)
- 금연 이유 재확인(6차 상담시)
- 금연과 체중 관리 안내(7차 상담시)
- 금연과 스트레스 관리 안내(8차 상담시)
- 6개월 금연 성공 자기보상하기(기념품 제공, 9차 상담시)
- 기타 금연 상담 서비스 제공
  - 금여 행동 지지, 금연 관련 지식 제공, 생활 습관 조절, 금연 후 변화 인지 확인 등
- 상담 결과에 따른 금연 방법 조정 및 상담 실시
- 다음 상담일 및 방법 조정

5. 금연 상담에 활용되는 중재 기법

금연을 위한 전략과 상관없이 모든 중재는 적어도 잠재적인 두 가지 독립적 메커니즘, 즉 ① 흡연을 피하는 동기와, ② 회피 유지를 위한 대처 능력에 초점을 맞출 필요가 있다. 성공적인 중재는 흡연 행동의 발전과 유지뿐만 아니라 어떻게 금연 중재가 흡연 기전과 조화를 이루는지에 관한 잠재적인 행동적 · 사회적 · 생물학적 지식에 기반을 두고 있어야 한다. 효과적인 중재는 일반적으로 상담적 접근, 심리교육적 접근, 약리적 접근이 통합된 형태로 구성된다. 상담자는 각각의 접근 방법을 숙지하고, 내담자의 상태와 요구에 맞는 상담 과정을 기획할 수 있어야 한다(Beutler & Clarkin, 1990). 실제적인 금연 과정은 대부분 통합적인 접근 방법으로 구성되는 것이 일반적이다(Miller & Heather, 1986).

금연 상담에 동원되는 세 가지 중재 방법 중에서 상담적 접근과 심리교육적 접근이 조화롭게 주도적으로 수행되고 상담 중에 내담자의 상태에 따라 약리적 접근이 보완되는 형태가 바람직하다.

상담적 접근

금연을 위한 상담 중재 전략 중 상담적 접근counseling approaches은 가장 주된 방법인데, 다른 심리 상담의 주제들과는 달리 상담자의 교육과 처방 등의 기술적인 측면의 역할이 상대적으로 커서 상담 전공에 대한 이해만큼이나 의료와 보건 교육에 대한 지식이 중요하다. 흡연은 상담이 필요한 중독 중에서는 비교적 가볍고 일상생활을 하는 데에는 일반적으로 크게 지장이 없지만 장기적으로 인체에 미치는 영향이 크기 때문에 최근 금연을 위한 상담 서비스가 강화되고 있다. 우리나라에서는 2004년부터 일부 시군구 단위의 보건소를 중심으로 금연 클리닉 시범 사업을 시작하여 2006년부터 전국 시군구 보건소에서 금연 상담 서비스를 실시하고 있다.

일반적으로 정도의 차이는 있지만 개인의 건강 문제로 의료 기관을 내원한 환자의 경우 보건의료인에 의한 3분 내외의 간단한 금연 상담만으로도 30% 내외의 금연 효과를 볼 수 있다. 상담의 종류보다는 상담자의 숙련도와 최소 8회에 걸친 지속적인 상담 서비스의 제공이 중요한 관건이다. 상식적으로 이해할 수 있는 바와 같이, 상담 시간이 길수록, 상담 횟수가 많을수록 금연율은 증가한다(USDHHS, 2000). 즉 상담과 교육적 접근으로 구성된 인지-행동 치료cognitive behavioral therapy가 금연 상담의 핵심적인 요소임을 알 수 있으며, 이 때문에 금연 상담에서는 행동 수정을 위한 교육적 접근이 반드시 수반되어야 한다(서홍관 등, 2002).

금연 상담 목표는 일반적으로 두 개의 영역, ① 담배를 끊도록 설득하는 시도, ② 담배를 끊은 사람이 그 결정을 고수하도록 설득하는 시도로 나뉜다. Shiffman(1985)은 금연 상담의 주된 역할을 내담자의 동기 변화를 일으키는 강화로 들고 있다. 이 과정은 일련의 단계들을 통해 성취될 수 있다. 첫 번째는 흡연 행동의 위험성을 중심으로 내담자를 교육시킨다. 일단 흡연의 위험성에 대한 학습이 이루어지면 금연 과정에 돌입하기 쉽다. 실제 치료 과제는 환자들의 금연에 대한 모순적인 태도를 바로잡고, 금연에 대한 욕구를 키우는 것이

표 8-3 상담 횟수와 금연율 간의 관계

상담 횟수	연구 수	추정 교차비 (95% 신뢰 구간)	추정 금연율 (95% 신뢰 구간)
0~1회	43	1.0	12.4%
2~3회	17	1.4(1.1, 1.7)	16.3%(13.7, 19.0)
4~8회	23	1.9(1.6, 2.2)	20.9%(18.1, 23.6)
8회 이상	51	2.3(2.1, 3.0)	24.7%(21.0, 28.4)

▶ 출처 : USDHHS, *Treating tobacco use and dependence*, 2000.

다. Shiffman(1985)은 환자와 상담자 사이에 발전하는 상호 관계 속에서 환자가 가지고 있는 동기 의욕을 믿는다. 상담자는 내담자가 흡연 행동과 건강 추구 가치 사이에서 인지 부조화로 인한 불편함을 경험하도록 분위기를 조성하고 내담자가 인지 부조화를 경험하면, 그들은 변화를 심사숙고하는 단계에서 행동에 참가하는 단계로 넘어간다.

내담자가 참가 단계로 넘어가게 되면 다음 과제는 자신의 문제를 시인recognition하도록 유도하는 데 초점을 맞추어야 한다. ① 혐오, ② 자기 조절, ③ 혐오와 자기 조절의 조화, ④ 약리학적 접근, ⑤ 보건 교육의 다섯 개의 중재 전략이 자신의 상태를 시인하고 금연을 고려하도록 내담자를 격려하는 데 활용될 수 있다(Bloom, 1988). 혐오 전략은 전기 충격, 급한 흡연, 신물남, 지각 예민화의 4개의 범주로 분류될 수 있다. 그러나 이 방법들 모두는 그 효과가 두드러지지 않는다. 자기 조절 방법은 ① 환경 계획, ② 행동 프로그래밍, ③ 지각 통제를 포함한다. '환경 계획'은 서로의 금연 노력을 강화하는 동료 흡연자들과 같이 많은 활동과 상호 지지를 통해 금연을 시도하고 지속하도록 하는 것으로서 흡연이 일어나는 환경을 변화시키면서 내담자의 흡연 행동을 변화시키는 것이다. '행동 프로그래밍'의 경우, 금연 활동을 촉진하는 자기 보상-처벌 시스템을 만드는 것이다. '지각 통제'는 흡연에 대한 생각을 바꿈으로써 흡연 제한을 시도하는 방법이다.

상담자의 실질적 역할은 금연을 결정하고 시도를 착수한 후 시작된다. 관련 연구에 따르면, 대부분의 재발 현상이 금연 후 첫 3개월 안에 발생한다. 따라서 금연 시도자들은 금연 상태를 지속하는 시기 동안 흡연 유혹이 심한 상황과 그에 대한 지각 강화를 연습할 필요가 있다. 상담자는 내담자의 금연을 돕는 일관성 있는 기술을 가질 필요가 있다. 금연 과정의 진단 단계 동안, 상담자는 내담자의 장점을 확인하고 이 장점을 가장 잘 이용할 수 있는 발전 전략을 세운다. 또한 약점과 기술적 보완점도 평가하여 교정해야 한다.

심리교육적 접근

금연 상담의 주 방법으로 사용되는 상담적 접근에 심리교육적 방법psychoeducation approaches이 동반되어야 하는 이유는 인지와 의지를 이용한 인지-행동 치료가 가장 근본적이고 안정적인 효과를 내기 때문이다. 금연을 위한 심리교육적 모델은 흡연의 해로운 효과를 지적하는 전형적 방식을 통해 흡연자의 의지로 담배를 끊고 금연을 지속하도록 하는 것을 주 내용으로 하고 있다. 개인의 인지와 의지를 변화시켜 금연을 유도하기 위해서 금연 상담 중에 포함하는 보건 교육 내용은 다음과 같다.

- 흡연자가 개인적인 차원의 흡연 단서smoking cues를 찾고, 이 흡연 단서와 흡연 행동 간의 연결을 단절시킬 수 있는 방법
- 금연 시도로 인해 일시적으로 상승하게 되는 스트레스에 대한 대처 방법
- 금연 시도로 인한 금단 증상에 대한 대응 방법
- 흡연을 자극하는 조건과 상황에 대한 대처법과 재발 방지법

이와 함께 금연 상담 중에 내담자가 금연 행동을 효과적으로 내면화하기 위해서는 교육을 통한 학습의 과정이 필요하다. Marlatt & Gordon(1985)은 금연을 개인의 생활 양식의 한 부분으로 보았다. 금연을 시도하는 내담자와 상담자 모두에게 흡연 행동을 개인의 전체 생활 행동의 일부분으로 보고 상담자가 내담자의 생활 행동 속에서 금연에 관한 심리적 · 행동적 특성을 자각하고 이에 맞는 실천 방법을 모색해나갈 수 있도록 4개 분야를 통해 학습을 유도하도록

권고한다.

자기 관찰 기술의 학습

내담자가 흡연을 하게 되는 일련의 과정을 관찰하면, 내담자들은 흡연 행동을 촉진하는 외부 자극이나 요인들이 무엇인지 확인할 수 있다. 이러한 요인들을 확인함으로써 내담자는 어떠한 중재가 흡연에 대한 욕구를 완화시키고 누그러뜨릴 수 있는지를 학습할 수 있게 된다. 개인 또한 어떤 것이 흡연의 잠재적인 방아쇠가 될 수 있는지 예측할 수 있다. 이러한 자기 관찰 기술은 가치 있는 재발 예방 도구이다.

자기 효능감의 학습

교육학적 측면에서 자기 효능감은 심리교육적 접근의 가장 기초적인 특성이다. Brod & Hall(1984)은 자기 효능감의 성공적 적용을 위해 네 가지 요소를 제안했다.

- 과거 성공 경험의 회상 : 환자가 과거에 성취했던 것을 회상하는 것으로, '이와 같은 노력을 통해 성공할 수 있을까?' 하는 가정을 해볼 수 있을 것이다. 환자가 과거의 효과적인 행동을 기억할 때 금연 과정에서 성공을 가시화할 수 있을 것이다.
- 대리 경험 : 내담자는 금연 프로그램을 이수하여 성공적으로 금연한 사람을 찾아 그와 대화를 나누고 그의 금연 생활을 관찰하면서 자신의 금연 목표의 성공에 대해 확신할 수 있고 성취한 자신을 그려볼 수 있을 것이다.
- 언어적 설득 : 자신이 이룬 과거 금연 성취 경험이 뚜렷하고 다른 사람이 성취한 성공적인 금연 사례를 잘 알고 있는 내담자에게 보건 교육 및 상담 과정에서 제공되는 다양한 정보와 서비스들의 효력은 그렇지 않은 경우보다 더욱 높다. 즉 금연 행동을 유도하는 다양한 방법의 언어적 설득은 이미 성공을 경험한 대상자에게는 계속적인 성공 확신을 높이는 데 도움이 되는 구체적인 전략으로 받아들여진다.

- 내적 단서의 인식 : 해낼 수 있다는 자기 확신 상태에서 개인은 자기 자신의 심리적 반응과 변화에 더 민감해져서 흡연에 관한 자신의 태도 및 행동을 변화시키는 단서가 무엇인지 더 잘 이해할 수 있다. 예를 들어, 내담자가 금연 도전에 대해 자신이 성공할 수 있으리라는 확신이 있는 경우 자신이 흡연에 대해 어떤 부분에서 부정적인 심리 반응을 보이는지에 대해 거부감을 거의 나타내지 않는다.

대처 전략에 대한 이해

심리교육적 모델의 다른 중요한 부분은 대처 전략에 대한 명확한 이해인데, 그것이 무엇이며, 어떻게 가장 효과적으로 사용될 수 있는지에 대한 것이다. 흡연자들 또한 즉각적인 (스트레스) 대처 행위가 필요한 상황에서 어떤 강화요인이 금연 지속에 도움이 될지를 이해해야 한다. 상담자가 내담자에게 흡연 이외에 새로이 습득한 대처 기술을 실천에 옮길 수 있도록 유도하는 직접적인 방법은 양방향 체제를 제공하는 것이다. 내담자들이 성공적으로 목표에 도달하는 능력에 대해 자신들의 믿음을 구체적으로 모델화할 때 그들이 새로 얻은 효과적 행동 방안과 그것을 권고하는 상담자의 인식을 받아들일 수 있다.

금연 과정에 대한 이해

교육 과정의 한 부분은 새로 얻은 행동의 유지와 더불어 환자의 금연 과정 전체에 관한 이해의 향상을 포함한다. 일반적으로 최근 금연 프로그램에 관한 연구는 프로그램의 효과가 ① 금연의 동기 부여 정도, ② 신체적 · 심리적 안녕에 대한 이해도, ③ 흡연 행동과 욕구 억제(조절)의 성공과 관련되어 있다고 말한다. 더 좋은 문제 해결 능력을 갖고 있는 사람들과 자신의 행동을 제어하는 데 있어서 자기 보상을 잘 활용하는 사람들이 금연에 가장 성공적이다.

약리적 접근

금연을 위해 사용되는 약물은 대개 1차 약제와 2차 약제로 나뉜다. 1차 약제에 효과가 없거나 부작용이 있는 경우에 2차 약제를 쓰는 것이 원칙인데, 1차 약제에는 니코틴 대체 요법(패치, 껌, 비강분무제, 흡입제, 목사탕 등)과 바레니클린varenicline, 부프로피온bupropion이 있고 2차 약제에는 항우울제인 노트립틸린nortriptyline과 고혈압 약제인 클로니딘clonidine이 포함되는 것이 일반적이다(보건복지부, 2012).

금연을 위한 약리적 접근pharmacological approaches은 흡연자가 니코틴에 중독되어 있다는 것을 전제로 하는데, 다음과 같은 경우에 금연 시도와 함께 약리적 접근을 긍정적으로 고려한다.

- 하루 1갑 이상 담배를 피우는 사람
- 잠에서 깬 지 30분 이내에 담배를 피우는 사람
- 심한 금단 현상을 경험했던 사람
- 과거 금연 시도 시 조기(금연 시도 후 1주 이내)에 재흡연한 경우
- 우울증이나 정신분열증 등 정신 질환 병력이 있는 사람
- 알코올이나 다른 약물 의존성이 있는 경우
- 집안에 다른 흡연자가 있는 경우

니코틴 대체 요법은 금연 개시 후 생기는 금단 현상을 일시적으로 완화하기 위해서 담배의 유해 성분을 포함하지 않은 순수 니코틴을 외부에서 공급해주는 방법이다. 현재 상용 중인 니코틴 대체 요법에는 패치, 껌, 비강분무제, 흡입제, 설하제(혀 밑으로 녹여 먹는 약), 목캔디 등이 있으며 우리나라에서는 패치와 껌이 가장 널리 사용되고 있다. 니코틴 껌은 2mg과 4mg 단위가 있는데, 하루 25개비 미만을 피우던 사람에게는 2mg을, 35개비 이상에서는 4mg을 사용한다. 니코틴 껌보다는 패치의 효과가 조금 더 높은 것으로 보고되고 있다(West & Shiffman, 2001). 니코틴 대체 요법이 어느 정도 도움을 준다는 사실은 입증되어 있지만, 전체적으로 약리적 접근 방법을 사용하는 것보다 상담과 교

표 8-4 니코틴 껌(2mg)의 금연 효과

구분	연구 수	추정 교차비 (95% 신뢰 구간)	추정 금연율 (95% 신뢰 구간)
위약	16	1.0	17.1
니코틴 껌	18	1.5(1.3, 1.8)	23.7(20.6, 26.7)

▶ 출처 : USDHHS, *Treating tobacco use and dependence*, 2000.

표 8-5 니코틴 패치의 금연 효과

구분	연구 수	추정 교차비 (95% 신뢰 구간)	추정 금연율 (95% 신뢰 구간)
위약	28	1.0	17.1
니코틴 패치	32	1.9(1.7, 2.2)	17.7(16.0, 19.5)

▶ 출처 : USDHHS, *Treating tobacco use and dependence*, 2000.

표 8-6 부프로피온의 금연 효과

구분	연구 수	추정 교차비 (95% 신뢰 구간)	추정 금연율 (95% 신뢰 구간)
위약	2	1.0	17.3
니코틴 패치	4	2.1(1.5, 3.0)	30.5(23.2, 37.8)

▶ 출처 : USDHHS, *Treating tobacco use and dependence*, 2000.

육을 통해 이루어지는 인지-행동적 접근 방법이 우선되어야 하고, 더 효과적이다(Cooper, 2002).

부프로피온은 니코틴을 포함하지 않은 약물로 유일하게 미국 식품의약품안전청의 승인을 받은 약물이다. 이 약제는 항우울제로 개발되었으나 금연에 효과가 있음이 밝혀져 있으며 위약에 비해 2배 정도의 금연 효과가 있다. 이 약제의 금연 효과는 우울증과는 무관한 것으로 알려져 있으며, 경구용으로 복용하기 때문에 편리하고 금연 이후의 체중 증가를 억제하는 데 다소간 도움이 된다는 것이 장점인 반면, 가격이 바싸서 경제적 부담이 있다는 단점이 있다.

워크숍 7. 금연 상담을 위한 정보 수집

※ 나와 가까운 사람들 중에서 현재 흡연을 하고 있는 사람 한 명을 찾아봅시다. 이 장에서 배운 금연 상담 〈1단계 : 시작〉의 상담 내용을 기초로 '그' 대상자의 흡연 정보를 수집해보고 수집된 정보를 바탕으로 대상자에게 어떤 금연 계획이 필요한지 생각해봅시다. 또 그 사람을 위한 금연 상담에서 중점을 두어야 할 부분이나 주의해야 할 부분이 있다면 말해봅시다.

1. 금연 상담 〈1단계 : 시작〉에서 수집해야 할 흡연자 정보

1) 신장, 체중, 폐활량(생리적 측면은 질문으로 대치)

2) 전체적인 건강 상태, 질병력, 약물 복용 여부

3) 흡연력 : 시작 연령, 흡연 기간, 평균 흡연량, 금연 시도 경험 등

4) 금연 의지(금연 행동 변화 단계)

5) 기타

6) 니코틴 의존도

항목	응답 범주
1. 하루에 보통 몇 개비를 피웁니까?	⓪ 10개비 이하 ① 11~20개비 ② 21~30개비 ③ 31개비 이상
2. 아침에 일어나 얼마 만에 첫 담배를 피웁니까?	③ 5분 이내 ② 6~30분 이내 ① 31분~1시간 이내 ⓪ 1시간 이후
3. 금연 구역(도서관, 병원 등)에서 담배를 참기가 어렵습니까?	① 예 ⓪ 아니오
4. 하루 중 담배맛이 가장 좋은 때는 언제입니까?	① 아침 첫 담배 ⓪ 그 외의 담배
5. 오후에 저녁 시간보다 오전 중에 담배를 더 자주 피웁니까?	① 예 ⓪ 아니오
6. 몸이 아파서 종일 누워 있을 때에도 담배를 피웁니까?	① 예 ⓪ 아니오

주) 평가 방법과 판정 방법은 본문의 표 8-3 하단에 제시되어 있음.

2. '그'에게 필요한 금연 계획('그'와 의논하여 결정)

3. '그'를 위한 금연 상담에서 중점을 두어야 할 부분이나 주의해야 할 사항

제9장

음주 및 약물 남용과 건강 상담

음주와 약물의 사용은 건강한 삶을 영위하는 측면에서 복합적인 특성을 가지고 있다. 다른 건강 위험 행동들과는 달리 무조건 삼가는 것이 최선책이 아니라 필요할 때 적절히 사용할 경우 우리의 삶을 더 윤택하게 하기 때문이다. 그러나 적절한 정도의 기준이 불명확한 경우가 많고 반복적 · 습관적으로 사용하는 동안에 중독에 빠져 통제 능력을 상실하기 쉽다.

따라서 중독성을 가지고 있는 음주와 약물 남용에 대해 그 실태와 심각성을 알아보고, 중독의 개념을 정리하며 알코올과 약물 사용에 의존하게 되는 과정을 단계별로 알아보는 것은 음주 및 약물 남용 상담의 과정과 기술을 이해하기에 앞서 핵심적인 기초가 된다. 음주와 약물 남용 상담은 다른 상담과는 달리 중독이라는 독특한 특성과 결부되어 있으며, 가족을 비롯한 사회적 관계가 상담 과정에 중요한 영향을 미치기 때문에 다각적인 접근과 훈련이 필요하다.

1. 음주의 심각성과 실태

음주의 심각성

적당한 음주는 신체적 · 정신적 · 사회적으로 이로운 측면이 있다. 알코올은 체내 흡수가 빠르기 때문에 에너지원으로 활용되고, 우리 몸에 유익한 고밀도 지단백 콜레스테롤HDL-cholesterol을 높여주기 때문에 심장병 예방 효과가 있다. 그러나 이는 적당한 음주에 해당하는 것으로서 적당한 음주에 대한 정의가 학자마다 다르기는 하지만 하루 2잔 이하의 음주를 의미한다.

적당한 수준을 넘는 음주는 인간의 생활에 크게 신체적, 정신적, 그리고 사회적 문제를 일으킨다. 신체적 문제로는 가장 먼저 간에 해를 입혀서 지방간, 간염, 간경변, 간암의 발생과 관련이 있고 위와 췌장에도 악영향을 미친다. 또한 술이 가진 열량 때문에 비만의 원인이 될 수 있으며 심장에도 무리를 주어 심근경색, 고혈압, 심장마비, 뇌 손상 등의 원인이 되기도 한다. 생식 측면에서는 성 기능을 저하시키는 작용을 하고 불임이나 태아 손상과 관련이 있다. 정신적인 문제로는 불면, 우울, 자살과 관련이 깊은 것으로 알려져 있으며 장기간의 과음은 기억상실이나 건망증, 환각으로 이어져 다른 약물 남용의 관문 역할을 하기도 한다. 음주의 사회적 문제는 보다 복잡하고 광범위한 양상을 보인다. 심한 음주는 우선 가정생활에 있어서 가정 불화와 이혼 문제와 관련되고 직장 생활에 있어서 근무 장애 및 실업과 연결되어 경제적 어려움을 야기할 수 있다. 또한 음주는 도박, 음주 운전, 성 범죄 등을 비롯하여 다양한 범법 행위 발생과 관련이 깊다(WHO, 1990).

우리나라 음주 실태

우리나라는 약물 남용에 대해서는 사회적으로 보수적인 성향이 있지만 음주 행동에 대해서는 관대한 문화적 특징을 가지고 있다. 우리나라 음주 실태를

2005년「국민건강영양조사」 결과를 토대로 살펴보면 전체적으로 음주 인구가 감소하기보다는 조금씩 증가한 모습을 보였다(그림 9-1 참조).

한 번에 소주 7잔 이상 정도의 음주를 하는 고위험 음주 빈도에 있어서 우리나라 남성들의 고위험 음주 수준이 높음을 알 수 있다. 주 2회 정도 고위험 음주를 한다는 남성이 24.9%였고 여성은 7.4%였다(그림 9-2 참조). 이는 우리나

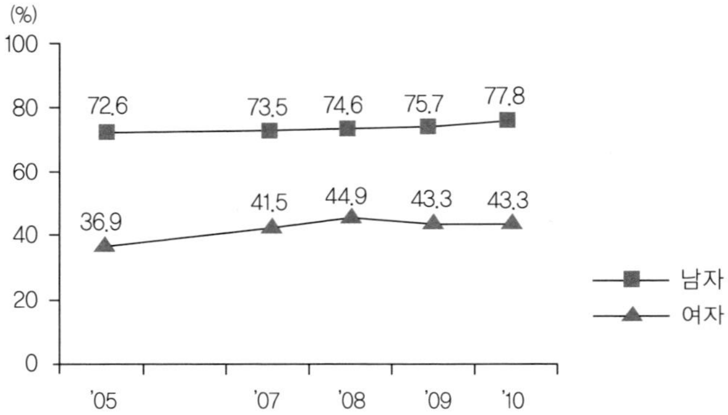

※ 월간음주율 : 최근 1년 동안 한 달에 1회 이상 음주한 분율, 만 19세 이상

그림 9-1 월간음주율 변화 추이

▶ 출처 : 질병관리본부,「2010 국민건강통계-국민건강영양조사 제5기 1차년도(2010)」, 보건복지부, 2011.

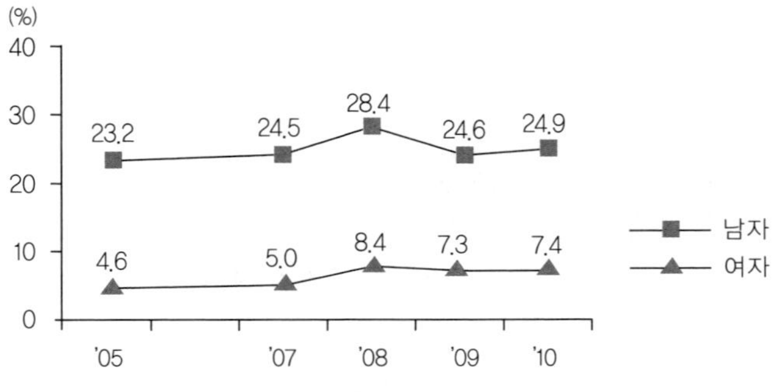

※ 연간음주자의 고위험음주율 : 연간음주자 중 1회 평균 음주량이 7잔(여자는 5잔) 이상이며 주 2회 이상 음주하는 분율, 만 19세 이상

그림 9-2 연간음주자의 고위험음주율 변화 추이

▶ 출처 : 질병관리본부,「2010 국민건강통계-국민건강영양조사 제5기 1차년도(2010)」, 보건복지부, 2011.

라 성인 남성들의 음주 문제가 일상화되어 있음을 보여준다고 하겠다. 이 밖에 도시가 농촌에 비해 음주율이 높고 기혼자보다는 미혼자가, 그리고 직업별로는 군인이나 기능직 단순노무자의 음주율이 높은 경향을 보였다.

문제 음주와 알코올 의존도를 세계 수준과 같이 비교해보면 우리나라 사람들의 음주 문제가 얼마나 일상화되어 있는지 알 수 있다. 세계보건기구는 AUDITAlcohol Use Disorder Identification Test라는 문제 음주와 알코올 의존도를 자가 측정할 수 있는 10문항짜리 평가 도구를 개발했다(표 9-1 참조). 우리나라 남성 음주자 중 34.1%가 문제음주자로서 50% 이상의 남성 음주자들이 음주 문제를 가지고 있다고 볼 수 있다(그림 9-3 참조).

이 밖에 우리나라 성인들의 알코올 의존은 도시 지역 거주자, 연령군으로는 30대와 40대, 그리고 여자의 경우는 결혼 상태에 매우 민감하여 미혼자가 기혼자보다 훨씬 높으며, 남자의 경우에는 결혼 상태보다 직업에 보다 민감해서 농

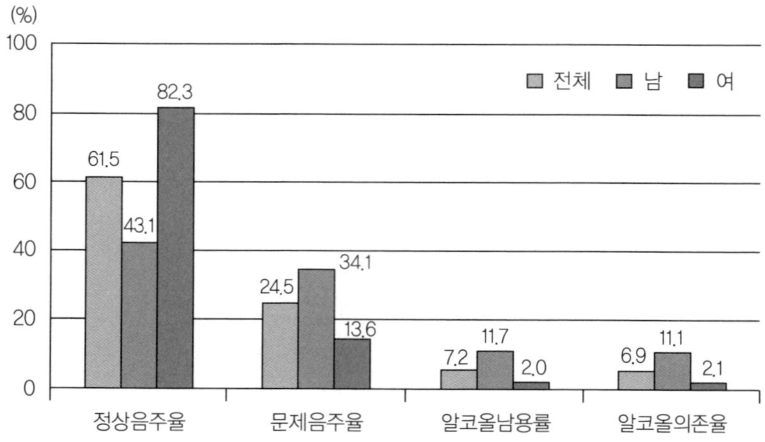

1) 문제음주율 : AUDIT(Alcohol Use Disorders Identification Test) 점수가 총점 8~15점에 해당하는 분율
2) 알코올남용률 : AUDIT 점수가 총점 16~19점에 해당하는 분율
3) 알코올의존율 : AUDIT 점수가 총점 20점 이상에 해당하는 분율
4) 정상음주율 : AUDIT 점수가 총점 7점 이하에 해당하는 분율

그림 9-3 평생음주자의 문제음주율, 알코올남용률, 알코올의존율

▶ 출처 : 질병관리본부, 「2010 국민건강통계-국민건강영양조사 제5기 1차년도(2010)」, 보건복지부, 2011.

표 9-1 문제 음주와 알코올 의존 자가 평가 도구
(AUDIT, Alcohol Use Disorders Identification Test)

<table>
<tr><th rowspan="2">번호</th><th rowspan="2" colspan="2">문항</th><th colspan="5">점 수</th></tr>
<tr><th>1</th><th>2</th><th>3</th><th>4</th><th>5</th></tr>
<tr><td>1</td><td>술을 얼마나 자주 마십니까?</td><td>점수 0
(한 번도 안 마셔봄)</td><td>최근 1년간 안 마심</td><td>한 달에 1번 미만</td><td>한 달에 2~4번</td><td>일주일에 2~3번</td><td>일주일에 4번 이상</td></tr>
<tr><td>2</td><td colspan="2">한 번에 술을 얼마나 마십니까?*</td><td>2잔 이하</td><td>3~4잔</td><td>5~6잔</td><td>7~9잔</td><td>10잔 이상</td></tr>
<tr><td>3</td><td colspan="2">한 번의 술자리에서 (남: 7잔(또는 맥주 5캔 정도), 여: 5잔(또는 맥주 3캔 정도)) 이상 마시는 횟수는 어느 정도입니까?</td><td>전혀 없다</td><td>한 달에 1번 미만</td><td>한 달에 1번 정도</td><td>일주일에 1번 정도</td><td>거의 매일</td></tr>
<tr><td>4</td><td colspan="2">최근 1년 동안, 일단 술을 마시기 시작하면 자제가 안 된 적이 있습니까?</td><td>전혀 없다</td><td>한 달에 1번 미만</td><td>한 달에 1번 정도</td><td>일주일에 1번 정도</td><td>거의 매일</td></tr>
<tr><td>5</td><td colspan="2">최근 1년 동안, 음주 때문에 일상생활에 지장을 받은 적이 있습니까?</td><td>전혀 없다</td><td>한 달에 1번 미만</td><td>한 달에 1번 정도</td><td>일주일에 1번 정도</td><td>거의 매일</td></tr>
<tr><td>6</td><td colspan="2">최근 1년 동안, 과음 후 다음날 아침 정신을 차리기 위해 해장술을 마신 적이 있습니까?</td><td>전혀 없다</td><td>한 달에 1번 미만</td><td>한 달에 1번 정도</td><td>일주일에 1번 정도</td><td>거의 매일</td></tr>
<tr><td>7</td><td colspan="2">최근 1년 동안, 음주 후 술을 마신 것에 대해 후회한 적이 있습니까?</td><td>전혀 없다</td><td>한 달에 1번 미만</td><td>한 달에 1번 정도</td><td>일주일에 1번 정도</td><td>거의 매일</td></tr>
<tr><td>8</td><td colspan="2">최근 1년 동안, 술이 깬 후에 술 취했을 때의 일을 기억할 수 없었던 적이 있습니까?</td><td>전혀 없다</td><td>한 달에 1번 미만</td><td>한 달에 1번 정도</td><td>일주일에 1번 정도</td><td>거의 매일</td></tr>
<tr><td>9</td><td colspan="2">본인의 음주로 인해 자신이 다치거나, 가족이나 다른 사람을 다치게 한 적이 있습니까?</td><td>없었다</td><td colspan="2">과거에는 있었지만 최근 1년 동안은 없었다(2점)</td><td colspan="2">최근 1년 동안 그런 적이 있었다(4점)</td></tr>
<tr><td>10</td><td colspan="2">본인이 술을 마시는 것에 대하여 가족이나 의사가 걱정을 하거나, 술을 끊거나 줄이라고 권고를 한 적이 있습니까?</td><td>없었다</td><td colspan="2">과거에는 있었지만 최근 1년 동안은 없었다(2점)</td><td colspan="2">최근 1년 동안 그런 적이 있었다(4점)</td></tr>
<tr><td colspan="3"></td><td colspan="5">총점 ____________ 점</td></tr>
</table>

* 소주, 양주 구분 없이 각각의 술잔으로 계산함. 단, 캔맥주는 1개(355cc)는 맥주 1.6잔과 같음.
〈판단 기준〉 문제 음주 : AUDIT 점수가 총점 8~15점, 알코올 남용 : 총점 16~19점,
알코올 의존 : 총점 20점 이상, 정상 음주 : 총점 7점 이하

어업 종사자의 알코올 의존도가 높은 경향을 보였다. 심리적 스트레스를 인식하는 정도가 높을수록, 그리고 우울감을 많이 느낄수록 알코올 의존도가 높은 것으로 보고되고 있다.

2. 중독의 개념과 특성

중독의 개념

음주를 비롯하여 각종 약물 사용이 신체적 · 정신적 · 사회적으로 문제가 되는 것은 공통적으로 처음에는 자의적으로 사용하지만 점차적으로 스스로 그 사용에 대한 통제 능력을 상실하는 '중독addiction' 증상을 야기하기 때문이다. 중독의 사전적 의미는 '습관적으로 열중하거나 몰두하는 것'으로 영어 'addiction'의 라틴어 어원인 'addicene'는 '동의하는 것, 양도하거나 굴복하는 것, 잡혀서 감금되거나 노예가 된 사람'이라는 뜻을 가지고 있다.

음주에 있어서 중독과 관련하여 흔히 사용하는 용어는 알코올 중독, 알코올 남용, 알코올 의존이 있다. 알코올 중독alcoholism은 습관성 음주로 인하여 음주에 대한 조절 능력을 상실함으로써 이로 인해 일상생활이나 대인 관계, 직업 기능 및 수행 능력이 손상되고 가족에게 있어서도 주요 생활 기능 장애를 일으키는 만성적인 질환이다. 알코올 남용alcohol abuse은 술을 적당한 정도로 통제하여 마시지 못하는 상태이며, 알코올 의존alcohol dependence은 알코올 중독과 같은 의미로서 알코올을 끊었을 때에 금단 현상이 생기는 것을 의학적으로 표현한 것이다. 이 외에 문제 음주problem drinking는 알코올 중독은 아니지만 자신과 다른 사람에게 문제를 일으키는 음주를 말한다. 앞에서도 언급된 바와 같이 보건학적으로 음주에 있어서는 단주abstinence보다는 금단 증상과 같은 의존적 징후나 사회적 · 법적 문제나 건강상의 해를 야기하지 않는 절주moderate drinking가 권장된다(보건복지부, 2006).

미국정신의학협회American Psychiatric Association에서는 알코올 남용과 알코올 의존에 대한 진단 기준(DSM-IV, 1994)을 개발했는데, DSM-IV는 세계적으로 알코올 남용과 의존 진단 도구로서 가장 보편적으로 활용되고 있으며 이 진단 내용과 기준을 중심으로 알코올 남용과 의존에 대한 개념을 점검해볼 수 있다.

DSM-IV에 의한 알코올 남용 진단 기준

첫째, 임상적으로 중요한 장애나 고통을 일으킬 수 있는 부적응적인 알코올 사용 양상을 보여주고, 지난 12개월 내에 다음 4개의 항목 중 1개 이상을 보여줄 경우에 진단할 수 있다.

- 반복해서 알코올을 사용한 결과로 직장, 학교 및 가정에서의 중요한 역할이나 의무를 수행하지 못한다.
- 신체적으로 해를 주는 상황에서 반복해서 알코올을 사용한다.
- 반복해서 알코올 사용과 연관된 법적인 문제를 야기한다.
- 알코올의 효과로 인해 사회적 또는 대인 관계적 문제들이 지속적 · 반복적으로 야기되거나 악화됨에도 불구하고 계속 알코올을 사용하여 중독된 결과로 인해 배우자와 다투거나 신체적인 싸움을 한다.

둘째, 위의 증상들이 알코올 의존의 진단 지침에 해당하지 않아야 한다.

DSM-IV에 의한 알코올 의존 진단 기준

임상적으로 중요한 장애나 고통을 일으킬 수 있는 부적응적인 알코올 사용 양상을 보여주고, 지난 12개월 내에 다음 7개의 항목 중 3개 이상을 보여줄 경우에 진단할 수 있다.

- 내성은 다음과 같이 정의할 수 있다.
  - 중독이나 원하는 효과를 얻기 위해 아주 많은 양의 알코올이 요구된다.
  - 동일 용량의 알코올을 계속 사용할 경우 효과가 현저히 감소한다.
- 금단은 다음과 같이 정의할 수 있다.
  - 알코올의 특징적인 금단 증상이 있다.

- 알코올이 금단 증상을 완화시키거나 피할 수 있게 해준다.

- 원래 의도했던 것보다 알코올을 대량 사용하거나 또는 장기간 사용한다.
- 알코올 사용을 중단하려고 계속 노력하지만 뜻대로 안 된다.
- 알코올을 구하기 위해 많은 시간을 보낸다. 여러 의사들을 찾게 되고 알코올을 구하러 장거리 운전을 하고 음주 또는 알코올의 효과를 다시 얻기 위해 많은 시간을 보낸다.
- 알코올의 사용 때문에 중요한 사회적 · 직업적 활동 및 여가 활동을 포기하거나 적게 하게 된다.
- 알코올 사용으로 인해 지속적 · 반복적으로 육체적 · 정신적 문제가 생기거나 악화된다는 것을 알면서도 계속 음주를 한다. 즉 알코올로 인해 우울증이 유발되거나 궤양이 악화된다는 것을 알고도 계속 음주를 한다.

중독의 특성

중독은 크게 물질 중독과 과정 중독으로 나뉜다. 물질 중독은 의학적 필요에 의해서가 아니고, 기분의 변화를 목적으로 술이나 기타 여러 가지 약물을 반복적으로 사용하여 끝내는 조절 능력을 상실하게 되는 상태로서 알코올 중독과 약물 중독이 대표적인 예라고 하겠다. 그에 반해 과정 중독은 사람을 홀리게 만들거나 사람이 의존하게 되는 일련의 활동이나 상호 작용에 대한 중독으로서 특정 개체나 물체에 대한 중독이 아니라 어떤 행동이나 과정 자체에 대한 중독을 의미한다. 그 예로는 도박 중독, 쇼핑 중독, 인터넷 중독, 관계 중독 등이 있다. 어떠한 중독이든지 그 종류를 막론하고 공통적으로 가지고 있는 특성이 있는데 중독 특성을 정리하면 다음과 같다(이장호, 2005).

- 중독은 우리를 우리의 진실한 감정으로부터 떼어놓아 일종의 도피를 제공하는 작용을 한다.
- 중독은 중독자를 완전히 지배하며 그 지배력은 모든 논리나 이성을 능가한다.

- 중독은 언제나 쾌감을 포함한다.
- 중독 행동은 다른 모든 인생의 문제보다 우선순위이다.
- 중독자는 자신의 중독 상태를 부인한다.
- 어떤 의미에서 모든 중독은 물질 중독이다.
- 모든 중독은 심리적 의존을 동반한다.

3. 알코올 및 약물의 의존 단계

알코올 또는 약물로 인해 개인의 건강 또는 사회적 · 직업적으로 문제가 일어남에도 불구하고 음주나 약물을 스스로 통제하지 못하는 상태에 이르면 질병에 속한다고 볼 수 있다. 내성과 금단 증상을 경험하고 음주나 약물 사용을 스스로 조절하지 못하며 중요한 사회적 · 직업적 활동 및 여가 활동을 못 하거나 줄이게 된다. 특히 음주에 있어서 알코올 의존은 1차적이고, 진행적이고, 만성적이고, 치명적이며, 가족 집적이 높은 특성이 있다.

알코올 또는 약물 의존은 크게 4단계로 진행되는데 단계별로 그 특성을 살펴보면 다음과 같다.

1단계 : 기분 변화의 학습 단계

- 약물에 의해 일시적인 기분 변화, 즉 도취감이 뒤따른다는 사실을 학습한다.
- 이런 도취감이 복용할 때마다 매번 나타난다는 사실을 학습한다.
- 약물과 그 영향을 '믿는' 것을 학습한다.
- 흡입량의 조절을 통해 도취감을 통제하는 법을 학습한다.

2단계 : 기분 변화의 추구 단계

- 때와 장소를 '적당히 가려' 약물을 복용한다.

- 약물 복용에 대해 자기 나름의 규칙을 만들어 거기에 따라 행동한다.
- 과용으로 인한 신체적 고통 때문에 고생할 수 있으나 아직 죄책감을 느끼지는 않는다.
- 대개 약물 복용의 시간과 양과 결과의 통제가 가능하다.

3단계 : 유해한 의존 단계

- 약물 복용에 대한 통제력을 상실하며 자신이 정했던 규칙을 더 이상 지키지 못한다.
- 자신의 가치관이 깨지면서 정서적 고통과 죄책감이 찾아온다.
- 자기 행동에 대한 지각을 상실하며 점점 잦아지는 비정상 행동을 합리화하려 한다.
- 자신에 대한 분노가 쌓이며 그 결과 정서적 혼란이 심해지고 분노를 남에게 돌리는 투사가 잦아진다.
- 약물 복용 문제에 마음을 빼앗기는 정도가 점점 심해진다.
- 건강, 정서 상태, 영적인 생활, 가정생활 등이 악화된다.

4단계 : 정상 기분을 위한 약물 복용 단계

- 흥분 도달을 위해서가 아니라 '정상 기분 유지'를 위해 약물을 복용한다.
- 약물에 대한 통제력 상실과 기억력 상실이 잦아진다.
- 내성이 한층 더 강해진다.
- 편집증적인 사고가 많아지며 행동이 전혀 예측할 수 없게 된다.
- 생존을 위해 약물을 복용하는 단계이다.

4. 절주 상담의 과정

행동 변화 단계에 따른 절주 상담 과정

Prochaska & DiClemente의 범이론적 모델transtheoretical model에서 제시하고 있는 내담자의 행동 변화 단계에 따라서 다음과 같이 문제 음주자 또는 일반인을 대상으로 하는 절주 상담을 계획하고 진행한다.

1단계 : 고려전 단계

- 단계의 특성 : 이 단계는 가까운 미래에 어떤 변화의 의도도 가지고 있지 않은 단계이다. 그들의 문제를 인식하지 못한 상태이며 특징은 '부정'으로, 문제의 부정적인 측면을 외면하고 긍정적 측면에 비중을 둔다.
- 상담 개입 : 의구심을 유발하는 데 중점을 둔다. 현재 행동의 문제점과 위험도를 인식하도록 돕는다. 문제 음주에 대한 지식을 제공하고 이와 함께 자신의 행동의 결과를 탐색하게 함으로써 의식을 증진시킨다. 술이 자신과 환경에 어떤 영향을 끼쳤는지를 깨달을 수 있도록 하여 동기화시킨다.

2단계 : 고려 단계

- 단계의 특성 : 이 단계는 자신의 문제에 대해 인식하고 그것을 극복할 방법에 대하여 심각하게 고민하나 아직 어떠한 행동도 취하지 않고 있는 단계이다. 문제의 해결책에 대해 진지하게 고민하는 것이 이 단계의 특징이다.
- 상담 개입 : 변화를 위한 정보를 제공하고 문제 해결 방법을 찾을 수 있도록 돕는다. 문제 음주를 통제하고 음주량을 스스로 조절하는 데 대한 자기 효능감을 높일 수 있도록 유도해야 한다.

3단계 : 준비 단계

- 단계의 특성 : 이 단계는 의도와 행동이 결합되는 단계로서 가까운 미래

에 변화할 수 있도록 준비하는 단계이고 행동을 취하기 직전 단계이다.

- 상담 개입 : 그들이 선택한 행동 방침을 따라 끝까지 수행해나갈 것을 굳게 약속해야 하며 이러한 변화의 결심을 공개하도록 한다. 구체적인 계획과 변화 과정을 구상한다.

4단계 : 실행 단계

- 단계의 특성 : 이 단계는 자신의 문제를 극복하기 위하여 자신의 행동과 경험과 환경을 조정하는 단계로서 공공연하게 자신의 행동과 주변 환경을 바로잡으려고 시도한다. 가장 큰 태도상의 변화가 나타나며 다른 단계에 비하여 훨씬 가시적인 변화가 일어난다. 시간과 에너지를 투여하게 되는 단계이다.
- 치료적 개입 : 변화를 위한 시도를 하도록 돕는다.

5단계 : 유지 단계

- 단계의 특성 : 재발을 방지하고 실행 단계에서 얻은 변화를 안정화시키는 단계로 변화가 계속되는 특징이 있다.
- 상담 개입 : 재발 방지를 위한 전략을 파악하도록 돕는다. 재발로 인해 마음이 상하거나 의기소침해지지 않고 고려, 결정, 행동 단계의 과정을 다시 시작할 수 있도록 지원한다.

서비스 절차에 따른 절주 상담 과정

우리나라 보건복지부(2006)가 수행하고 있는 주민건강증진센터 중심의 상담 서비스 절차에 따른 절주 상담 과정은 다음과 같다.

첫 번째 방문 : 1차 스크리닝과 목표 설정

- 혈압, 체중 등 기본적인 신체 계측 및 활력치 측정

- 과거 병력 확인 : 특히 간 질환 중심으로 최근 질병과 복용 중인 약물 파악
- 음주력과 절주 의지 평가 : 음주 시작 연령, 음주 기간, 평균 1주간 음주량, 1일 최대 음주량, 절주 이행 의지 등
- 음주 관련 문제 발생 경력 조사
  - 알코올 문제 관련 가족력
  - 여자의 경우 임신 여부
  - 스트레스 수준과 최근 경험하는 스트레스 생활 사건
  - 가족 관계의 어려움
  - 간 기능의 점검
  - 음주 관련 법적 문제(음주 운전, 취중 폭력 등) 여부
- 문제 음주 및 알코올 의존도 평가
- 1차 스크리닝 후 다음의 여섯 가지 사항 결정
  - 직접 서비스 제공 또는 치료 의뢰 여부 결정(알코올 의존 판정 시, DSM-IV 사용)
  - 직접 상담 서비스 제공 시 관리 목표 설정 : 절주와 단주의 두 가지 형태로 방향 설정. 알코올 의존 가족력, 본인의 알코올 의존성, 알코올 관련 폭력 등 법적 문제가 있는 음주자는 반드시 단주를 목표로 설정
  - 가족 지지나 가족 상담, 부부 상담이 필요한지 판단
  - 상담을 위한 다른 전문가(정신과, 내과, 산부인과 등) 진료 의뢰 필요 여부
  - 알코올 자조 모임 등 재활 지원 연계 필요성 판단
  - 대처 기술, 미술, 운동 등 기타 치료 요법 연계의 필요성 판단
- 필요시 혈액(간 기능) 검사 실시
- 관리 목표 설정
- 금주일 결정 : 내담자의 의사를 1차적인 근거로 필요에 따라 독려하여 음주를 줄이거나 끊는 절주/단주 개시일 결정

두 번째 방문 : 목표 확인 및 동기 부여

- 혈압, 맥박, 체중 측정
- 첫 번째 방문에서 정하지 않은 경우 절주/단주일 정하기
- 첫 번째 방문에서 부족했던 정보 수집하기
- 첫 번째 방문에서 절주/단주일을 정한 경우, 목표 달성 여부 확인, 상담 후 필요에 따라 목표 조정
- 내담자의 자신감과 동기 부여
- 알코올 의존과 관련된 문제의 변화 내용 확인 : 알코올과 관련된 약물 복용 여부, 스트레스 수준, 가족 관계, 간 질환 치료 등
- 절주/단주 관리에 필요한 다른 문제 필요성 점검 : 가족 상담, 다른 전문가 진료 의뢰, 재활 지원 연계 등
- 필요시 추적 조사를 위해 혈액 검사
- 1차 방문 시 시행했던 검사 결과 설명

세 번째 방문 : 목표 달성 여부 확인, 동기 부여, 탈락자 전화

- 혈압, 맥박, 체중 측정
- 이전 상담에서 절주/단주일을 정한 경우, 목표 달성 여부 확인, 상담 후 필요에 따라 목표 조정
- 내담자의 자신감과 동기 재확인
- 알코올 의존과 관련된 문제의 변화 내용 확인 : 알코올과 관련된 약물 복용 여부, 스트레스 수준, 가족 관계, 간 질환 치료 등
- 절주/단주 관리에 필요한 다른 문제 필요성 점검 : 가족 상담, 다른 전문가 진료 의뢰, 재활 지원 연계 등
- 필요시 추적 조사를 위해 혈액 검사
- 탈락자 전화 및 방문

네 번째 방문 이후 : 주기적으로 음주 생활 확인 및 점검

- 1차적인 상담 서비스는 종결하지만 필요에 따라 상담이 재개될 수 있음을 안내
- 전화, 문자, 이메일, 방문 등의 방법을 통해서 주기적으로 절주/단주 상태를 확인

5. 절주 및 약물 남용 상담에 활용되는 중재 기법

행동적 자가 통제 훈련

내담자가 어떻게 스스로의 행동 변화를 시작하고 유지할 수 있는지 가르치는 교육적 중재이다. 음주나 약물 사용 완화 또는 절제 단계에 있는 내담자에게 적합하다. 내담자 스스로가 작성하는 자기 행동과 경험에 대한 '일일 모니터링' 방법이 바람직한 행동과 위험한 행동의 변화를 자각하는 데 효과적이다.

기술 개발 프로그램

자가 관리와 장기간에 걸친 회복에는 개별적으로 사회적 기술 훈련이 필요하다. 스트레스 관리 기술을 개발하는 것은 매우 효과적인데, 실제로 문제 음주나 약물을 사용하는 상당한 이유가 스트레스나 불안에서 도피하기 위함이기 때문이다. 진행적 근육 이완 기술이나 명상은 신체의 긴장을 완화하면서 결과적으로 음주나 약물에 대한 유혹을 약화시킬 수 있다. 사회 기술 훈련, 특히 '단정' 훈련이 필요하다. 이는 음주나 약물의 사용이 많은 경우, 사회적 압력 때문에 시작되거나 재발되기 때문이다. 비단정적 성향의 내담자는 일반적으로 자기애, 비하, 자존감 저하와 같은 특성을 보이는데 이는 약물 사용자의 전형적인 특성이 된다. 이러한 경우, 지도, 모델링, 리허설, 피드백 등의 방법을 통

해 단정적 문장 사용을 강화하는 것이 필요하다. 마지막으로 문제 해결 능력을 기르는 기술 훈련이 도움이 된다. 내담자가 음주나 약물 사용의 유혹에 잘 빠지는 상황이나 피하기 어려운 문제들을 기록하고 상담하면서 나름대로 효과적인 대책을 미리 준비하여 피하기 어려운 상황의 폭을 점점 줄여가는 것이다.

지역 사회 강화 프로그램

지역 사회 강화 프로그램은 내담자가 치료 종료 후 지역 사회에 복귀하여 현실에 적응할 수 있도록 돕는 역할을 한다. 이 프로그램에는 직업 상담, 배우자 상담, 사회 복귀 및 여가, 문제 예방 연습, 조기 경고 체계, 지지 그룹, 동료 지도자의 회복을 돕는 '친한 친구처럼 돕기' 과정, 상담자와 내담자의 의무에 초점을 둔 계약서 작성 등이 있다.

가족 상담

가족 중 한 명이 약물이나 음주에 문제가 있으면 가족 모두가 영향을 받고 또한 중독자의 행동은 가족의 영향을 받는다. 가족 상담 중재는 구조적 변화를 요하는 장기 목적에 중점을 두어야 한다. 따라서 그 변화는 매우 느리고 단계별로 진행된다.

- 1단계 : 현행 패턴 중단 및 변경
- 2단계 : 변화의 현실 직면
- 3단계 : 심화와 변화 유지

자조 조직(그룹)에의 가입

자조 조직 내에서 서로 도움을 받고 도움을 줄 수 있는 상호적인 지지 관계를 형성할 수 있다. 이러한 이중적 보상dual reward은 환자 혼자서는 할 수 없는 일들을 극복하게 함으로써 내담자의 자기 효능감을 강화시킨다. AA(익명의 알코올 중독자 모임)는 회복 과정을 돕는 사회적 지지를 제공한다. Al-Anon, Alateen, Families Anonymous와 같은 조직들이 알코올 중독자 가족이나 중독자들에게 스스로를 돕고 다른 사람들까지 도울 수 있는 기회를 제공하고 있다.

6. 절주 및 약물 남용 상담의 일반적 지침

음주와 약물의 사용은 일반적으로 반사회적인 인식이 있으므로 내담자와의 상담 과정 중에 특히 주의가 필요하다. 일반적으로 절주 또는 약물 중독 상담에서 상담자가 지녀야 할 상담 지침은 다음과 같다.

- 내담자를 대할 때 긍정적이고 존중하는 태도를 보인다.
- 약물 남용의 문제를 어떤 상황이나 상태로 볼 것이 아니라 정상에서 문제로 이어지는 연속선상에서 보아야 한다. 그러나 많은 경우 이분법적 시각, 즉 정상과 문제로 분류하고 이에 따라 각 집단별로 일반화된 중재(치료)를 제공하려는 경향이 보편적이다.
- 장기 회복을 위한 사회적 · 환경적 측면의 다각적인 치료(중재)가 제공되어야 한다. 상담은 내담자의 음주 문제와 약물 남용 상태를 다양한 요인들로부터 영향을 받는 복잡한 존재인 내담자에게 '자각' 시키는 것을 기본으로 하기 때문에 내담자의 요구를 반영한 다각적인 치료(중재) 방법을 강구해야 한다. 다음은 치료(중재) 계획에서 고려해야 할 일반적인 생활 영역이다.
  - 긍정적이고 안정적인 가족 관계 여부
  - 자기 능력 향상을 위한 목표 설정 및 달성 정도
  - 사회적 기술 향상
  - 생활 관리 기술 향상
  - 신체적 건강과 체형 관리 향상

- 일 또는 학업에의 보다 효율적인 적응
- 사회적 지지 기반 개발
- 여가나 다른 사회적 목적 집단에의 참여 증대
- 우울이나 불안과 같은 정신 건강 문제의 처리
- 목적과 목표 모두에서 개별화된 치료 제공

- 최신의 연구 결과들을 기반으로 새로운 방법과 목적을 수립한다.
- 다양한 내담자 집단의 특성과 요구에 적응하기 위해서는 다문화적 시각을 동원해야 한다.
- 효과적인 치료는 상담자가 내담자들 간의 개인적·사회적·문화적 차이에 민감하게 반응할 때 가능하다. 이 과정을 사정이라고 할 수 있는데, 사정이란 '상담자가 내담자 및 다른 사람들과의 협력 관계를 통해서 내담자의 과정을 평가하고 치료 계획을 세우는 데 필요한 정보를 수집하고 해석하는 과정'이다.
- 상담자는 내담자의 연령, 성, 인종, 장애 등 민감한 사정 과정을 거쳐야 하지만 다음의 사항에 대해서 편견이나 선입견을 가지고 있지 않아야 한다. 이러한 면에 대한 선입견은 상담 시 역전이를 일으키기 쉽다.
    - 음주와 약물 사용 내력
    - 신체적 문제, 정신적 문제, 또는 중독에 관한 치료력
    - 가족 관련 문제
    - 직업 및 경력 관계
    - 범죄력
    - 심리적·감정적·세계관적 관심사
    - 영성, 영적 특성
    - 교육 및 기본적인 생활 기술
    - 사회인구학적 특성, 생활 방식, 합법적 지위

7. 절주 및 약물 남용 상담자가 경험하기 쉬운 문제들

애착과 분리의 혼동

다른 사람들을 돕는 역할을 하는 사람들은 돌봄의 순환 과정, 즉 각기 구분되는 단계들인 애착, 몰입, 분리의 과정을 끝없이 되풀이하게 된다. 상담하는 과정에서 적극적으로 애착하고, 몰입하고, 다른 이들과 분명하게 분리하는 것은 상담자들에게 가장 핵심적인 전문 기술로, 이 순환의 과정에서 어려움을 경험하게 되면 결국 치료적인 상담 관계 형성에 실패하게 된다.

역전이

상담자가 자신의 과거와 현재의 경험에서 벗어날 수 없다면 이를 적극적으로 이용하는 것이 현명한 상담자이다. 역전이에 대해 항상 알아차릴 수 있는 성찰의 태도가 필요하며 이러한 역전이로 인해 내담자에게 부정적인 영향을 주지 않기 위한 노력을 하는 자세를 가져야 한다.

중독적 관계의 형성

상담 관계에 있어서 자기를 돌보는 것과 타인을 돌보는 것 사이의 균형을 유지하는 것은 중요한 문제이다. 특히 중독 상담에 있어서 이 균형의 중요성은 더욱 커진다. 남을 위해 자기 자신을 희생하면서 다른 사람을 지나치게 돌보는 것을 통하여 자신의 존재 가치를 찾는 것은 알코올 의존자들의 가족에게서 보여지는 공동 의존의 개념과 다르지 않으며 이러한 공동 의존의 관계는 의존자가 자신의 문제에서 벗어나지 못하게 오히려 돕는 역할을 하게 된다.

상담자의 소진

소진 현상으로부터 상담자 자신을 보호하기 위해서는 자기 자신에 대해 지속적으로 관심을 갖고 보호해주어야 한다.

- 자신의 일, 즉 상담에서 지속적으로 의미를 발견하고 느낄 수 있어야 한다.
- 전지전능하고 오류가 없어야 하며 모든 것을 알아야 하고 모두를 도울 수 있어야 한다는 환상과 부담을 버리고, 상담에 대한 현실적인 기대를 가진, 완벽한 상담자가 아닌 충분히 좋은 상담자good-enough practitioners가 되어야 한다.
- 재충전을 위한 시간과 노력의 투자, 명상, 취미 생활 등 나름대로 자신을 이완시킬 수 있는 방법을 찾는다.
- 주위 사람들에게 지지와 보살핌을 제공하고 서로의 경험을 나누고 지지해줄 수 있는 관계를 맺고 유지하는 것이 무엇보다 중요하다.

워크숍 8. 나를 위한 절주 상담 계획

※ 나의 음주 행동을 점검하고 이에 따른 맞춤형 절주 상담을 계획해봅시다. 먼저 이 장에서 배운 서비스 절차에 따른 절주 상담 과정의 첫 번째 상담 시에 수집하는 음주 정보들을 점검하고, 이를 기반으로 절주 상담을 계획하는 데 필요한 기초적인 결정 사항들을 확인하세요. 또 나를 내담자로 한 절주 상담에서 중점을 두어야 할 부분이나 주의해야 할 부분을 정리해봅시다.

1. 절주/금주 상담 첫 단계에서 수집해야 할 정보

1) 신장, 체중, 혈압, 맥박

2) 과거 병력 : 전체적인 건강 상태, 질병력

3) 음주력과 절주 의지 : 음주 시작 연령, 음주 기간, 1주 평균 음주량, 1회 최대 음주량, 절주 시도 경험 여부, 현재 절주 실천 의지 단계

4) 음주 관련 문제 발생 경력

5) 문제 음주 및 알코올 의존도

표 9-1 문제 음주와 알코올 의존 자가 평가 도구
(AUDIT, Alcohol Use Disorders Identification Test)

<table>
<tr><th rowspan="2">번호</th><th rowspan="2" colspan="2">문항</th><th colspan="5">점 수</th></tr>
<tr><th>1</th><th>2</th><th>3</th><th>4</th><th>5</th></tr>
<tr><td>1</td><td>술을 얼마나 자주 마십니까?</td><td>점수 0
(한 번도 안 마셔봄)</td><td>최근 1년간 안 마심</td><td>한 달에 1번 미만</td><td>한 달에 2~4번</td><td>일주일에 2~3번</td><td>일주일에 4번 이상</td></tr>
<tr><td>2</td><td colspan="2">한 번에 술을 얼마나 마십니까?*</td><td>2잔 이하</td><td>3~4잔</td><td>5~6잔</td><td>7~9잔</td><td>10잔 이상</td></tr>
<tr><td>3</td><td colspan="2">한 번의 술자리에서 (남: 7잔(또는 맥주 5캔 정도), 여: 5잔(또는 맥주 3캔 정도)) 이상 마시는 횟수는 어느 정도입니까?</td><td>전혀 없다</td><td>한 달에 1번 미만</td><td>한 달에 1번 정도</td><td>일주일에 1번 정도</td><td>거의 매일</td></tr>
<tr><td>4</td><td colspan="2">최근 1년 동안, 일단 술을 마시기 시작하면 자제가 안 된 적이 있습니까?</td><td>전혀 없다</td><td>한 달에 1번 미만</td><td>한 달에 1번 정도</td><td>일주일에 1번 정도</td><td>거의 매일</td></tr>
<tr><td>5</td><td colspan="2">최근 1년 동안, 음주 때문에 일상생활에 지장을 받은 적이 있습니까?</td><td>전혀 없다</td><td>한 달에 1번 미만</td><td>한 달에 1번 정도</td><td>일주일에 1번 정도</td><td>거의 매일</td></tr>
<tr><td>6</td><td colspan="2">최근 1년 동안, 과음 후 다음날 아침 정신을 차리기 위해 해장술을 마신 적이 있습니까?</td><td>전혀 없다</td><td>한 달에 1번 미만</td><td>한 달에 1번 정도</td><td>일주일에 1번 정도</td><td>거의 매일</td></tr>
<tr><td>7</td><td colspan="2">최근 1년 동안, 음주 후 술을 마신 것에 대해 후회한 적이 있습니까?</td><td>전혀 없다</td><td>한 달에 1번 미만</td><td>한 달에 1번 정도</td><td>일주일에 1번 정도</td><td>거의 매일</td></tr>
<tr><td>8</td><td colspan="2">최근 1년 동안, 술이 깬 후에 술 취했을 때의 일을 기억할 수 없었던 적이 있습니까?</td><td>전혀 없다</td><td>한 달에 1번 미만</td><td>한 달에 1번 정도</td><td>일주일에 1번 정도</td><td>거의 매일</td></tr>
<tr><td>9</td><td colspan="2">본인의 음주로 인해 자신이 다치거나, 가족이나 다른 사람을 다치게 한 적이 있습니까?</td><td>없었다</td><td colspan="2">과거에는 있었지만 최근 1년 동안은 없었다(2점)</td><td colspan="2">최근 1년 동안 그런 적이 있었다(4점)</td></tr>
<tr><td>10</td><td colspan="2">본인이 술을 마시는 것에 대하여 가족이나 의사가 걱정을 하거나, 술을 끊거나 줄이라고 권고를 한 적이 있습니까?</td><td>없었다</td><td colspan="2">과거에는 있었지만 최근 1년 동안은 없었다(2점)</td><td colspan="2">최근 1년 동안 그런 적이 있었다(4점)</td></tr>
<tr><td colspan="3"></td><td colspan="5">총점 ____________ 점</td></tr>
</table>

* 소주, 양주 구분 없이 각각의 술잔으로 계산함. 단, 캔맥주는 1개(355cc)는 맥주 1.6잔과 같음.

〈판단 기준〉 문제 음주 : AUDIT 점수가 총점 8~15점, 알코올 남용 : 총점 16~19점,
알코올 의존 : 총점 20점 이상, 정상 음주 : 총점 7점 이하

2. 1차 정보 수집 결과를 토대로 상담과 관련하여 결정해야 할 사항

1) 직접 서비스 제공 또는 타 기관 의뢰 여부

2) 가족 지지, 가족 상담, 부부 상담의 필요성

3) 상담과 함께 전문가 진료 의뢰 병행 필요성

4) 상담 서비스의 목표

3. 나를 위한 절주/금주 상담에서 중점을 두어야 할 부분이나 주의해야 할 점

제10장

성과 건강 상담

성性은 인간의 삶을 구성하는 매우 중요한 요소이다. 단순히 생식의 측면뿐만 아니라 인간이 가지고 있는 기본적인 욕구와 친밀한 관계 형성 및 유지 등 다면적인 차원에서 인간의 삶을 윤택하게 하는 데 중요한 요소가 된다. 그러나 현대 사회의 주요 건강 문제가 변화하고 사회 문화적 다면화가 강화되면서 여러 가지 성 관련 문제가 발생하고 있다. 성 관련 문제는 다른 건강 문제와는 달리 매우 개인적이면서 정서적으로 민감한 측면이 있어서 개별적인 상담의 필요성이 매우 높으며 실제적으로도 교육과 치료를 위한 상담적 접근이 보편화되어 있다.

이처럼 인간의 삶을 구성하는 핵심 요소인 성을 중심으로 성 문제의 심각성과 그 실태, 인간의 삶에서 발생하는 성 문제의 유형을 비롯하여 성 상담의 기본적인 과정을 이론적으로 접근해보는 것은 올바른 성 상담을 수행하는 데 중요한 밑거름이 된다.

1. 성 문제의 심각성과 실태

건강 증진에 대한 사회적 욕구가 증가하고 있는 오늘날의 성은 과거의 임신, 출산, 피임, 성병 등 성관계로부터 야기될 수 있는 보건학적 문제를 예방하기 위한 수동적인 차원이 아니라 '건강한 성'을 영위하기 위한 통합적인 차원으로 다각화되고 있다. 세계적으로 성 정체성 문제는 사회 문화적으로 심각한 논제가 되고 있으며 건강하고 정상적인 성생활을 보호한다는 차원에서 성기능 장애도 과거와는 달리 적극적으로 다루어지고 있다. 또한 과거에는 상당히 많은 부분 은폐되거나 소홀히 다루어져 온 성폭력도 사회적으로 주요 쟁점화되면서 구조적인 차원의 보호 장치가 강화되고 있다(이장호, 2005).

전통적으로 성 상담의 주요 내용 중 하나인 성병은 우리나라에서 특히 사회적인 낙인 현상이 짙어서 그 실태를 파악하는 데 미비한 점이 많았다. 성관계를 통해 발생하는 질병 중 아직까지 그 치료법이 없어서 세계적으로 심각하다고 판단되고 있는 후천성면역결핍증AIDS의 경우는 국가적인 차원에서 추적과 격리 등 최소한의 관리가 이루어지고 있는데, 이는 단순히 개인의 성과 관련된 문제뿐만 아니라 국가의 공중보건학적 측면에서 그 의미가 크기 때문이다.

2010년 12월 한국의 HIVHuman Immunodeficiency Virus 감염 누계는 7,656명, 인구 대비 0.16%로, 세계적으로 HIV/AIDS 발생이 매우 낮은 국가에 속한다. 세계적으로는 1990년대 이후 미주와 유럽 지역의 HIV 신규 감염 및 사망이 정체 또는 감소하고 있는 반면 아시아 지역은 증가하고 있으며, 우리나라도 현재 HIV 감염이 증가하고 있는 추세이다. HIV/AIDS 감염자의 성비는 평균 8.9로 남성이 여성보다 압도적으로 높으며, 이 성비는 지난 2000년 이후 계속 증가하고 있다(이기효 등, 2006).

우리나라의 HIV 감염은 대부분 남성 동성연애자들에게 집중되어 있으며 연령별로는 20~49세 사이에 집중되어 있는데, 세계적으로는 15~24세 젊은이들이 신규 HIV/AIDS 감염인의 과반수 정도를 차지하고 있기 때문에 이에 대한 국가적인 대책이 마련되어야 할 것으로 보인다. 감염 경로는 98%가 성 접촉에

표 10-1 성별 · 연령별 HIV 감염자 현황(1985~2010.12)

연령군(세)	전체		남자		여자	
	감염인 수(명)	%	감염인 수(명)	%	감염인 수(명)	%
총합계	7,656	100	7,033	100	623	100
0~9	14	0.2	11	0.2	3	0.5
10~19	174	2.3	158	2.2	16	2.6
20~29	1,709	22.3	1,560	22.2	149	23.9
30~39	2,372	31.0	2,207	31.4	165	26.5
40~49	1,808	23.6	1,692	24.1	116	18.6
50~59	1,043	13.6	928	13.2	115	18.5
60 이상	536	7.0	477	6.8	59	9.5

※ 발견 당시 만 연령임.

▶ 출처 : 질병관리본부, 「후천성면역결핍증(AIDS) 발생 현황」, 2011. http://stat.cdc.go.kr Retrieved on 2012. 7. 17.

의한 것인데, 남성 감염자의 경우 이성 간 접촉에 의한 감염이 56.4%이고 동성 간 접촉에 의한 감염이 42.8%였다. 상대적으로 수혈이나 마약 사용으로 인한 감염은 극히 드문 양상을 보여서 HIV 감염 문제가 다른 나라보다는 복잡하지 않으므로 '특정 성행위'로 인한 감염 예방에 초점을 맞추는 것이 필요하다.

표 10-2 HIV 감염자의 감염 경로 현황(1985~2010. 12)

감염 경로	전체		남자		여자	
	감염인 수(명)	%	감염인 수(명)	%	감염인 수(명)	%
계	6,213	100	5,695	100	618	100
이성 간 성 접촉	3,721	59.9	3,213	56.4	508	98.1
동성 간 성 접촉	2,437	39.2	2,437	42.8	0	0.0
수혈/혈액 제제	46	0.8	40	0.7	6	1.2
- 혈액 제제	17	0.3	17	0.3	0	0.0
- 국내 수혈	16	0.3	11	0.2	5	1.0
- 국외 수혈	13	0.2	12	0.2	1	0.2
수직 감염	7	0.1	3	0.1	4	0.8
마약 사용자	2	0.0	2	0.0	0	0.0

※ 감염 경로가 밝혀진 6,213명에 대한 통계임(기타, 무응답 등은 제외)

▶ 출처 : 질병관리본부, 「후천성면역결핍증(AIDS) 발생 현황」, 2011. http://stat.cdc.go.kr Retrieved on 2012. 7. 17.

표 10-3 상담 의뢰자 중 성별 · 연령별 성폭력 피해자 현황

단위: 건(%)

구분	성인 (20세 이상)	청소년 (19세~14세)	어린이 (13세~8세)	유아 (7세 이하)	미상	총계
여	681(59.2)	207(17.9)	117(10.2)	56(4.9)	36(3.1)	1,097(95.3)
남	22(1.9)	16(1.4)	12(1.0)	3(0.3)	1(0.1)	54(4.7)
총계	703(61.1)	233(19.4)	129(11.2)	59(5.1)	37(3.2)	1,151(100.0)

▶ 출처 : 한국성폭력상담소, 「2011년 한국성폭력상담소 상담 현황」, 2012.

표 10-4 상담 의뢰자의 피해 유형별 피해자 현황

단위: 건(%)

구분 / 계	강간(준강간 포함)	강간 미수	특수 강간	강간 치상	성추행	성희롱	통신 매체 이용 음란	카메라 이용 촬영	스토킹	음화 등의 제조 유포	기타	미상
1,115 (100.0)	371 (32.2)	22 (1.9)	34 (1.9)	11 (1.0)	470 (40.8)	101 (8.8)	37 (3.2)	27 (2.3)	26 (2.3)	2 (0.2)	4 (0.3)	46 (4.0)

▶ 출처 : 한국성폭력상담소, 「2011년 한국성폭력상담소 상담 현황」, 2012.

최근 사회적 논제로 대두되고 있는 성폭력은 보건사회학적 측면에서 심각한 양상을 보인다. 한국성폭력상담소의 2010년 상담 현황에서 상담 의뢰자 중 성폭력 피해자는 대부분 여자(95.3%)였고, 그중 20세 이상 성인 여성이 59.2%, 청소년(14~19세)이 17.9% 순으로 아직은 성인 여성의 피해가 다수를 차지했다. 피해 유형별로는 강간이 32.2%, 성추행이 40.8%, 성희롱이 8.8%로 강간만큼 심각한 것은 아니지만 성추행의 빈도가 매우 높은 것으로 나타났다.

2. 성 문제의 유형

성 상담에서 주로 다루어지는 성 문제의 유형은 크게 성 정체성, 임신과 피임, 성병, 성기능 장애, 성폭력으로 나누어지는데, 성 상담에 앞서 각각의 성 문

제에 대한 일반적인 개요를 점검할 필요가 있다.

성적 정체성

성적 정체성sexual identity을 규정하는 특성은 크게 성적 순응sexual orientation, 생물학적 성sex, 성 정체성gender identity, 성 역할gender role의 네 가지를 포함한다. 이들 각각이 성적 정체성을 규정하는 데 서로 다른 특성을 내포하고 있는데, 성적 순응은 특정 성을 가진 인간으로서 가지고 있어야 할 로맨틱한 매력을 말하고, 생물학적 성은 임상적인 차원에서 신체적으로 남과 여의 구별을 의미한다. 성 정체성은 사회적으로 우리가 가지고 있는 남자와 여자에 대한 감정이나 느낌에 대한 인식이며 성 역할은 사회적으로 기대되는 각 성을 지닌 사람들의 행동이나 특성을 말한다(Donnelly, 2003).

성 정체성은 주로 어떠한 성을 가진 대상 또는 특성에 끌리느냐에 따라 이성애heterosexuality, 동성애homosexuality, 양성애bisexuality로 나누어진다. 인류는 전통적으로 이성애를 정상의 범주로 두고 이를 중심으로 사회 및 가족 구성과 체계를 유지해왔는데 일부 생물학적으로 같은 성의 대상에게 성적 매력을 느끼거나 양쪽 성 모두에게 성적 매력을 느껴서 성 정체성에 혼란을 겪는 사람들이 점점 증가하고 있다. 사춘기 이후 체내에 분비되는 성호르몬이 증가하면서 신체적으로 각자 태어난 성의 징후가 신체적 · 정서적으로 드러나기 시작하는데, 이 시기에 병적으로 내분비 계통의 기능에 장애가 생기거나 개인이 처한 사회적 환경이나 문화적 환경 등에 의해 이성애 외에 동성애나 양성애를 가지는 성 정체성의 혼란이 야기될 수 있다.

전통적으로 이성애를 중심으로 유지되어온 대부분의 사회에서는 동성애자와 양성애자는 성에 대한 사회화가 잘못된 비정상 집단으로 낙인 찍혀 사회적 약자 집단으로 분류되어 있다. 또한 이들에 대한 사회적 인식이 매우 부정적이어서 스스로 성 정체성을 숨기는 경우가 많은데, 이는 이들의 성 정체성이 드러나게 되면 이들을 향한 일반 사회의 물리적 · 정신적 · 언어적 차별과 소외로 인하여 불이익이 발생하기 때문이다. 따라서 이들에 대한 지나치게 부정적인 인식을 버리고 올바른 방향으로 성 정체성을 확립할 수 있도록 지원해줄 수 있는 방안을 활성화해야 할 것이다.

임신과 피임

대부분의 결혼한 부부들은 그들의 생애에 걸쳐 자녀를 낳을지에 대한 결정을 하게 된다. 정상적인 결혼 관계에서 이러한 의사 결정을 가족계획이라고 부르는데, 부부의 사회 경제적 여건 등을 고려하여 당분간 임신을 원하지 않을 경우에는 피임을 함으로써 관리가 불가능한 임신을 막는다. 임신 및 피임에 관한 성 상담 중 정상적인 부부 관계에서의 임신과 피임에 대한 상담은 주로 의료 기관을 통해 전문 의료인과 공식적으로 이루어지는 경우가 많다. 부부가 충분한 정보를 기반으로 가족계획을 하고 가족을 이루어가는 것은 사회적으로 지원받아야 할 정상적인 과정이다.

일반적으로 문제가 되는 임신과 피임에 대한 성 상담은 원치 않는 임신을 한 경우의 사후 처리와 합법적이지 않은 성관계를 위한 피임에 관련되어 있다. 이러한 유형의 임신과 피임의 문제는 사회적으로 양성적으로 보호받기 어려워서 성 관련 문제를 해결하기 위한 적절한 정보나 지원의 수집이 매우 제한적이고 대부분 음성적으로 이루어지는 경우가 많다. 이에 따라 이들이 수집하는 정보의 대부분이 부정확한 경우가 많아서 국가나 지방자치단체 또는 공인된 기관들을 통해 상담 및 지원 서비스가 공식적으로 운영되면 부적절한 정보 유입을 막고 발생한 성 문제와 관련된 2차적인 문제를 크게 감소시킬 수 있다.

성적 장애

성적 장애sexual dysfunctions는 일반적으로 원하는 대로 성행위를 하는 것과 관련된 신체적 기능에 있어서 현재 진행 중이거나 만성적으로 발생하는 혼란이나 장애를 말한다(Donnelly, 2003). 성적 장애의 원인은 매우 다양해서 신체 기능적인 문제일 수도 있으나, 스트레스, 피로, 근심, 가치 등 심리적인 원인에 의해서 주로 영향을 받는다. 성적 장애는 크게 성욕의 저하hypoactive sexual desire disorder와 관련된 성기능 장애와 성도착증paraphilia로 나누어진다.

성기능 장애는 남성과 여성이 생식기 구조가 다르기 때문에 서로 다른 양상으로 나타난다. 남성의 대표적인 성기능 장애는 발기 부전erectile dysfunction과 조루증premature ejaculation이다. 발기 부전이란 성행위를 통해 성적 만족을 얻기 위해서는 성행위를 시작 또는 유지하기 위해 성기의 흥분이 이루어져야 하는데 이 작용이 계속적으로 또는 반복적으로 불가능해지는 것을 말한다. 발기 부전은 일반적으로 신체적인 원인에 의한 경우가 많은데 순환 기능의 문제, 노화, 또는 심한 음주, 알코올이나 약물의 남용이 그 흔한 원인이다.

조루증은 성관계의 상대가 성행위를 통해 만족을 느끼기 전에 작은 자극이나 충격에도 쉽게 사정이 이루어져서 성행위를 유지할 수 없게 되는 일이 지속적 또는 반복적으로 발생하는 것을 말한다. 그러나 조루증은 상당히 주관적이며 어떤 객관적이거나 과학적인 조루증 진단 기준이 마련된 것은 없다. 즉 성행위의 시간이나 만족에 대한 개인의 인식에 따라 서로 다르게 개념화될 수 있는 점을 충분히 감안해야 한다.

여성의 성기능 장애로는 성적 흥분 장애sexual arousal disorder, 오르가슴 장애orgasmic disorder, 성교통sexual pain disorder 등이 있다. 성적 흥분 장애는 만족스러운 성행위를 위해 요구되는 질의 흥분과 윤활 상태가 지속적으로 잘 이루어지지 않는 장애를 의미한다. 생리적으로는 여성 생식기의 성적 흥분을 유발하는 기전에 문제가 생기는 경우에 성적 흥분 장애가 생기기도 하지만 성행위에 대한 부끄러움이나 죄의식, 두려움 등 심리적인 위축이 원인이 되기도 한다.

오르가슴 장애는 성적 오르가슴을 원하여 성행위를 해도 성적 흥분이나 오르가슴을 전혀 느끼지 못하는 상태가 지속되거나 반복적으로 발생하는 경우이다. 그러나 여성의 오르가슴 장애의 경우는 생리 및 생식기 구조상의 문제로 인해 발생할 수도 있지만 남성의 조루증과 같이 어떤 특정한 진단 기준이 있다기보다는 주관적인 인식이 많이 작용한다는 점을 감안해야 한다. 성교통은 성적 자극이나 성교 중에 계속적으로 통증을 느끼는 경우로서 질경Vaginismus이 일반적인 예이다. 질경은 질 외부를 둘러싸고 있는 근육이 비자발적으로 수축하여 외부로부터 어떤 물질이 질 내부로 들어오는 것을 계속적으로 막아 소통 장애를 일으키고 이때 발생하는 마찰과 충격으로 통증이 유발되는 것이다.

일반적으로 성기능 장애는 심인성 장애에서 비롯된다. 그러나 최근의 연구 결과는 호르몬(Munarriz et al., 2002), 순환계(Graziottin, 1998), 신경계(Kalayjian & Morrel, 2000)의 세 가지 기능 장애가 성적 흥분과 오르가슴에 영향을 미칠 수 있다는 주장도 있다. 내담자의 의료 기록과 현재의 건강 상태는 성기능 장애를 진단하는 데 중요한 정보가 된다. 발기 부전, 성교통, 성기의 감각 상실, 오르가슴의 강도 감소 등에 대한 진단과 과거 당뇨, 알코올 중독, 척수 외상과 같은 질병을 앓은 경험이 있거나 성기능 장애에 영향을 줄 수 있는 약물 치료에 대해서는 반드시 부인과, 비뇨기과, 혹은 성의학 전문의의 정밀 진단이 필요하다(Schover, 1982).

상담은 성기능 장애의 특성을 파악하고 성기능 치료가 필요한지를 판단하기 위해 활용된다. 상담자는 진단을 내리기 전에 다음 사항을 고려해야 한다.

- 성기능 장애에 대한 내담자의 설명
- 성기능 장애를 극복하기 위한 내담자의 시도와 노력
- 현재 성행위에 대한 기술, 직접적인 성교와 유사 행위 포함
- 사회적 관계에 대한 전반적인 평가
- 개인적 정신병리학적 문제 여부
- 질병력과 건강 상태
- 치료에 대한 개인적 동기

상담자는 상호 작용 방식이나 기타 비언어적 의사소통에 대한 관찰을 통해서 내담자의 성에 대한 정보를 수집할 수 있다. 의학적 치료가 필요하다고 판단되면 내담자의 질병력에 대한 세부적인 정보를 얻는다. 상담자는 인터뷰를 통해 성기능 장애를 일으키는 요인에 대한 정보를 수집하고 구체적인 치료 전

략을 세운다. 내담자 각 개인의 성격과 관계적 상호 작용의 다양성에 대한 정보는 상담자의 치료 과정에서 유용한 정보가 된다. 각 개인에 대한 정확한 진단을 내리기 위해서는 일반적으로 개인력, 성력, 관계력과 현재 상태에 대한 평가가 동시에 필요하다. 개인력은 상담자에게 다음과 같은 정보를 제공한다.

- 지난 두 세대에 걸친 가족 구조와 배경에 대한 정보
- 현재의 정신병리학적 진단
- 개인적 상호 작용 유형 (얼마나 의사소통에 능숙한가, 얼마나 자기주장이 강한가 등)
- 개인의 가치, 도덕, 종교적 신념의 확인
- 인생의 목표 확인
- 불안의 단계, 일반적인 차원, 성행위 및 기타 사건의 차원
- 배우자에 대한 사랑과 혼외 관계에 대한 인식
- 개인의 세계관 및 긍정적 · 부정적 관점에 대한 평가

성도착증은 특정 대상(특정한 사람, 특정한 사물이나 동물 등)에 대해 반복적이고 강렬한 성적 욕망과 환각을 경험하는 성적 장애를 의미한다. 성도착증은 정신 질환의 일종으로서 반사회적 생각이나 행동으로 사회적으로 물의를 일으킬 수 있기 때문에 신속한 후송과 조치가 필요하다.

성폭행

성폭행sexual assault이란 위력과 강압을 이용하여 성적인 방법으로 가해하는 일방적인 폭력 행위로서 강간뿐 아니라 원치 않는 신체적 접촉, 음란 전화, 불쾌한 언어와 치근거림, 음란한 눈빛으로 바라보는 것 등 성적으로 가해지는 신체적 · 언어적 · 정신적 폭력을 포함한다. 즉 성폭행은 성적 자기 결정권에 대한 인권 침해 행위이다. 성폭력은 성 상담의 핵심적인 내용 중 하나로서 이와 관련된 몇 가지 용어를 확인할 필요가 있다. 성희롱은 육체적 · 언어적 · 시각적 행위, 기타 성적 봉사 강요 등으로 상대방에게 성적 수치감과 모욕감을 주

는 행위이고, 성학대sexual abuse는 아동, 포로, 수용자 등 절대적으로 약자인 대상들에게 행하는 성적 가혹 행위이며, 추행은 성욕의 흥분, 자극 또는 만족을 목적으로 하는 행위로서 건전한 일반인에게 성적 수치와 혐오의 감정을 느끼게 하는 일체의 행위이다. 이와 관련하여 성 추문은 공권력, 고위 공직자, 교육자, 성직자 등 사회 지도층 인사의 성적 추문을 포함한다(조중신, 2007).

성폭행은 일반적으로 다음과 같은 특성을 가지고 있다.

- 성폭행의 피해자는 폭행이 발생하기를 원하거나 유발하지 않았다.
- 성폭행은 화anger를 일으키고 다른 사람을 압도하거나 제압하려는 무력이 발생한다.
- 피해자는 타율적으로 원하지 않는 성행위에 가담하도록 강압된다.
- 피해자는 그 폭행으로 외상을 입는다.
- 성폭행은 범죄로 분류된다.

3. 성 상담을 의뢰하는 이유

내담자가 가지고 있는 성 문제는 이처럼 매우 다양하지만 성 문제로 상담을 의뢰할 때 일반적으로 내담자가 가지고 있는 상담의 근본적인 이유는 크게 세 가지로 나눌 수 있다. 이 세 가지 근본적인 이유는 곧 개별적인 성 상담의 목표를 수립하는 데 중추적인 역할을 한다. 따라서 성 상담의 과정을 학습하기 전에 성 상담의 근본적인 이유를 확인하는 것이 필요하다.

정보 수집

성 상담의 가장 많은 경우가 개인이 가지고 있는 성 문제와 관련된 정보를 수집하고자 하는 데서 비롯된다. 예를 들어, 최근 위험한 대상자와 또는 불안전한 상태에서 성행위를 했을 경우, 각 상황에 따라 어떤 부정적인 결과를 있을 수 있으며 이를 정확하게 진단할 수 있는 방법 또는 그 결과로 야기되는 것은 무엇인지에 관한 '맞춤형case-tailored' 정보를 얻기 위해서 상담을 의뢰하는 것이다.

정상 여부 확인

이 경우는 특히 어린이나 청소녀들에게 주로 해당된다. 성 지식이나 경험이 미숙하고 부족한 상태에서 자신에게 일어나기 시작한 신체적 · 정신적 변화들에 대해서 대부분의 사춘기를 시작한 어린이나 청소년들은 자신의 현재 변화나 모습이 정상인지에 대해 의문을 품는다. 그런데 이 시기 대부분의 어린이와 청소년들은 제한된 친구들과 가족들의 모습이나 경험을 관찰하거나 일부는 이들에게 자신의 궁금증을 물어보기도 하지만 개인적이고 민감한 부분이기 때문에 필요한 답을 충분히 얻기란 쉽지 않다.

이 경우는 먼저 이러한 궁금증들이 지극히 정상적이라는 점을 알리고 편안한 상태에서 내담자의 문제에 대한 정보를 수집하여 내담자의 질문에 대해 친절히 답해주는 것이 중요하다. 이들의 질문 유형은 신체적인 변화뿐만 아니라 이성 친구와의 데이트 관계나 일반적인 일상 관계, 또는 자위 행위 등에 대한 부분까지 매우 광범위할 수 있으므로 필요에 따라서 전문가나 전문 상담자에게 의뢰하는 것이 필요할 수 있다.

위기 관리

내담자가 현재 진행 중이거나 최근 개인이 처한 성 문제로 인해 도움이 필요할 때 상담을 의뢰한다. 때에 따라서는 매우 시급한 처치와 관리를 요하는 경우도 있으므로 위기 관리가 필요한 유형에 따라 응급 처치 경로를 미리 마련해 두는 것이 필요하다. 원치 않는 임신을 한 경우, 성병이 의심되는 징후가 나타난 경우, 성폭행을 당한 직후 등 위기 관리가 필요한 성 문제는 전문가의 적절한 조치를 요구하는 경우가 대부분이지만 내담자의 대부분은 주변 사람들의 도움을 받을 수 없거나 도움이 극히 제한적인 경우가 많다. 또한 외적으로 노출되는 것이 예기치 못한 또 다른 문제를 야기하거나 심리적인 상처를 발생시킬 수 있기 때문에 비밀 보장이 특히 중요하다.

4. 성 상담의 단계 : PLISSIT 모델

PLISSIT 모델은 상담자가 내담자의 성 문제를 해결하는 데 도움을 주기 위한 목적으로 성 상담의 단계를 상담자의 역할을 중심으로 개발한 형태이다(Pion & Annan, 1975). 일반적으로 P-LI-SS-IT 4단계라고 하는데, 이 4단계는 승인permission, 제한된 정보 제공limited information, 구체적 제언specific suggestions, 집중 치료intensive therapy로 구성된다.

모든 사람의 성 문제와 고민을 동일한 방법으로 진단하고 치료하기란 불가능하다. 4단계 모델은 융통성이 있고 통합적인 특성을 지니고 있어 단기 상담을 요하는 문제와 집중 치료를 요하는 문제를 구별해주는 틀이 되는데, 1~3단계는 단기 상담, 4단계는 집중 치료에 해당한다. 이 모델은 여러 가지 장점을 가지고 있는데, 우선 다양한 상황에 적용 가능하고 내담자의 시간에 구애받지 않는다. 이론적으로 단계가 올라갈수록 보다 높은 수준의 지식, 기술, 훈련을 상담자에게 요구하고 상담자의 다양한 경험이 중요하게 작용한다. 따라서 이 모델은 상담자가 자신의 능력에 맞는 수준의 진단과 치료를 제공하고 상담자들이 자신의 진료 수준을 결정하는 데 기준이 된다. 무엇보다도 이 모델은 문제를 유형화하는 데 도움을 준다. 상담자가 지식, 기술, 훈련을 증진시키기 위해 얼마나 많은 관심과 노력을 들이느냐에 따라 상담자가 적용할 수 있는 치료 단계가 결정될 수 있다.

1단계 : 승인

일반적으로 사람들은 자신이 성적 욕구나 행동이 지극히 정상적인 상태인가를 전문가를 통해 확인하고 싶어한다. 대부분의 내담자는 자신의 특정한 성 문제에 대해 심각성을 인식하지 못하지만 자신의 행위가 '잘못된 것', '위험한 것', 혹은 '나쁜 것'인가에 대해 의심해보곤 한다. 이와 같은 경우에 상담자는 내담자에게 이런 생각을 갖는 것은 지극히 정상적이고, 많은 사람들이 비슷한 경험을 한다고 알려줄 수 있다. 내담자가 처한 문제 상황에 대한 불안을 없애주거나, 현재 염려하고 있는 신체적 변화나 관계가 예외적인 예가 아니라 정상 범위 안에 있음을 확인시켜 승인을 해주는 것만으로도 향후 일어날 수 있는 더 큰 문제를 예방할 수 있다. 승인 단계는 성에 대한 고민과 걱정, 성적 환상뿐만 아니라 내재적 · 외형적 행위의 치료에도 적용될 수 있다.

성에 대한 생각과 환상에 대한 고민은 누구나 경험하는 일이다. 예를 들어, 남녀 모두 자신의 배우자 이외의 다른 사람, 동성, 심지어 형제자매, 친구를 대상으로 성적인 또는 그와 가까운 공상이 있을 수 있다. 내담자에게 이러한 공상의 경험 자체가 비정상인 것은 아니라는 것을 알려주는 것은 심각하게 고민하던 내담자의 걱정과 불안, 죄의식을 덜어줄 수 있다. 단지 이러한 생각과 공상이 지속되거나, 어떠한 방식으로든 직접적으로 드러난다면 문제가 된다.

성폭력이나 원치 않는 임신을 한 내담자의 경우 심한 죄의식이나 수치심 또는 미래에 대한 불안감으로 안정을 찾지 못하거나 적절한 판단을 하지 못하고 우울증에 빠지기 쉽다. 이때 내담자가 처한 상황은 일시적으로 좋지 않았지만 이는 전적으로 내담자의 잘못이나 오류 때문만은 아님을 인식시키고 안전한 상담 과정을 시작하게 된 것이 문제 해결 측면에서 매우 시기적절하며 앞으로 이 과정을 통해서 관련된 문제들을 얼마든지 해결해나갈 수 있다는 사실을 인정하여 평안을 찾을 수 있도록 돕는 것이 중요하다.

상담자는 정상이라고 진단하지만 내담자는 그렇지 않다고 생각하는 다양한 성 문제에 대해서도 승인의 치료법이 적용될 수 있다. 예를 들어, 한 부부가 잡지에서 그들과 동일한 연령대와 동일한 교육 수준의 부부들은 일주일에 평균 2.5회 성관계를 갖는다는 내용을 읽었다고 가정하자. 이 부부의 평균 성관계 횟수는 일주일에 4회일 수도 있고 일년에 4회일 수도 있으나, 잡지를 읽은 후 이들은 자신들이 정상인가, 지나치게 성관계를 많이 혹은 적게 하는가에 대해 근심할 수 있다. 이때 상담자는 이 부부에게 잡지의 내용에 관계없이 자신들의 현재 상태가 정상이며 스스로 적절하다고 생각하거나 선호하는 방식으로 성관계를 갖는 것이 바람직하다고 조언해주는 것이 이들 부부의 걱정을 완화시키는 최선의 방법이다.

2단계 : 제한된 정보

내담자가 고민하는 성적 문제나 성행위가 대부분 정상적이라고 말해주는 승인 단계와는 대조적으로 제한된 정보는 그들의 성적 고민에 대해 문제점과 심각성이 무엇인지 사실적인 정보를 제공해주는 데 목적이 있다. 제한된 정보의 단계에서 내담자는 자신의 행위를 지속할 수도 있고, 다른 결과를 낳을 수도 있다. 제한된 정보와 승인 단계는 별도로 행해지지만 단계적 속성상 중복될 수도 있다.

제한된 정보를 제공해주는 것은 일시적인 성도착 증상이나 심리적인 성적 장애, 그리고 성폭행으로 인한 외상 결과에 대해 지나치게 비관하거나 비하하는 것을 막는 데 효과적이다. 또 성관계에 있어서 특별한 선입견을 없애거나 '여성과 남성은 성관계에 대한 욕구와 성적 자극에 대한 반응에 있어 분명한 차이를 보인다'와 같은 일반적인 성에 대한 통념을 바로잡는 데도 효과적인 방법이다. 실제 연구 결과들은 통념과는 달리 성적 욕구, 흥분, 오르가슴의 경험에 있어 여성과 남성 간에 거의 차이가 없다고 보고하고 있다.

3단계 : 구체적 조언

상담자는 구체적인 조언을 해주기 전에 내담자의 세부적인 상태 정보를 파악하고 있어야 한다. 상담자가 내담자에 대한 사전 정보를 얻지 못하거나 이들이 처한 특수한 환경을 파악하지 못한다면 구체적인 조언도 적절하지 못하거나 도움이 될 수 없다. 상담자가 초기에 문제에 대한 구체적인 설명을 듣는다면(문제에 대한 낙인을 찍는 것이 아니다) 내담자의 시간을 절약할 수 있을 뿐만 아니라 문제 해결에 도움을 줄 수 있다. 내담자에 대한 불충분한 정보는 부적절하고 불필요한 치료를 야기한다.

이 단계에서 상담자는 내담자의 성 문제력을 알아야 한다. 성 문제력은 성 관계력sex history과 구분되어야 한다. 효과적인 단기 상담을 위해서 전체적인 성 관계력을 파악하는 것은 크게 도움이 되지 않는다. 구체적 조언의 접근 방법은 성 문제 해결에 도움을 줄 수는 있지만, 앞서 두 단계에서 치료하지 못한 모든 문제를 해결할 수 있는 것은 아니다. 3단계 치료법이 효과를 거두지 못할 경우 집중 치료를 위해 내담자의 전반적인 성 문제력이 반드시 필요하다. 단기 상담에 반드시 필요한 성 문제력에 대한 정보를 획득하기 위한 과정은 다음과 같다.

- 현재 문제 설명
- 문제의 발생과 과정
  - 발생 : 점진적/급진적, 갑작스러운 현상, 결과
  - 과정 : 시간에 따른 변화 : 강도/ 빈도/다른 증상과의 관계의 증가, 감소, 변동
- 상담자의 문제의 원인과 지속에 대한 인식
- 과거 치료 경험과 결과
  - 의학적 진단 : 특성, 날짜, 치료 형태, 결과, 현재의 약물 복용 상태
  - 기타 전문적 치료 : 특성, 날짜, 치료 형태, 결과
  - 자가 치료 : 형태와 결과

- 치료에 대한 현재의 기대와 목표 : 구체적/일반적

4단계 : 집중 치료

단기 치료 과정을 거치지 않고 곧바로 고비용의 지속적인 장기 치료를 내담자에게 권유하는 것은 비윤리적인 행위에 속할 수 있음을 기억해야 한다. 상담자의 의지에 따라 단기 치료법에 의해 해결될 수 있는 문제들도 많다. 한 사람에게 효과적인 치료법이 다른 사람에게는 전혀 효과를 발휘하지 않는 경우도 있다. 많은 경우 타 전문가 영역에서의 치료와 상담이 병행되는 경우도 많다. 이성 간에 성관계의 문제가 생기거나 관계가 좋지 않을 때는 상담자의 조언이 상대방에게 효과적으로 전달되지 않을 수도 있다. 이런 사례가 발생할 경우, 혹은 상담자가 단기 치료를 통해 가능한 문제 해결 방안을 모두 고려해보았으나 문제가 지속되는 경우에는 집중 치료를 시작한다.

이 모델에서 집중 치료는 표준화된 프로그램이나 치료법이 아니다. 어떤 사람에게는 집중 치료가 전혀 필요 없을 수도 있다. 현재 표준화된 검사로 발견하고 치료할 수 있는 대부분의 문제는 단기 치료로 해결될 수 있다.

5. 성 상담자의 기본 자세

건강 증진에 대한 사회적 요구의 상승과 함께 '건강하고 즐거운 성'에 대한 욕구가 증가하면서 성생활에 대한 만족을 유지하고 증진하는 차원에서 성적 장애를 중심으로 하는 상담이 과거와는 달리 표면화되고 있다. 1차적으로 성기능 장애와 직 · 간접적으로 관련되어 있기도 하지만 성 문제의 많은 경우는 관계상의 갈등이나 환경에 따른 문제와도 깊은 연관이 있다고 밝혀지고 있다. 이에 따라 성 상담에 앞서 상담자로서의 자세를 점검할 필요가 있다.

- 자기 자신을 성적 존재로 인정해야 한다.

- 성관계는 인간에게 자연적인 특성이다. 인간은 건강한 파트너와 성관계를 가질 때 정상적인 성적 흥분을 경험한다.
- 성관계의 법적 · 윤리적 책임에 대해 민감해야 한다.
- 인간은 누구나 올바른 성에 대한 정보를 얻을 권리가 있다.
- 성관계는 철저하게 상호 합의에 의한 자발적인 것이어야 한다.
- 모든 인간은 자신만의 독특한 성적 가치 체계SVS: Sexual Value System를 가지고 있다. 자신의 성적 가치 체계와 일치하지 않는 성행위는 갈등, 죄의식과 같은 부정적 결과를 낳을 수 있다.
- 성교는 두 사람 사이의 상호적인 활동이다. 따라서 상대방이 '무관심'하다고 비난만 할 것이 아니다. 성관계에서 발생하는 문제점은 관련된 두 사람 모두의 문제이다.
- 성관계에서 첫 경험은 모든 사람들에게 특별한 의미를 지니며, 한 사람이나 부부의 일생에서 특별한 사건이 된다.
- 성관계는 두 사람 간의 교환의 매개체이다. 자신이 성적 기쁨을 얻고자 한다면 상대방에게 기쁨을 주어야 한다.
- 성관계에 있어 필수적으로 이루거나 획득해야 하는 구체적인 실체는 없다. 예를 들어 '오르가슴을 느끼지 못한다면 나는 불행하다'와 같은 태도는 성관계에서 과도한 부담으로 작용할 수 있다. 성 기능은 명령이나 강제에 의한 것이 아니다.
- 심리사회학적 요소는 성교에 영향을 미친다. 침실 밖에서 일어나는 일은 침실 안에서 일어나는 성관계에 직접적으로 영향을 미치게 된다.
- 각각의 성 행위자들은 상대방이 아닌 자기 자신의 의사를 표현해야 한다. 사람들은 '나'를 주체로 이야기하는 방법을 배워야 한다. 독심술, 다른 사람의 마음을 속단하려 들거나 상대방을 비난하려는 태도를 피해야 한다. "당신이 나를 만족시키지 못했어요"라고 말하기보다는 "나는 만족하지 못했어요"라고 의미를 전달함으로써 상대방을 비난하는 대신 자신의 감정을 드러내야 한다.

- 성은 바람직한 의사소통의 관계를 유지하는 데 중요한 요소이다. 특히 성에 대한 태도와 감정을 함께 나누는 것은 매우 중요하다.
- 바람직한 '결혼 후 성교'는 해가 갈수록 규칙적으로 이루어지는 것이 일반적이다.

| 참고문헌 |

김경원(2005). “운동지속”. 한국스포츠심리학회 편, 『스포츠심리학 핸드북』. 무지개.

김광웅(2007). 『현대인과 정신건강』. 시그마프레스.

김병준(2001). “한국판 신체적 자기개념 측정도구 개발”. 『한국스포츠심리학회지』, 12, 2.

_____(2002). 『알고보면 쉬운 멘탈트레이닝』. 무지개.

_____(2006). 『운동심리학: 이해와 활용』. 무지개.

김상대 등(1997). 『직장인 음주실태와 산업재해 유발사례』. 경남출판기획.

김선효 외(2013). 『다이어트와 건강체중』. 파워북.

김영애(2004). 『사티어 의사소통 훈련프로그램』. 김영애가족치료연구소.

김영운(2007). 『에니어그램』. 올리브나무.

김영임 · 정혜선 · 배경희(2007). 『건강증진 이론과 적용』. 에피스테메.

로젠버그, 마셜(2004). 『비폭력 대화』. 캐서린 한 옮김. 바오.

류호상(2005). “운동의 심리적 효과”. 한국스포츠심리학회 편, 『스포츠심리학 핸드북』. 무지개.

마츠모토 치아키(2007). 『건강행동이론의 입문』. 이응철 옮김. 야스미디어.

문화체육관광부(2006). 「국민생활체육 참여실태조사」.

_____(2010). 「국민생활체육 참여실태조사」.

보건복지부(2005). 「2005년도 국가 흡연예방 및 금연사업 안내」.

_____(2012). 「2012년도 보건소 건강생활실천사업 안내」.

_____(2012). 「2012년도 보건소 금연클리닉 상담안내서」.

서홍관 등(2002). 「흡연자 대상 건강검진 및 설문조사」. 보건복지부.

오강섭(1995). 『여성 스트레스 어떻게 할 것인가』. 지구촌.

오니시, 딘(2004). 『관계의 연금술』. 김현성 옮김. 북하우스.
오상덕(2002). 『스트레스와 운동』. 한국학술정보.
와인버그, 로버트 · 굴드, 다니엘(1998). 『스포츠 운동심리학의 기초』. 이순천 외 옮김. 금광.
이경순 외(2000). 『정신건강간호학(상)』. 현문사.
이광자(2011). 『의사소통과 간호(제3판)』. 신광출판사.
이광자 외(2002). 『가족건강과 간호(제3판)』. 이화여자대학교출판부.
_____(2011). 『정신간호총론(제6판)』. 수문사.
이명천 · 김영수 · 차광수 · 조성숙(1996). "일반인 및 운동선수의 에너지 소비량에 관한 문헌고찰". 『체육과학연구』, 7, 4.
이석구 외(2005). 『주민건강증진센터 표준모델 및 운영프로그램 개발 연구』. 충남대학교 · 건강증진기금사업지원단.
이장호(2003). 『상담면접의 기초(제2판)』. 중앙적성출판부.
_____(2005). 『상담심리학(4판)』. 박영사.
이훈구 외(1993). 『인간행동의 이해(제2판)』. 법문사.
장경자(2007). 『건강한 체중조절을 위한 맞춤 영양 정보(개정판)』. 교문사.
정영호 외(2009). 『미래 건강사회에 대비한 효과적인 담배 가격 정책 방향』. 보건복지부.
조성일(2004). 『체중조절 생리학』. 건국대학교출판부.
질병관리본부(2011). 「2010 국민건강통계-국민건강영양조사 제5기 1차년도(2010)」. 보건복지부.
_____(2011). 「후천성면역결핍증(AIDS) 발생 현황」. http://stat.cdc.go.kr Retrieved on 2012. 7. 17.
체육과학연구원(1999). 『전문가를 위한 최신운동처방론』. 21세기교육사.
통계청(2011). 『사망원인통계연보』.
한국방송통신대학교 평생교육원(2005). 『보건교육의 이론과 실제』. 한국방송통신대학교 출판부.
한국성폭력상담소(2012). 「2011년 한국성폭력상담소 상담 현황」.
한국영양학회(2000). 『한국인의 영양권장량 (7차 개정)』.
Carron, A. 외(2004). 『운동심리학』. 김성옥 외 옮김. 대한미디어.
Donnelly, J.(2005). 『건강상담: 이론과 실제』. 현명호 외 옮김. 박학사.

Powers, S. K. 외(2005). 『건강한 삶을 위한 운동처방기초』. 장경태 · 이정숙 옮김. 대한미디어.

American Cancer Society (2003). *Tobacco control country profiles* (2nd ed.). Washington D.C.

American College of Sports Medicine (1978). The recommended quantity and quality of exercise for developing and maintaining fitness in healthy adults. *Medicine and Science in Sports and Exercise*, 10, vii-x.

_____ (1993). Physical activity, physical fitness and hypertension. *Medicine and Science in Sports and Exercise*. 25, i-x.

_____ (1995). *ACSM's guildelines for exercise testing and prescription* (5th ed.). Philadelphia, PA: Lippincott, Williams & Wilkins.

_____ (1998). The recommended quantity and quality of exercise for developing and maintaining cardiorepiratory and muscular fitness, and flexibility in healthy adults. *Medicine and Science on Sports and Exercise, 30, 6*, 975-991.

_____ (2001). *ACSM's resource manual for guidelines for exercise testing and prescription* (4th ed.). Philadelphia: Lippincot Williams & Wilkins.

_____ (2006). *ACSM's guildelines for exercise testing and prescription* (7th ed.). Philadelphia, PA: Lippincott, Williams & Wilkins.

American Psychiatric Association (1994). *Diagnostic and statistical manual of mental disorders* (4th ed.) Washington D.C.: Author.

Annis, H. (1986). Relapse model for treatment of alcoholics. In W. Miller & N. Heather (eds.), *Treating addictive behaviors*. New York: Plenum.

Atkinson, R. (1992). Treatment of Obesity. *Nutritional Reviews*, 50, 338-345.

Bain, L. L., Wilson, T., & Chaikind, E. (1989). Participant perceptions of exercise programs for overweight women. *Research Quarterly for Exercise and Sport, 60*, 134-143.

Bandura, A. (1977). Self-efficacy: Towards a unifying theory of behavioral change. *Psychological Review*, 84, 191-215.

_____ (1995). *Self-efficacy in changing societies*. New York: Cambridge University Press.

_____ (1997). *Self-efficacy, the exercise of control*. New York: WH Freeman.

_____ (2001). Social cognitive theory: An agentic perspective. *Annual Review of Psychology*, 52, 1-26.

Benson, H. (1996). *Timeless healing : The power and biology of belief.* New York: Scribner.

Berger, B. G. (1996). Psychological benefits of an active life style: What we know and what we need to know. *Quest*, 48, 330-353.

Berger, B. & Motl, R. (2001). Physical activity and quality of life. In R. N. Singer, H. A. Hausenblas, & C. M. Jannelle (eds.), *Handbook of sport psychology* (2nd ed.), 636-671. New York: John Wiley.

Berger, B. G. & Owen, D. R. (1988). Stress reduction and mood enhancement in four exercise modes: Swimming, body conditioning, hatha yoga, and fencing. *Research Quarterly for Exercise and Sport, 59*, 148-159.

_____ (1992). Mood alteration with yoga and swimming: Aerobic exercise may not be necessary. *Perceptual and Motor Skills, 75*, 1331-1343.

Berger, B. G. & Tobar, D. A. (2006). Physical activity and quality of life.

Berger, B. G., Pargman, D., & Weinberg, R. S. (2007) *Foundations of exercise psychology* (2nd ed.). Fitness Information Technology.

Berkman, L. & Breslow, L. (1983). *Health and Ways of Living: The Alameda County Study.* New York: Oxford University Press.

Bernard, J. (1968). The Eudaemonists. In S. Z. Klausner (ed.), *Why man takes chance: Students in stress seeking.* Garden City: Double & Company.

Better Sleep Council (1990). *The sleep better, live better guide.* Washington D.C.: Better Sleep Council.

Beutler, L. E. & Clarkin, J. F. (1990). *Systematic treatment selection.* New York: Brunner /Mazel.

Billings, J., Scherwitz, L., Sullivan, R., & Ornish, D. (1996). Group support therapy in the lifestyle heart trial. In S. Scheidt and R. Allan (eds.), *Heart and Mind: The Emergence of Cardiac Psychology.* Washington D.C.: American Psychological Association. 233-253.

Blair, S. (1993). Evidence for succes of exercise in weight loss control. *Annals of Internal*

Medicine, 119, 702-706.

Blair, S. N., Kampert, J. B., Hohl, H. W. III, Barlow, C. E., Macera, C. A., Paffenbarger, R. S. Jr., & Gibbons, L. W. (1996). Influences of cardiorespiratory fitness and other precursors on cardiovascular disease and all-cause mortality in men and women. *Journal of the American Medical Association*, 276, 205-21.

Brod, M. & Hall, S. M. (1984). Joiners and non-joiners in smoking treatment: A comparison of psychosocial variables. *Addictive Behaviors*, 9, 217-221.

Broeder, C., Burrhus, K., Svanevik, L., & Wilmore, J. (1992). The effects of eother high intensity resistance or endurance training on resting metabolic rate. *American Journal of Clinical Nutrition, 55*, 802-810.

Brownell, K. (1984). The psychology and physiology of obesity: Implications for screening and treatment. *Journal of American Dietitics Association*, 84, 406-14.

Buckworth, J. & Dishman, R. K. (2002). *Exercise psychology*. Champaign, IL: Human Kinetics.

Camacho, T. C., Roberts, R. E., Lazarus, N. B., Kaplan, G. A., & Cohen, R. D. (1991). Physical activity and depression: Evidence from Alameda County Study. *American Journal of Epidemiology, 134*, 220-231.

Canadian Fitness and Lifestyle Research Institute. (1996). Progress in prevention. *Bulletin no. 2*.

Cannon, W. B. (1932). *Wisdom of the body*. New York: Norton.

Carron, A. V., Widmeyer, W. N., & Brawley, L. R. (1988). Group cohesion and individual adherence to physical activity. *Journal of Sport and Exercise Psychology, 10*, 127-138.

Carron, A. V., hausenblas, H. A., & Mack, D. (1996). Social influence and exercise: A meta-analysis. *Journal of Sport and Exercise Psychology, 15*, 220-231.

Carron, A. V., Hausenblas, H. A., & Estabrooks, P. A. (2002). *The psychology of physical activity*. McGraw-Hill Education.

Cash, T. F. & Brown, T. A. (1989). Gender and body image: Stereotypes and realities. *Sex Roles, 21*, 361-373.

Centers for Disease Control and Prevention. (2001, 3. 9). Physical activity trends - United

States, 1990-1998. *Morbidity and Mortality Weekly Reports, 50, 9*, 166-169.

_____ (2004). *Surgeon General's Report.* Atlanta, GA.

Cerney, F. J., Burton, H. W., & Armstrong, L. E. (2001). *Exercise physiology for health care professionals.* Champaign, IL: Human Kinetics.

Clapp, J. F. (2000). Exercise during pregnancy: A clinical update. *Clinics in Sports Medicine, 19, 2*, 273-286.

Colby, S. M., Tiffany, S. T., Shiffman, S., & Niaura, R. S. (2000). Are adolescent smokers dependent on nicotine? A review of the evidence. *Drug and Alcohol Dependence*, 59 (Suppl. 1), 83-95.

Cooper, T. V. (2002). A placebo-controlled randomized trial of the effects of PPA and nicotine gum on cessation rates and post-cessation weight gain in women. *Dissertation Abstracts International: Section B-The Sciences and Engineering*, 63-5-B.

Corbin, C. & Lindsey, R. (2000). *Concepts of physical fitness.* Dubuque, IA: Wm. C. Brwon.

Coyle, E., Martin, W., Sinacore, D., Joyner, M., Hagberg, J., & Holloszy, J. (1984). Time course of loss adaptations after stopping prolonged intense endurance training. *Journal of Applied Physiology, 57*, 1857-1864.

Craft, L. L. & Landers, D. M. (1998). The effects of exercise on clinical depression and depression resulting from mental illness: A meta-analysis. *Journal of Sport and Exercise Psychology, 20*, 339-357.

Crews, D. J. & Landers, D. M. (1987). A meta-analytic review of aerobic fitness and reactivity to psychosocial stressors. *Medicine and Science in Sports and Exercise*, 19(Suppl. 5), S114-S120.

Daley, D. C. (1989). Relapse prevention: *Treatment alternatives and counseling aids.* Blaze Ridge Summit, PA: TAB Books.

Davis, J. R. & Glaros, A. G. (1986). Relapse prevention and smoking cessation. *Addictive Behaviors.* 11, 105-114.

Diener, E. (1994). Assessing subjective well-being: Progress and opportunities. *Social Indicators Research, 31*, 103-157.

Dinkmeyer, D. & Sperry, L. (2000). *Counseling and psychotherapy: An integrated, individual psychology approach* (3rd ed.). Columbus, OH: Merrill/ Prentice-Hall.

Dishman, R. K. (1981). Biologic influences on exercise adherence. *Research Quarterly for Exercise and Sport, 52*, 143-189.

_____ (1987). Exercise adherence. In W. P. Morgan & S. N. Goldston (eds.), *Exercise and mental health,* 57-83. New York: Hemisphere.

_____ (1988). Behavioral barriers to health-related physical fitness. In L. K. Hall & G. C. Meyer (eds.), *Epidemiology, behavior change and intervention in chronic disease: Lacrosse, exercise and health series*, 49-83. Champaign, IL: Human Kinetics.

_____ (1988). *Exercise adherence: Its impact on public health.* Champaign, IL: Human Kinetics.

_____ (1994). Biological psychology, exercise, and stress. *Quest*, 46, 28-59.

Dishman, R. K. & Buckworth, J. (1996). Increasing physical activity: A quantitative synthesis. *Medicine and Science in Sports and Exercise*, 28, 706-719.

Doherty, W. & Baird, M. (1983). *Family therapy and family medicine.* New York: Guilford.

Donnelly, J. (2003). *Health counseling: Application and theory.* Belmont, CA: Thomson Learning.

Drewnowski, A. & Yee, D. K. (1987). Men and body image: Are males satisfied with their body weight? *Psychosomatic Medicine, 49*, 626-634.

Dubbert, P. M. (2002). Physical activity and exercise: Recent advances and current challenges. *Journal of Consulting and Clinical Psychology, 70*, 526-536,

Duncan, T. E., MuAuley, E., Stoolmiller, M., & Duncan, S. C. (1993). Serial fluctuations in exercise behavior as a function of social support and efficacy cognitions. *Journal of Applied Social Psychology, 23*, 1498-1522.

Dunn, A. L. & Dishman, R. K. (1991). Exercise and the neurobiology of depression. *Exercise and Sport Science Reviews, 19*, 41-98.

Dunn, A. L., Trivedi, M. H., & O'Neal, H. A. (2001). Physical activity dose-response effects on outcomes of depression and anxiety. *Medicine and Science in Sports and Exercise, 33, 6*, S587-S597.

Dunn, H. L. (1980). *High-level wellness.* Thorofare. NJ: Charles B. Slack Inc.

Ernst, E., Rand, J. I., & Stevinson, C. (1998). Complementary therapies for depression: An overview. *Archives of General Therapy, 55*, 1026-1032.

Estabrooks, P. A. & Carron, A. V. (1999). The influence of the group with elderly exercisers. *Small Group Research, 30, 4*, 438-452.

_____ (2000). The Physical Activity Group Environment Questionnaire: An instrument for the assessment of cohesion in exercise classes. *Group Dynamics: Theory, Research, and, Practice, 4*, 230-243.

Field, A., Barnoya, J., & Colditz, G. (2002). Epidemiology and health economic consequences of obesity. In T. Wadden & A. Stunkard (eds.), *Handbook of obesity treatment*, 3-18. New York: Guilford.

Fox, K. R. (2000). Self-esteem, self-perception and exercise. *International Journal of Sport Psychology, 31*, 228-240.

_____. (2007). The effects of exercise on self perception and self-esteem. In S. J. H.Biddle, K. R. Fox, & S. H. Boutcher (eds.), *Physical activity and psychological well-being*. London: Routledge.

Fox, L. D., Rejeski, W. J., & Gauvin, L. (2000). Effects of leadership style and group dynamics on enjoyment of physical activity. *American Journal of Health Promotion, 14*, 277-283.

Frank, J. & Frank, J. (1993). *Persuasion and healing: A comparative study of psychotherapy* (3rd ed.). Baltimore: Johns Hopkins Press.

Franklin, B. (1988). Program factors that influence exercise adherence: Practical adherence skills for the clinical staff. In R. K. Dishman (ed.), *Exercise adherence: Its impact on public health*, 237-258. Champaign, IL: Human Kinetics.

_____ (2001). Improved fitness = Increased longevity. *ACSM's Health and Fitness Journal, 5*, 32-33.

Franzoi, S. L. & Koehler, V. (1998). Age and gender differences in body attitude: A comparison of young and elderly adults. *International Journal of Aging and Human Development, 47*, 1, 1-10.

Friedman, M. & Roseman, R. H. (1974). *Type A behavior and your heart*. New York: Knopf.

Fuchs, R. Powell, K. E., Semmer, N. K., Dwyer, J. H., Lippert, O., & Hofmeister, H. (1988). Patterns of physical activity among German adolescents: The Berlin-Bremen study. *Preventive Medicine, 17*, 756-763.

Gauvin, L., Levesque, L., & Richard, L. (2001). Helping people initiate and maintain a more active lifestyle: A public health framework for physical activity promotion research. In R. N. Singer, H. A. Hausenblas, & C. M. Janelle (eds.), *Handbook of sport psychology* (2nd ed.), 718-739. New York: Wiley.

Glanz K, Rimer, B. K. & Lewis, F. M. (2002). Theory, research, and practice in health behavior and health education. In K. Glaz, B. K. Rimer, F. M. Lewis (ed.). *Health behavior and health education: Theory, research, and practice* (3rd ed.). San Francisco, CA: Jossey-Bass.

Glaros, N. M. & Janelle, C. M. (2001). Varying the mode of cardiovascular exercise to increase adherence. *Journal of Sport Behavior, 24*, 42-62.

Glenister, D. (1996). Exercise and mental health: A review. *Journal of the Royal Society of Health, 116*, 7-13.

Godin, G., & Cox, M. H., & Shepherd, R. J. (1984). The impact of physical fitness evaluation on behavioral intentions toward regular exercise. *Canadian Journal of Applied Sport Science, 8*, 240-245.

Goodwin, J. S. & Goodwin, J. M. (1984). The tomato effect: Rejection of highly efficacious therapies. *Journal of the American Medical Association*, 251, 2387-2390.

Gray, S. H. (1977). Social aspects of body image: Perceptions of normalcy of weight and affect of college undergraduates. *Perceptual and Motor Skills, 45*, 1035-1040.

Graziottin, A. (1998). The biological basis of female sexuality. *International Clinical Pharmacology*, 13(6), 515-522.

Gruber, J. J. (1986). Physical activity and self-esteem development in children: A meta-analysis. In G. A. Stull & H. M. Eckert (eds.). *Effects of physical activity on children: A special tribute to Mabel Lee*, 30-48. Champaign, IL: Human Kinetics.

Hansen, C. J., Stevens, L. C., & Coast, J. R. (2001). Exercise duration and mood state: How much is enough to feel better? *Health Psychology, 20*, 267-275.

Hausenblas, H. A. & Symon Downs, N. (2001). A comparison of body image between athletes and nonathletes: A meta-analytic review. *Journal of applied Sport Psychology, 13*, 323-333.

Heitmann, H. M. (1986). Motives of older adults for participation in physical activity programs. In B. D. McPherson (ed.), *Sport and aging*, 199-204. Champaign, IL: Human Kinetics.

Holmes, T. H. & Rahe, R. H. (1967). The social readjustment rating scale. *Journal of Psychosomatic Research, 11*, 213-218.

Horgen, K. & Brownell, K. (2002). Confronting the toxic environment: Environmental public health actions in a world crisis. In T. Wadden & A. Stunkard (eds.), *Handbook of obesity treatment*, 95-106. New York: Guilford.

House, J. S. (1981). *Work stress and social support.* Reasing, MA: Addison-Wesley.

Howley, E. & Franks, B. D. (1997). *Health Fitness: Instructors Handbook.* Champaign, IL: Human Kinetics.

Hull, C. L. (1943). *Principles of behavior.* New York: Appleton-Century-Crofts.

Jacopson, E. (1938). *Progressive relaxation.* Chicago: University of Chicago Press.

Jakicic, J. M., Wing, R. R., Butler, B. A., & Robertson, R. J. (1995). Prescribing exercise in multiple short bouts versus one continuous bout: Effects on adherence, cardiorespiratory fitness, and weight loss in overweight women. *International Journal of Obesity, 19*, 893-901.

Janis, I. (1983). *Short-term Counseling: Guidelines Based on Recent Research.* New Haven: Yale University Press.

Janz, N. K., Becker, M. H. (1984). The health belief model: A decade later. *Health Education Quarterly.* 11(1), 1-47.

Jeffery, R. W., Wing, R. R., Thorson, C., & Burton, L. R. (1998). Use of personal trainers and financial incentives to increase exercise in a behavioral weight-loss program. *Journal of Consulting and Clinical Psychology, 66*, 777-783.

Jequier, E. (1993). Body weight regulation in humans: The importance of nutrient balance. *News in physiological Sciences, 8*, 273-276.

Jordan-Marsh, M., Gilbert, J., Ford, J., & Kleeman, C. (1984). Lifestyle intervention: A Conceptual Framework. *Patient Education and Counseling*, 6, 29-38.

Kalayjian, L. & Morrell, M. (2000). Female sexuality and neurological disease. *Journal of Sex Education and Therapy*, 25(1), 89-95.

Kelly, D. E. & Goodpaster, B. H. (2001). Effects of exercise on glucose homeostasis in type II diabetes mellitus. *Medicine and Science in Sports and Exercise, 33, 6 Suppl*, S495-S501.

Kesaniemi, Y. A., Danforth, E., Jensen, M. D., Kopelman, P. G., Lefebvre, P., & Reeder, B. A. (2001). Dose-response issues concerning physical activity and health: An evidence-based symposium. *Medicine and Science in Sports and Exercise, 33, 6*, S351-S358.

Kibler, W. B., Chandler, T. J., & Stracener, E. S. (1992). Musculoskeletal adaptations and injuries due to overtraining. In J. O. Holloszy (ed.), *Exercise and Sports Sciences Reviews, 20*, Baltimore: Williams & Wilkins.

King, A. C., Blair, S. N., Bild, D. E. et al. (1994). Determinants of physical activity and interventions in adults. *Medicine and Science in Sports and Exercise, 24*, S221-236.

Kubitz, K. A., Landers, D. M., Petruzzello, S. J., & Han, M. (1996). The effects of acute and chronic exercise on sleep: A meta-analytic review. *Sports Medicine, 21*, 277-291.

Kubo, K., Kanehisa, H., Kawakami, Y., & Fukunaga, T. (2001). Influence of static stretching on viscoelastic properties of human tendon structures in vivo. *Journal of Applied Physiology, 90, 2*, 520-526.

Lambert, M. (1992). Implication of psychotherapy outcome research for eclectic psychotherapy. In J. Norcross (ed.), *Handbook of Eclectic Psychotherapy*, 436-62. New York: Brunner/Mazel.

Landers, D. & Arent, S. M. (2001). Physical activity and mental health. In R. N. Singer, H. A. Hausenblas, & C. M. Jannelle (eds.), *Handbook of sport psychology* (2nd ed.), 740-765. New York: John Wiley.

Landers, D. M. & Petruzzello, S. J. (1994). The effectiveness of exercise and physical activity in reducing anxiety and reactivity to psychosocial stressors. In H. A. Quinney, L. Gauvin, & A. E. T. Wall (eds.), *Toward active living*, 77-82. Champaign, IL: Human Kinetics.

Lazarus, R. S. (1977). Toward an egoless state of being. In A. Ellis and R. Grieger (eds.), *Handbook of Rational-Emotive Therapy*. New York: McGraw-Hill.

Lazarus, R. S. & Folkman, S. (1984). *Stress, appraisal, and coping*. New York: Springer.

Lederman, S. & Scheiderman, P. (1989). *If you smoker, please try quitting*. National City, CA: Learning Process Center.

Lee, I. M. & Paffenbarger, R. (2000). Associations of light, moderate, and vigorous intensity physical activity with longevity: The Harvard Alumni Health Study. *American Journal of Epidemiology, 151*, 293-299.

Lerman, C. & Glanz, L. (1996). Stress, coping, and health behavior. In K. Glanz, F. M. Lewis, & B. K. Rimer (eds.), *Health behavior and health education: theory, research, and practice* (2nd ed.), 113-138. San Fransisco, CA: Jossey-Bass.

Leslie, E., Fotheringham, M. J., Owen, N., & Bauman, A. (2001). Age-related differences in physical activity levels of young adults. *Medicine and Science in Sports and Exercise, 33*, 255-258.

Leslie, E., Owen, N., Salmon, J., Bauman, A., Sallis, J. F., & Lo, S. K. (1999). Insufficiently active Australian college students: Perceived personal, social, and environmental influences. *Preventive Medicine, 28*, 20-27.

Lewin, K. (1951). The nature of Field Theory. In M. H. Marx (ed.), *Psychological theory*. New York: MacMillan.

Luft, J. (1969). *Of human interaction*. Palo Alto. Calif.: National Press books.

Mannion, A. F., Junge, A., Taimela, S., Muntener, M., Lorenzo, K., & Dvorak, J. (2001). Active therapy for cchronic low back pain, Part 3. Factors influencing self-rated disability and its change following therapy. *Spine, 26, 8*, 920-929.

Margen et al. (1992). *The Wellness Encyclopedia*. Boston: Houghton Mifflin.

Marlatt, G. A. & Gordon, J. R. (1985). *Relapse prevention: Maintenance strategies in the treatment of addictive behaviors*. New York: Guilford.

Martin, K. A. & Fox, L. D. (2001). Group and leadership effects on social anxiety experienced during and exercise class. *Journal of Applied Social Psychology*, 31, 1000-1016.

Martinsen, E. W. & Stephens, T. (1994). Exercise and mental health in clinical and free-living populations. In R. K. Dishman (ed.), *Advances in Exercise Adherence*. Champaign, IL: Human Kinetics.

Matarazzo, J. D. (1994). Health and behavior : The coming together of science and practice in psychology and medicine after a century of benign neglect. *Journal of Clinical Psychology in Medical Settings*, 1, 7-39.

Matthews, D. & Clark, C. (1998). *The faith factor*. New York: Viking.

McDonald, K. & Thomson, J. K. (1992). Eating disturbance, body image dissatisfaction, and reasons for exercising: Gender difference and correlational findings. *International Journal of Eating Disorders, 11*, 289-292.

McGill, S. M. (2001). Low back stability: From formal description to issues for performance and rehabilitation. *Exercise and Sport Sciences Review*, 29(1), 26-31.

McGrath, J. E. (1970). Major methodological issues. In J. E. McGrath (ed.), *Social and psychological factors in stress*, 19-49. New York: Holt, Rinehart & Winston.

McNair, D. M. & Heuchert, J. W. P. (2003/2005). *Profile of Mood States technical update*. North Tonawanda, NY: Multi-Health Systems (MHS).

McNair, D. M., Lorr, M., & Droppleman, L. F. (1971). *Manual for the profile of mood states*. San Diego, CA: Educational and Industrial Testing Service.

Merriam-Webster's Collegiate Dictionary (11th ed.) (2003). Springfield, MA: Merriam-Webster.

Miller, W. R. & Heather, N. (1986). Treating addictive behaviors. New York: Guilford.

Miller, N. E. (1944). Experimental studies of conflict. In J. M. Hunt (ed.), *Personality and the behavior disorder*, vol. 1, New York: Ronald Press.

Morgan, W. P. (1969). A pilot investigation of physical working capacity in depressed and non-depressed psychiatric males. *Research Quarterly, 40*, 859-861.

_____ (1970). Physical working capacity in depressed and non-depressed psychiatric females: A preliminary study. *American Corrective Therapy Journal*, 24, 14-16.

_____ (1979). Negative addition in runners. *Physician and Sportsmedicine*, 7, 56-63.

_____ (1980). The trait psychology controversy. *Research Quarterly for Exercise and Sport, 51*, 50-76.

Morrow, J. & Harvey, P. (1990, Nov.). *Experimental American Health, 9*, 31-32.

Motl, R. W., Berger, B. G., & Leuschen, P. S. (2000). The role of enjoyment in the exercise-mood relationship. International Journal of Sport Psychology, 31, 347-363.

Mroczek, D. K. & Kolarz, C. M. (1998). The effect of age on positive and negative affect: A developmental perspective in happiness. *Journal of Personality and Social Psychology, 75*, 1333-1349.

Mullineaux, D. R., Barnes, C. A., & Barnes, E. F. (2001). Factors affecting the likelihood to engage in adequate physical activity to promote health. *Journal of Sports Sciences, 19, 4*, 279-288.

Munarriz, R., Talakoub, L., Flaherty, E., Gioia, M., Hoag, L. et al. (2002). Androgen replacement therapy with dehydroepiandroesterone for androgen insufficiency and female sexual dysfunction: Androgen and questionnaire results. *Journal of Sex and Marital Therapy*, 28(1), 165-173.

Nieman, D. C. (1997). *The exercise-health connection*. Champaign, IL: Human Kinetics.

North, T. C., McCullagh, P., & Vu Tran, Z. (1990). Effects of exercise on depression. *Exercise and Sport Science Review, 18*, 379-425.

O'Donnell, M. (1989). Definition of health promotion : Part III : Stressing the impact of culture. *American Journal of Health Promotion*, 3(3). 1-8.

OECD. (2003). Health Data.

Paffenbarger, R., Kamper, J., Lee, I. M., Hyde, R., Leung, R., & Wing, A. (1994). Change in physical activity and other lifeway patterns influencing longevity. *Medicine and Science in Sports and Exercise, 26*, 857-865.

Park, J. A. & Yoon, J. S. (2005). Dietary behaviors and status of nutrient intakes by the obesity levels of housewives in Daegu. *Korean Journal of Community Nutrition, 10, 5*, 623-632.

Passer, M. W. (1982). Children in sport: Participation motives and psychological stress. *Quest*, 22, 2, 231-244.

Pate, R. R. (1991). *Guideline for exercise testing and prescription: American College of Sport Medicine* (4th ed.). Lea & Febiger.

Petruzzello, S. J., Landers, D. M., Hatifield, B. D., Kubitz, K. A., & Salazar, W. (1991). A meta-analysis on the anxiety-reducing effects of acute and chronic exercise. *Sport Medicine, 11*, 143-182.

Pion, R. J. & Annon, J. S. (1975). The office management of sexual problems: Brief therapy approaches. *Journal of Reproductive Medicine*, 15(4), 127-144.

Poehlman, E. A. (1989). Review: Exercise and its influence on resting energy metabolism in man. *Medicine and Science in Sports and Exercise, 21*, 515-525.

Powers, S. & Howley, E. (2001). *Exercise physiology: Theory and Application to Fitness and Performance* (4th ed.). Dubuque, IA: McGaw-Hill.

Powers, S. K. & Dodd, S. L. (2003). *Total fitness and wellness* (3rd ed.). Pearson Education, Inc.

Prochaska, J. O. (1979). *Systems of psychotherapy: A transtheoretical analysis.* Pacific Grove, Calif: Brooks-Cole.

Prochaska, J. O. & DiClemente, C. C. (1983). Stages and processes of self-change of smoking: Toward an integrative model of change. *Journal of consulting and clinical psychology*, 51, 390-395.

Prochaska, J., Norcross, J., & DiClemente, C. (1994). *Changing for good.* New York: Morrow.

Quick, J. C. & Quick, J. D. (1984). *Organizational stress and preventive management.* New Your: McGraw-Hill.

Regier, D. A., Myers, J. K., Kramer, M. et al. (1984). The NIMH epidemiologic catchment area program. *Archives of General Psychiatry, 41*, 934-941.

Rosenstock, I. M. (1974). Historical origins of the Health Belief Model. *Health Education Monographs*, 2, 328-335.

Ross, R., Freeman, J., & Janssen, I. (2000). Exercise alone os an effective strategy for reducing obesity and related comorbidities. *Exercise and Sport Sciences Reviews*, 28(4), 165-170.

Ruderman, N. D., Devlin, J., & Schneider, S. (2001). *Handbook of exercise in diabetes.* Alexandria, VA: American Diabetes Association.

Ruuskanen, J. & Puoppila, I. (1995). Physical activity and psychological well-being among people aged 65-84 years. *Age and Aging, 24*, 292-296.

Sallis, J. F. & Owens, N. (1999). *Physical activity and behavioral medicine.* Thousand Oaks, CA: Sage.

Sallis, J. F., Haskell, W. L., Fortman, S. P., Vranizan, K. M., Taylor, C. B., & Solomon,

D. S. (1986). Predictors of adoption and maintenance of physical activity in a community sample. *Preventive Medicine, 15*, 331-341.

Schover, L. R. (1982). Enhancing sexual intimacy. In *Innovations in clinical practice: A sourcebook*, vol. 1, 53-66. Sarasota: Professional Resource Exchange.

Schultz, J. & Luthe, W. (1969). *Autogenic methods*, vol. 1. New York: Grune and Stratton.

Seligman, M. E. P. (1975). *Helplessness: On depression, development, and death*. San Francisco: Freeman.

Selye, H. (1974). *Stress without distress*. Philadelphia: Lippincott.

_____ (1956). *The stress of life*. New York: McGraw-Hill.

_____ (1978). *The stress of life* (revised edition). New York: McGraw-Hill.

_____ (1985). History and present status of the stress concept. In A. Monet & R. S. Lazarus (eds.). *Stress and coping*, 17-29. New York: Columbia University Press.

Shiffman, S. (1982). Relapse following smoking cessation: A situational analysis. *Journal of Consulting and Clinical Psychology*, 50, 71-86.

_____ (1985). Behavioral assessment. In G. A. Marlatte & J. R. Gordon (eds.). *Relapse prevention: Maintenance strategies in the treatment of addictive behaviors*, 139-187. New York: Guilford.

Snow-Harter, C. & Marcus, R. (1991). Exercise, bone mineral density, and osteoporosis. In J. O. Holloszy (ed.), *Exercise and sports sciences reviews,* vol. 19. Baltimore: Williams & Wilkins.

Snyder, J. J. (1989). *Health psychology and behavioral medicine*. Englewood Cliffs, NJ: Prentice-Hall.

Sonstroem, R. J. (1997). The physical self-system: A mediator of exercise and self-esteem. In K. Fox (ed.), *The physical self: From motivation to well-being*, 3-26. Champaign, IL: Human Kinetics.

Spencer, W. R. (1987). *The ABCs of smoking*. Waco, TX: Health Edco Inc.

Sperry, L. (1986). The ingredients of effective health counseling: Health beliefs, compliance and relapse prevention. *Individual Psychology*, 42, 279-87.

Sperry, L., Lewis, J., Carlson, J., & Englar-Carlson, M. (2005). *Health promotion and health counseling : Effective counseling and psychotherapeutic strategies* (2nd ed.). Boston, MA: Pearson Education Inc., Allyn and Bacon.

Spiegel, D. (1993). *Living Beyond Limits: New Hope and Help for Facing Life Threatening Illness.* New York: Times Books.

Spink, K. S. & Carron, A. V. (1992). Group cohesion and adherence in exercise class. *Journal of Sport and Exercise Psychology*, 14, 78-86.

Spirduso, W. W. & Cronin, D. L. (2001). Exercise dose-response effects on quality of life and independent living in older adults. *Medicine and Science in Sports and Exercise, 33, 6*, S598-S608.

Stephens, T. (1988). Physical activity and mental health in the United States and Canada: Evidence from four population surveys. *Preventive Medicine, 17*, 35-47.

Stone, M. H. (1990). Muscle conditioning and muscle injuries. *Medicine and Science in Sports and Exercise. 22*, 457-462.

Szabo, A., Frenkl, R., & Caputo, A. (1997). Relationship between addiction to running, commitment, and deprivation from running: A study on the Internet. *European Yearbook of Sport Psychology, 1*, 130-147.

Thompson, T., Dorsey, A., Miller, K., & Parrott, R. (eds.) (2003). *Handbook of Health Communication.* Mahwah, NJ: Lawrence Erlbaum Associates Publishers.

Tudor-Locke, C. E., Bell, R. C., & Meyers, A. M. (2000). Revisiting the role of physical activity and exercise in the treatment of type II diabetes. *Canadian Journal of Applied Physiology, 25, 6*, 466-492.

U. S. Department of Health and Human Services. (1996). *Physical activity and health: A report of the Surgeon General.* Washington, DC: U. D. Department of Health and Human Services, Centers for Disease Control and Prevention, National Center for Chronic Disease Prevention and Health Promotion.

_____ (2000). Physical activity and fitness. In *Health People 2010.* Retrieved from www.health.gov/healthypeople/ document/html/volume2/22physical.htm.

_____ (2000). Treating tobacco use and dependence.

Vandervoot, A. A. & Symons, T. B. (2001). Functional and metabolic consequences of sacropenia. *Canadian Journal of Applied Physiology, 26, 1*, 90-101.

Von Schacky, C., Angerer, P., Wolfgang, K., Kothny, T., & Mudra, H. (1999). The effect of dietary omega-3 fatty acids on coronary atherosclerosis. *Annals of Internal Medicine*, 130, 7, p. 554.

Waaler Loland, N. (1998). Body image and physical activity: A survey among Norwegian men and women. *International Journal of Sport Psychology, 29*, 339-365.

Wankel, L. M. (1985). Personal and situational factors affecting exercise involvement: The importance of enjoyment. *Research Quarterly for Exercise and Sport, 56*, 275-282.

_____ (1993). The importance of enjoyment to adherence and psychological benefits from physical activity. *International Journal of Sport Psychology, 24*, 151-169.

Wardle, J., Haase, A. M., & Steptoe, A. (2006). Body image and weight control in young adults: international comparison in university students from 22 countries. *International Journal of Obesity, 30*, 644-651.

Weinberg, R. S. & Gould, D. (1995). *Foundations of sports and exercise psychology*. Champaign, IL: Human Kinetics.

West, R. & Shiffman, S. (2001). Effect of oral nicotine dosing forms on cigarette withdrawal symptoms and craving: A systematic review. *Psychopharmacology*, 155(2), 115-122.

Weyerer, S. (1992). Physical inactivity and depression in the community: Evidence from the Upper Bavarian Field Study. *International Journal of Sports Medicine, 136*, 492-496.

Williams, M. (1996). *Lifetime fitness and wellness*. Dubuque, IA: Wm. C. Brown.

Williams, R. (1956). *Biological individuality*. New York: Wiley.

Willis, J. D. & Campbell, L. F. (1992). *Exercise psychology*. Champaign, IL: Human Kinetics.

Wilson, G. & Brownell, K. D. (1980). Behavior therapy for adults. An evaluation of treatment outcomes. *Advances in Behavior Research and Therapy*, 3, 49-86.

Wing, R. R., Goldstein, M. G., Acton, K. J., Birch, L. L., Jackicic, J. M., Sallis, J. F., Smith-West, D., Jeffery, R. W., & Surwit, R. S. (2001). Behavior science research in diabetes: Lifestyle changes related to obesity, eating behavior, and physical activity. *Diabetes Care*, 24, 1, 117-123.

Wolf, A. & Colditz, G. (1996). Social and economic effects of body weight in the United

States. *American Journal of Clinical Nutrition, 63 (Suppl. 3)*, S466-S469.

World Bank (1999). Curbing the Epidemic; Governments and the Economics of Tobacco Control.

World Health Organization (1948). *The first ten years of the WHO.* Geneva : Author.

_____ (1986). Ottawa Charter for Health Promotion. *Health Prom.* 1(4), ii-v.

_____ (1990). Management of drinking problem. WHO regional publication European Series, no. 32.

_____ (1995). The World Health Organization Quality of Life assessment (WHOQOL): Position pater from the World Health Organization. *Social Science and Medicine*, 41, 1403-1409.

_____ (1998). *Obesity: Preventing and managing the global epidemic.* Publication No. WHO/NUT/NCD?98.1. Geneva: Author.

_____ (2001). Department of Mental Health and Substance Dependence. *The alcohol use disorders identification test: Guidelines for use in primary care* (2nd ed.).

_____ (2009). *Building blocks for tobacco control.*

Wylie, R. C. (1989). *Measures of self-concept.* Lincoln, NE: Unversity of Nebraska Press.

Zamboni, M., Mazzali, G., Zoico, E., Harris, T. B., Meigs, J. B., Francesco, V. D., Fantin, F., Bissoli, L., & Bosello, O. (2005). Health consequences of obesity in the elderly: A review of four unresolved questions. *International Journal of Obesity*, 29, 1011-1029.

| 찾아보기 |

건강 상담 심리

펴낸날 초판 1쇄 2008년 9월 3일
개정판 1쇄 2012년 8월 24일
2쇄 2014년 8월 20일
지은이 이광자 · 박승하 · 박경옥
펴낸이 김훈순 | **펴낸곳** 이화여자대학교출판부
주소 서울특별시 서대문구 이화여대길 52(우 120-750) | **등록** 1954년 7월 6일 제9-61호
전화 02) 3277-2965(편집) 02) 362-6076(마케팅)
팩스 02) 312-4312 | **전자우편** press@ewha.ac.kr | **홈페이지** www.ewhapress.com
책임편집 이혜지 | **디자인** 정혜진 | **찍은곳** 네오프린텍

ISBN 978-89-7300-956-5 93510

값 17,000원